RONDA ROUSEY
MOJA WALKA / TWOJA WALKA

RONDA ROUSEY

MOJA WALKA / TWOJA WALKA

ORAZ
MARIA BURNS ORTIZ

tłumaczenie
JAKUB MAŁECKI

KRAKÓW 2016

Dla Mamy i Taty,
mam nadzieję, że jesteście ze mnie dumni

„Nic nie ma przeszłości, dopóki się nie wydarzy.
Dopiero potem zaczyna istnieć".
Mama

My Fight / Your Fight

Copyright © 2015 by Ronda Rousey
Copyright © for the Polish edition by Wydawnictwo SQN 2016
Copyright © for the Polish translation Jakub Małecki 2016

Redakcja – Grzegorz Krzymianowski
Korekta – Piotr Królak
Projekt typograficzny i skład – Joanna Pelc
Okładka – Paweł Szczepanik / BookOne.pl
Fotografie wewnątrz książki – str. 35: Mike Stobe / Zuffa LLC / Getty Images, str. 71: Mike Hewitt / Getty Images, str. 95: Jeff Bottari / Zuffa LLC / Getty Images, str. 124: Frazer Harrison / Getty Images, str. 146: Brandon Magnus / Zuffa LLC / Getty Images, str. 203: Buda Mendes / Zuffa LLC / Getty Images, str. 234: Matthew Stockman / Getty Images, str. 263: Jeff Gross / Getty Images, str. 282: Jeff Bottari / Zuffa LLC / Getty Images, str. 314: Jeff Gross / Getty Images

Niektóre imiona oraz szczegóły, które mogłyby pomóc w identyfikacji opisanych osób lub miejsc, zostały zmienione.

All rights reserved. Wszelkie prawa zastrzeżone.
Książka ani żadna jej część nie może być przedrukowywana ani w jakikolwiek inny sposób reprodukowana czy powielana mechanicznie, fotooptycznie, zapisywana elektronicznie lub magnetycznie, ani odczytywana w środkach publicznego przekazu bez pisemnej zgody wydawcy.

Wydanie I, Kraków 2016
ISBN: 978-83-7924-630-4

PRZEDMOWA

Dana White, prezes UFC

Ronda Rousey to rewolucjonistka.

Oczywiście nie wiedziałem tego w 2011 roku, gdy udzielałem w Los Angeles wywiadu dla TMZ* i odpowiadałem na pytanie, kiedy kobiety będą walczyć w Ultimate Fighting Championship (UFC). Spojrzałem wtedy w obiektyw kamery i stwierdziłem: „Nigdy".

W tamtym momencie byłem o tym przekonany. Nie miałem problemu z kobietami, które walczyły i zarabiały w ten sposób na życie, ale za każdym razem, gdy pojawiał się temat wprowadzenia żeńskich walk do UFC, przypominał mi się pojedynek, który oglądałem podczas lokalnego *show* w północnej Kalifornii. Była tam kobieta walcząca jak facet, a naprzeciw niej stała rywalka, która wyglądała, jakby zaliczyła może pięć treningów Tae Bo**. To był najgorszy łomot, jaki kiedykolwiek widziałem, dlatego nie chciałem pokazywać czegoś podobnego w UFC.

A potem pojawiła się Ronda.

Kilka miesięcy po wywiadzie, którego udzieliłem TMZ, organizowaliśmy *show* w Las Vegas i ktoś zawołał mnie tam po nazwisku. To była Ronda Rousey. Słyszałem o niej, mówiono mi, że jest dobrą zawodniczką. Podszedłem i uścisnąłem jej rękę, a ona powiedziała: „Pewnego dnia będę dla ciebie walczyć i zostanę twoją pierwszą mistrzynią świata". Musicie zrozumieć, że

---

* Portal internetowy publikujący wiadomości na temat sławnych osób (wszystkie przypisy pochodzą od tłumacza).
** Popularna w Stanach Zjednoczonych forma aerobiku ukierunkowana na szybkie spalanie tłuszczu.

wszyscy – mężczyźni i kobiety – mówią mi dokładnie to samo. Powtarzają: "Pewnego dnia będę dla ciebie pracować i zostanę twoim następnym mistrzem świata".

Ronda była jednak wytrwała, a kiedy oglądałem jej występy w organizacji Strikeforce, którą kupiliśmy, zrozumiałem, że to wyjątkowa zawodniczka. Podczas jednej z gal UFC poprosiła o spotkanie ze mną. Po 15 minutach rozmowy pomyślałem: "Chyba to zrobię. Ona może to wszystko rozruszać, a ja wierzę w każde słowo, które pada z jej ust". Zaprezentowała wtedy niezwykłą charyzmę i energię. A oglądanie jej walk było fascynującym przeżyciem.

Podjąłem więc decyzję, że Ronda dołączy do UFC i wystąpi w walce wieczoru podczas gali UFC 157, która miała odbyć się 23 lutego 2013 roku. Decyzja ta wywołała wiele kontrowersji wśród kibiców i przedstawicieli mediów, ale tamtej nocy w Anaheim Ronda weszła do oktagonu i stoczyła świetną walkę z Liz Carmouche. Pojedynek był ekscytujący od pierwszych sekund aż do samego końca, który nastąpił tuż przed gongiem obwieszczającym zakończenie pierwszej rundy.

A to był dopiero początek.

Poziom umiejętności wśród kobiet nagle wystrzelił w górę. Stało się to tak szybko, że przerosło moje najśmielsze oczekiwania. A na czele podążała Ronda. Ta dziewczyna to prawdziwy fenomen. Wiedziałem o tym, czułem to i wszedłem w ten projekt na całego. Ronda ma talent, świetny wygląd i determinację. I choć pokonała drogę od barmanki do supergwiazdy, tak naprawdę zawsze była znakomitą sportsmenką i medalistką olimpijską, ale dopiero teraz znalazła to, co naprawdę chce robić. Zrozumiała, że pragnie dowieść swojej bezkonkurencyjności. A kiedy to sobie uświadomiła, wkroczyła w świat mieszanych sztuk walki, absolutnie go zdominowała i stała się jedną z największych, jeśli nie największą gwiazdą UFC.

Nazywam ją rewolucjonistką, ponieważ jest nią w każdym calu. Ludzie mówią często "A, ta kobieca koszykówka, to całe WNBA", "Kobiety używają w golfie niższych kołeczków" albo "Tenisistki nie uderzają tak mocno jak tenisiści". Nikt nie mówi w ten sposób o Rondzie Rousey. Ta kobieta jest jednym z najsilniejszych i najbardziej niesamowitych sportowców, z jakimi współpracowałem w ciągu całej mojej kariery w świecie boksu oraz MMA, i nie ja jeden porównuję jej wyczyny w oktagonie do najlepszych walk Mike'a Tysona. Spójrzcie na jej zaciekłość i to, w jaki sposób biega za swoimi przeciwniczkami. Z Rondą nie ma żartów: kiedy wychodzi do walki, możecie być pewni, że jej rywalce stanie się krzywda.

Ronda posiada wyjątkową umiejętność koncentracji, nie tylko podczas walki czy na treningu, ale również w codziennym życiu. To kobieta, która nie imprezuje. Codziennie rano budzi się z myślą: „Co mogę zrobić, żeby być lepsza niż wczoraj?". Ona naprawdę tak żyje.

Ronda jest niesamowitym wzorem dla innych i daje pewność siebie wielu kobietom i dziewczynom. Kiedy byłem mały, chłopcy bawili się zwykle w jednym miejscu, a dziewczyny w innym – ci pierwsi byli aktywni fizycznie, te drugie wolały zaś domki z lalkami. W ostatnie Halloween dziewczęta w całym kraju przebierały się za Rondę Rousey. To dlatego, że jest niesamowitą, piękną i silną kobietą.

Inspiruje bardzo wiele osób. Podczas letnich rozgrywek Little League World Series jedna z gwiazd tego turnieju, 13-letni Afroamerykanin z południa Chicago, zajął pozycję z kijem w dłoni, a na ekranach telewizorów oprócz statystyk pojawiło się nazwisko jego ulubionego sportowca. Była nim Ronda Rousey. To prawdziwy przełom. Mógł wybrać każdego – LeBrona Jamesa, Dereka Jetera, dosłownie każdego – ale stwierdził, że jego ulubionym sportowcem jest Ronda Rousey.

Ronda zrewolucjonizowała cały sport, a z czasem być może zrewolucjonizuje również cały świat. Nie sądzę, by o jej dokonaniach należało mówić w czasie przeszłym, mam nawet wrażenie, że napisała swoją książkę zbyt wcześnie, bo dopiero się rozkręca. Ta kobieta osiągnie niesamowite rzeczy, dlatego przygotujcie się na kolejną część historii Rondy Rousey.

DLACZEGO WALCZĘ

Jestem wojowniczką.

Aby być wojownikiem, trzeba mieć w sobie pasję. Ja mam jej tyle, że trudno mi ją wręcz okiełznać. Moje ciało wyrzuca ją z siebie w postaci łez, potu i krwi.

Bardzo wiele osób zakłada, że jestem zimna i nieczuła, ale tak naprawdę, żeby walczyć, muszę mieć wielkie serce. Mam serce na dłoni, a kiedyś mi je złamano. Mogę walczyć z połamanymi palcami i szwami na stopach. Potrafię przyjąć cios bez mrugnięcia okiem, ale zalewam się łzami, kiedy w radiu leci smutna piosenka. Jestem wrażliwa i dlatego walczę.

Zaczęło się to już w chwili moich narodzin. Walczyłam o pierwszy oddech. Walczyłam o pierwsze słowa. Dziś toczę bitwy, o których dużo się mówi. Przez długi czas czułam jednak, że muszę walczyć o każdy drobiazg. Teraz jedna duża walka co kilka miesięcy rekompensuje mi te mniejsze, toczone każdego dnia. Czasem przegrane bitwy wydają się mało ważne. Korek. Opieprz od szefa. Te codzienne porażki potrafią doprowadzić nas do szaleństwa, ale to inne przegrane bitwy odmieniają twoje życie. Utrata kogoś, kogo kochasz. Nieudana próba osiągnięcia czegoś, co kosztowało cię mnóstwo wyrzeczeń.

Ja walczę dla swojego taty, który przegrał swoją bitwę i zmarł, kiedy miałam osiem lat, a także dla mamy, bo nauczyła mnie wygrywać w każdej sekundzie życia.

Walczę, aby ludzie, którzy mnie kochają, byli ze mnie dumni. Walczę, aby ludzie, którzy mnie nienawidzą, wrzeli z wściekłości. Walczę dla wszystkich, którzy kiedykolwiek czuli się zagubieni, zostali opuszczeni albo muszą mierzyć się ze swoimi demonami.

Dążenie do wielkości to długa i wyczerpująca wojna, toczę ją każdego dnia. Osiągam sukcesy dzięki walce. Nie chodzi mi tu jednak o walkę w oktagonie o powierzchni 230 metrów kwadratowych czy na 64-metrowej macie. Życie to bitwa trwająca od pierwszego wdechu do ostatniego wydechu. Musisz walczyć z ludźmi powtarzającymi, że czegoś nie da się zrobić. Musisz walczyć z instytucjami o szklanych sufitach, które należy rozbić. Musisz walczyć ze swoim ciałem, kiedy mówi ci, że jest zmęczone. Musisz walczyć ze swoim umysłem, kiedy zaczynają nachodzić cię wątpliwości. Musisz walczyć z układami stworzonymi, aby cię rozsierdzić, i przeszkodami mającymi cię zniechęcić. Musisz walczyć, ponieważ nikt inny tego za ciebie nie zrobi. Musisz walczyć też za tych, którzy sami nie mają takiej możliwości. Każdą cenną rzecz w życiu trzeba zdobyć w potyczce.

Nauczyłam się, jak walczyć i jak wygrywać. Niezależnie od tego, na jakie bariery się natkniesz i kto będzie próbował ci przeszkodzić, zawsze istnieje droga do zwycięstwa.

Oto jak wyglądała moja.

DZIEŃ WALKI

Wstaję późnym popołudniem. Spałam przez cały dzień, budząc się tylko na posiłki, po których wracałam do stanu hibernacji. Zakładam na siebie czarne spodenki i czarny sportowy stanik.

W pokoju hotelowym jest ciepło. Chcę, żeby moje ciało było ciepłe i elastyczne.

Stoję przed lustrem. Zaczesuję włosy do tyłu, w osobnych pasmach. Najpierw przód: zabezpieczam go opaską elastyczną. Potem lewa strona. Na końcu prawa. Wszystkie kosmyki muszą opadać mi na szyję. Biorę kolejną opaskę i łączę ze sobą wszystkie trzy pasma, a potem ciasno zawiązuję je w kok. W ten sposób włosy naciągają mi skórę na głowie i rozszerzają mi oczy. Kiedy stoję tak przed lustrem, coś się we mnie przełącza. Widząc siebie przygotowaną do walki, czuję, że się zmieniam; nagle nic już nie jest takie samo.

Do wyjścia mam jeszcze godzinę. Zakładam dres Reeboka i moje buty do walki – tanie, czarne love culture'y ze sztucznego zamszu, które już się rozpadają, ale były też świadkami prawie wszystkich moich zwycięstw na zawodowym ringu.

Członkowie mojego zespołu siedzą w salonie mojego apartamentu hotelowego – niektórzy na wielkiej kanapie, inni na krzesłach. Mówią przyciszonymi głosami, ale zza zamkniętych drzwi dobiega mnie czasem ich śmiech. Słyszę, jak poruszają się po pokoju. Edmond, mój główny trener, dwukrotnie sprawdza zawartość torby, upewniając się, że o niczym nie zapomnieliśmy. Rener, przygotowujący mnie w brazylijskim jiu-jitsu, rozwija i zwija z powrotem baner z logo moich sponsorów, który zostanie powieszony za mną w klatce. Rener chce przygotować materiał tak, aby można było rozwiesić go jednym ruchem nadgarstka. Martin, który jest moim trenerem od zapasów, zachowuje idealny spokój. Justin, mój sparingpartner od judo i przyjaciel z dzieciństwa, nerwowo pociera dłonie. Wszyscy ubrani są od stóp do głów w zaprojektowane specjalnie na walki oficjalne stroje mojego zespołu.

Otwieram drzwi i wszyscy zamierają. W pokoju panuje cisza.

Ochrona puka do drzwi wejściowych; są gotowi, żeby nas eskortować.

Kiedy wychodzę z pokoju hotelowego, czuję się jak Superman wybiegający z budki telefonicznej z wypiętą klatką piersiową i peleryną powiewającą za plecami. Niepowstrzymana. Niepokonana. Różnica jest taka, że ja na piersi zamiast S mam logo UFC. Mój wyraz twarzy staje się wredny. Od chwili kiedy opuszczam pokój, jestem w bojowym nastroju.

Za drzwiami czeka na mnie trzech mężczyzn ze słuchawkami w uszach, którzy mają doprowadzić mnie na walkę.

– Gotowa? – pyta ich szef, mając na myśli przejście do hali sportowej.

– Gotowa – odpowiadam, mając na myśli zwycięstwo w walce.

Edmond omiata wzrokiem pokój, upewniając się, że wszystko wzięliśmy. Podaje mi słuchawki Monster; wieszam je sobie na szyi.

Prowadzi nas szef ochrony. Wokół mnie idą członkowie mojego zespołu, a z tyłu dwaj pozostali ochroniarze.

Przechodzimy obok wind i zagłębiamy się w skąpane we fluorescencyjnym świetle tunele o betonowych posadzkach i ścianach pokrytych rurami. Korytarze są puste, a odgłos naszych kroków odbija się echem od ścian. Mijamy podziemne pokoje, w których meldują się pracownicy hotelu, i pomieszczenia, gdzie sortowane są odpady. Słyszę gwar dochodzący ze stołówki pracowniczej. Pikanie ładującego palety wózka widłowego zanika, kiedy idziemy labiryntem w stronę szatni.

Zbliżamy się, a ja dostrzegam coraz więcej oznak życia. Korytarzami chodzą pracownicy produkcji. Z kolejnych pomieszczeń wyłaniają się kamerzyści, ochroniarze, trenerzy, zawodnicy, członkowie komisji sportowych i inne przypadkowe osoby. Kiedy wchodzimy do hali, dołącza do nas przedstawiciel komisji stanowej. Od tego momentu aż do chwili, kiedy opuszczę budynek, cały czas będę na widoku.

Na drzwiach szatni znajduje się przyczepiona taśmą klejącą kartka z moim nazwiskiem wydrukowanym czarnymi literami.

– Powodzenia – mówi szef ochrony, kiedy wchodzę do pozbawionego okien pomieszczenia o ścianach z pustaków. Pokój pomalowany jest na jasny beż; wykładzina jest cienka i ciemna. Na podłodze znajduje się mata do ćwiczeń, a płaski telewizor na ścianie wyświetla na żywo walkę z karty wstępnej.

W innych szatniach ludzie uruchamiają systemy stereo i włączają muzykę. Żartują i dowcipkują.

W mojej szatni jest poważnie. Panuje cisza. Nikt się nie uśmiecha. Nie lubię, kiedy ktoś żartuje w mojej szatni. To nie pora na dowcipy. Od chwili opuszczenia pokoju hotelowego nie ma żadnego pierdolenia. Czas na głupoty minął. Teraz będą się działy poważne rzeczy.

Nie próbuję uwolnić się od presji i narastającego ciśnienia. Ja je chłonę. To właśnie ciśnienie wyrzuca pocisk z lufy pistoletu.

Wchodzimy do szatni. Dołącza do nas piąty człowiek z mojego narożnika: Gene LeBell, pionier MMA i wieloletni przyjaciel mojej rodziny. Siada i bawi się stoperem.

Ja leżę na podłodze z głową na torbie. Zamykam oczy. Próbuję odpłynąć w sen.

Budzę się i chcę się rozgrzewać, ale jest za wcześnie i Edmond mnie powstrzymuje.

– Spokojnie, jeszcze nie czas – mówi ze swoim ormiańskim akcentem. Jest spokojny i pewny siebie. Przez chwilę masuje mi ramiona, jakby próbował ugnieść nadmiar energii przepływającej przez moje ciało.

Chcę się ruszać, coś robić. Chcę być bardziej gotowa.

– Nawet jeśli jest ci zimno, to w porządku – mówi Edmond. – Odpręż się. Nie chcemy, żebyś się przegrzała.

Edmond owija mi dłonie bandażami, a przedstawiciel stanowej komisji sportowej sprawdza, czy wszystko odbywa się zgodnie z zasadami.

Najpierw bandaż. Potem biała taśma samoprzylepna, która podczas odwijania z rolki wydaje dźwięk, jakby coś się darło. Obserwuję, jak materiał biegnie hipnotycznie między moimi palcami, wokół dłoni i nadgarstków. Następnie Edmond wygładza końcówkę na moich nadgarstkach i jestem kolejny krok bliżej chwili, na którą czekałam, o której myślałam podczas treningów i do której nigdy nie byłam bardziej przygotowana.

Przedstawiciel komisji podpisuje się na moich owiniętych dłoniach czarnym markerem. Zaczynam się rozciągać i podskakiwać. Edmond tarczuje ze mną przez chwilę, ale powstrzymuje mnie, zanim przesadzę. Wydaje mi się, że to za mało. Chciałabym wyprowadzić więcej ciosów.

– Spokojnie, spokojnie – powtarza.

Słyszę odgłosy tłumu widocznego na ekranie. Kiedy na hali pojawiają się kolejni widzowie, hałas przedostaje się przez ściany szatni. Energia tego tłumu przesącza się przez beton i wnika w moje ciało.

Zegar tyka. Edmond sadza mnie na składanym krześle. Pochyla się nade mną.

– Jesteś przygotowana lepiej niż ta dziewczyna – mówi. – Jesteś od niej lepsza pod każdym względem. Walczyłaś z myślą o tej chwili. Pociłaś się z myślą o tej chwili. Wypruwałaś sobie żyły z myślą o tej chwili. Wszystko, co robiliśmy, robiliśmy właśnie po to. Jesteś najlepsza na świecie. A teraz idź i rozpierdol tę dziewczynę.

W tym momencie pragnę tylko zniszczyć moją rywalkę. Chcę tego każdą komórką mojego ciała.

W korytarzu słyszę zdarty głos Burta Watsona. Burt jest oficjalną niańką zawodników UFC i zajmuje się tyloma różnymi rzeczami, że trudno określić, jakie konkretnie stanowisko zajmuje – najlepiej byłoby stwierdzić, że po prostu się nami opiekuje.

– Tak jest, lecimy! – krzyczy. – Właśnie tak, właśnie dlatego to robimy, maleńka. To jest twój moment i twoja walka. Nie pozwól, żeby odebrali ci twój wieczór, maleńka.

Kiedy mnie odprowadza, jego głos odbija się od ścian korytarza. Jestem podekscytowana.

Moje rywalki zawsze wychodzą jako pierwsze. Nie widzę mojej przeciwniczki, ale słyszę kiepską piosenkę, którą rozbrzmiewa cała hala. Natychmiast zaczynam czuć nienawiść do tego kawałka.

Słyszę, jak publiczność reaguje na wyjście zawodniczki. W półmroku tunelu czuję drżące od aplauzu powietrze, ale wiem, że kiedy ja wyjdę, cała hala eksploduje. Gdy pojawię się przed widownią, ludzie zaczną wariować. Niemal czuję w kościach ich ryk i mam świadomość, że hałas wstrząśnie moją rywalką.

Edmond mocno uciska mi twarz. Pociera moje uszy i nos. Twarz mi się napina, dzięki czemu jestem przygotowana na ewentualne ciosy. Edmond mocniej zaciska mi kok. Czuję mrowienie na skórze głowy. Mam szeroko otwarte oczy. Jestem rozbudzona. Jestem czujna. Jestem gotowa.

Dostajemy sygnał. Otacza mnie ochrona. Ludzie z mojego narożnika idą krok za mną.

Moje ciało przenikają ciężkie akordy gitarowe Joan Jett: rozbrzmiewa kawałek *Bad Reputation*, a ja wychodzę na halę, patrząc prosto przed siebie. Widzę tylko to, co znajduje się przede mną, czyli ścieżkę prowadzącą do klatki.

Na schodach przed oktagonem ściągam słuchawki i buty. Zdejmuję też bluzę z kapturem, spodnie i koszulkę. Pomaga mi w tym zespół, bo trudno jest się rozebrać dłońmi w rękawicach.

Edmond uderza mnie ręcznikiem. Przytulam po kolei wszystkich członków mojego zespołu. Renera. „Wujka" Gene'a. Martina. Justina. Edmond całuje mnie w policzek. Ściskamy się, a potem wkłada mi do ust ochraniacz. Stitch Duran[*], mój specjalista od urazów głowy, smaruje mi twarz wazeliną i odchodzi na bok.

Wyciągam przed siebie ramiona, a sędzia poklepuje mnie, upewniając się, że niczego przy sobie nie mam. Przesuwa dłonie za moimi uszami i po włosach, sprawdza ciasny kok. Każe mi otworzyć usta. Sprawdza rękawice. Kieruje mnie na schody.

Wchodząc do klatki, wykonuję lekki ukłon – to nawyk z czasów, gdy uprawiałam judo. Przytupuję dwukrotnie lewą nogą. Potem prawą. Podskakuję, przytupując obydwiema stopami. Idę do narożnika. Potrząsam ramionami. Uderzam się otwartą dłonią w prawy bark, potem w lewy, a potem w uda. Dotykam maty. Ludzie z mojego narożnika rozwijają za mną baner z nazwami sponsorów. Przeskakuję z nogi na nogę. Wykonuję przysiad i szybko się prostuję. Przytupuję jeszcze raz obydwiema stopami. I przestaję się ruszać.

Nadszedł ten moment. Moje ciało jest rozluźnione, a jednocześnie bardzo czujne, gotowe na akcje i reakcje. Mam wyostrzone zmysły. Wypełnia

---

[*] Mowa o Jacobie Duranie, którego pseudonim Stitch oznacza w języku angielskim „szew".

mnie tylko jedno pragnienie: chęć wygranej. To kwestia zwycięstwa lub śmierci. Czuję się, jakbym od zawsze znajdowała się w tej klatce, jakby czas, który upłynął od ostatniej walki, nie istniał. Mój umysł przełącza się na tryb bitewny i wkraczam w sferę, w której istnieje – i zawsze istniała – tylko walka.

Patrzę na drugi koniec klatki.

Na środek wychodzi tymczasem spiker UFC Bruce Buffer. Bruce jest najlepszy w tym, co robi, ale kiedy odwraca się w kierunku mojej rywalki, słyszę tylko:

– Bla, bla, bla, bla, bla.

Następnie odwraca się do mnie i mówi:

– Bla, bla, bla, bla, bla.

Widzę tę dziewczynę. Nie spuszczam jej z oczu. Zawsze próbuję nawiązać kontakt wzrokowy. Czasami przeciwniczki uciekają spojrzeniem.

Chcę, żeby na mnie spojrzała.

Chcę, żeby spojrzała mi w oczy. Chcę, żeby zobaczyła, że się nie boję. Chcę, żeby wiedziała, że nie ma szans. Chcę, żeby była przerażona. Chcę, żeby uświadomiła sobie, że przegra.

Sędzia spogląda na moją przeciwniczkę i pyta:

– Gotowa?

Dziewczyna kiwa głową.

Sędzia wskazuje na mnie.

– Gotowa?

Potwierdzam ruchem głowy i myślę: „Urodziłam się gotowa".

A potem zaczynamy.

URODZIŁAM SIĘ GOTOWA

Wielu zawodników dopada przed walką przekonanie, że nie są gotowi. Czują się sztywni i nieprzygotowani; wierzą, że to uczucie minie, kiedy trochę bardziej się rozgrzeją. Zaczyna zjadać ich strach. Zostałam wychowana w taki sposób, aby być gotowa do walki w każdej chwili. Prawie w ogóle się nie rozgrzewam, a mimo to jestem tak dobrze przygotowana, że przed rozpoczęciem pojedynku muszę dosłownie się zmuszać, żeby poczekać na sygnał od sędziego. Nigdy nie wiadomo, kiedy trzeba będzie stanąć do walki wcześniej, niż się zakładało.

Omal nie umarłam przy narodzinach.
1 lutego 1987 roku moja ciężarna mama krzątała się po domu, szykując wszystko przed wyjazdem do szpitala.
– Jesteś gotowy, Ron? – zapytała mojego tatę.
– Kochanie, urodziłem się gotowy – odpowiedział.
Moi rodzice nie byli jednak przygotowani na to, co miało się wydarzyć.
Urodziłam się z owiniętą wokół szyi pępowiną, przez co nie mogłam oddychać. Moje serce przestało bić. Pojawiłam się na świecie fioletowa i otępiała. Na dziesięciostopniowej skali Apgar, wykorzystywanej do oceny stanu zdrowia niemowląt w momencie urodzenia, siedem uznawane jest za dobry wynik. Ja uzyskałam zero.
Mama twierdzi, że lekarze byli wtedy przekonani, że nie żyję. Zapanował chaos. Personel biegał we wszystkich kierunkach. Metalowymi wózkami na skrzypiących kółkach zwożono do sali sprzęt. Pielęgniarki trzaskały szafkami, wyciągając z nich jakieś rzeczy. W końcu lekarze zdołali przywrócić mi

oddech. Przecięli pępowinę, odwiązali mi ją z szyi, przeprowadzili resuscytację i dostarczyli tlen do moich płuc.

Moja mama była przekonana, że trwało to wieczność – choć prawdopodobnie było to tylko kilka minut – ale w końcu zaczęłam oddychać, a moje serce zabiło.

Cała ta sytuacja przeraziła moich rodziców. Wtedy jedyny raz w życiu moja mama widziała, jak tata płacze.

Rodzice dali mi na imię Ronda po moim tacie Ronie. Są tacy, co myślą, że istnieje jakiś specjalny powód, dla którego w moim imieniu brakuje litery „h", ale stało się tak przypadkowo. Kiedy sytuacja w sali szpitalnej trochę się uspokoiła i było już wiadomo, że przeżyję, pielęgniarka zapytała mojego tatę o imię dla mnie.

– Ronda – odpowiedział.

Pielęgniarka poprosiła, żeby to przeliterował. Ponieważ mój tata miał na imię Ron, sądził, że imię żeńskie pisze się tak samo, więc powiedział jej:

– R-O-N-D-A.

I tak też napisano na moim akcie urodzenia. Równie dobrze mogli napisać tam „Ronda, bez H", ponieważ przez całe życie musiałam poprawiać ludzi – dopiero od niedawna częściej zapisują moje imię właściwie – ale wydaje mi się, że w takiej formie lepiej do mnie pasuje. Poza tym „H" to głupia litera.

Moi rodzice byli szczęśliwi, że przeżyłam, ale lekarz, który mnie uratował, powiedział, że mogłam doznać urazu mózgu, który najczęściej nie daje o sobie od razu znać. Wyjaśnił, że jeśli uszkodzenie powstało w okolicach odpowiedzialnych za mowę czy chodzenie, to może wyjść na jaw dopiero po kilku miesiącach, a nawet latach, ponieważ wszelkie tego rodzaju opóźnienia widoczne są dopiero na konkretnych etapach rozwoju.

Lekarze zwykle nie pocieszają ludzi w takich sytuacjach, ale on podzielił się wtedy swoją prywatną opinią.

– W większości takich przypadków dziecko nie przeżywa – stwierdził. – W tym momencie mogę powiedzieć tylko tyle, że dziewczynka oddycha, jej serce pracuje bez zarzutu, a jej odruchy są prawidłowe. Nie mam pojęcia, co przyniesie przyszłość, ale dzieci są niesłychanie wytrzymałe, a to z całą pewnością ma duszę wojownika.

WYGRYWANIE TO NAJWSPANIALSZE UCZUCIE NA ŚWIECIE

Wygrywanie zakodowane mam w głowie od początku. Kiedy byłam mała, podczas zawodów judo siadałam z dzieciakiem, z którym miałam walczyć, i grałam z nim w łapki. Mama odciągała mnie wtedy i mówiła: „Siedź tu i myśl o zwycięstwie. Przestań się wygłupiać".
Kiedy wygrywam, wpadam w euforię. Nic nie może mnie wtedy złamać. Zwyciężanie unosi mnie ponad wszelkie trudności. Fruwam radośnie nad tym wszystkim, co sprawia, że życie jest trudne i nieprzyjemne. Kiedy wygrywam, cały świat na chwilę staje się dobry. Zwyciężanie przypomina miłość, tyle że zakochujesz się jednocześnie we wszystkich osobach przebywających z tobą w jednym pomieszczeniu – to uczucie się wzmacnia, gdy w hali jest 18 tysięcy widzów.

Kiedy skończyłam dwa lata i nadal nie mówiłam, moi rodzice zaczęli się martwić. Pediatra tłumaczył mojej mamie różne rzeczy, na przykład że zacznę mówić, kiedy będę gotowa, albo że nie mówię, bo nie widzę takiej konieczności. Moje dwie starsze siostry wydawały się rozpoznawać moje potrzeby i komunikowały za mnie, że mam ochotę na ciastko czy chcę pobawić się konikami My Little Pony. Moja mama wiedziała jednak, że coś jest nie w porządku. Wychowywała dwie inne córki, a podczas pracy nad doktoratem chodziła między innymi na zajęcia z psychologii rozwojowej.

Zbliżały się moje trzecie urodziny, a ja wciąż nie wypowiedziałam jeszcze ani jednego zrozumiałego słowa. Mama zabierała mnie do różnych specjalistów. Żaden z nich nie zdiagnozował u mnie niczego nieprawidłowego, ale wszyscy wydawali się przekonani, że moje trudności z mową mogą wynikać z odcięcia tlenu podczas narodzin.

Kiedy jakaś część twojego mózgu umiera, to umiera na zawsze (okej, przecież tak właśnie definiuje się śmierć). Dzieci są jednak całkiem nieprawdopodobne. Dzieci są superwytrzymałe. Czasami dziecięcy mózg potrafi się przebudować. I mój rozwijający się mózg po prostu to zrobił. Gdybyście obejrzeli kolorowy skan mojej aktywności mózgowej, zobaczylibyście, że część odpowiedzialna za mowę wykształciła się u mnie w innym miejscu niż u większości ludzi. Dopóki jednak do tego nie doszło, nie potrafiłam powiązać słów w mojej głowie z aparatem mowy.

Mówienie było dla mnie ciągłą walką pomiędzy tym, co chciałam przekazać, a tym, co mówiłam. Nie chodziło tylko o słowa, chodziło o wszystko. O to, co czułam. O to, czego chciałam. Ciągle musiałam z czymś walczyć. Kiedy wielokrotnie proszono mnie, żebym coś powtórzyła, frustrowałam się i kopałam osobę, z którą rozmawiałam. Walka z innymi to jedno, ale walka z samą sobą to zupełnie inna kwestia. Jeśli walczysz ze sobą, to kto wygrywa? Kto ponosi porażkę?

Na trzecie urodziny najbardziej chciałam dostać figurkę Hulka Hogana. W sobotnie poranki po *X-Menach* razem z siostrami oglądałyśmy zawsze *WWF Superstars of Wrestling*. Podczas reklam wstawałyśmy z brązowej kanapy i uprawiałyśmy zapasy na kłującym poliestrowym dywanie. Jedną z najfajniejszych zabawek wyprodukowanych w latach 80. była 60-centymetrowa poduszkowa podobizna Hulka. Można było rzucać się na nią, uprawiać z nią zapasy, obalać ją na ziemię. To była superzabawka. Kiedy mama pytała mnie, co chciałabym dostać, powtarzałam jedno słowo:

– Balgrina.

Nikt nie miał pojęcia, o co mi chodzi. Mama zabrała jednak mnie i moje siostry do sklepu z zabawkami, żeby odnaleźć Balgrina. Mężczyzna, który tam pracował, pokazał mi wszystkie zabawki, nawet piłkę. Wyszłyśmy stamtąd z pustymi rękami. Udałyśmy się do kolejnego sklepu. I do jeszcze innego.

Za każdym razem, kiedy próbowałam wyjaśnić, czego chcę, z ust wydobywały mi się chaotyczne dźwięki, których nikt nie rozumiał. Czułam się, jakby potrzebne mi słowa były unieruchomione. Widziałam je. Czułam je.

Nie potrafiłam ich tylko wypowiedzieć. Byłam w potrzasku. Zalewałam się łzami, a smarki płynęły mi po brodzie. Świat przygniatał mnie, a ja zaczynałam tracić nadzieję.

Tamtego dnia tata spotkał się z nami po pracy. Poszliśmy do ostatniego sklepu z zabawkami, gdzie poznałam najwspanialszego sprzedawcę w historii, zasługującego na miejsce w Galerii Sławy sprzedawców zabawek.

Weszliśmy do środka, a mój tata powiedział do tego mężczyzny:
– Moja córka chciałaby dostać Balgrina. Nie wiem, co to, u diabła, jest, ale nie wyjdziemy stąd, dopóki tego nie kupimy.
– No dobrze, a co robi ten Balgrin? – zapytał mnie sprzedawca.

Bałam się mówić, dlatego kilka razy rzuciłam się na ziemię.
– Masz na myśli figurkę zapaśnika? Taką jakby poduszkę, z którą można się siłować?

Powoli kiwnęłam głową.
– Balgrin – powiedziałam.
– Jasne – odparł, jakbym sprecyzowała właśnie wyraźnym głosem: „Hulk Hogan".

Zdjął jedną z figurek z półki. Wykonałam w alejce taniec szczęścia. Moja mama dziękowała niebiosom.

Sprzedawca wręczył mi zabawkę, a radość wypełniła mnie po brzegi. Nie pozwoliłam rodzicom wziąć ode mnie Hulka Hogana choćby na chwilę, nawet podczas płacenia, dlatego sprzedawca musiał zeskanować kod z innego pudełka.

Po powrocie do domu Hulk i ja byliśmy właściwie nierozłączni. Skakałam z kanapy, wbijając mu łokieć w klatkę piersiową. Przyciskałam go do ziemi i kazałam mamie liczyć do trzech. W końcu oderwałam mu też rękę – może był to przypadek, a może zapowiedź przyszłych wydarzeń. Używając starej metody wykorzystywanej podczas zszywania judog, mama przyszyła mu rękę nicią dentystyczną, a potem, tak jak każdej nocy, poszłam z nim do łóżka.

Tak, dokładnie. Spałam z Hulkiem Hoganem.

Dla dziewczynki, która nie potrafiła porozumiewać się z innymi dziećmi, fakt, że w dniu moich trzecich urodzin zrozumiał mnie ktoś obcy, stanowił wielki przełom. Była to moja pierwsza lekcja, z której wynikało, że jeśli wierzysz w coś wystarczająco mocno i odpowiednio się starasz, możesz to osiągnąć.

Dotychczas osiągnęłam w życiu całkiem sporo. (Nie piszę, że wiele, bo nie mam nawet 30 lat i wiele jeszcze przede mną – można więc powiedzieć, że jestem na poziomie Gandalfa Szarego, czyli już po zamieszaniu z *Hobbita*, ale jeszcze przed zniszczeniem pierścienia i przemianą w Gandalfa Białego). Często osiągałam to, co ludzie uważali za nierealne, nieprawdopodobne, albo – to moje ulubione słowo – niemożliwe. Bez wiary w sukces nie zdołałabym zrobić żadnej z tych rzeczy.

Wiara, o której mówię, to przekonanie, że wydarzy się coś dobrego. Że wszystko, przez co przechodzisz i co przydarzyło ci się dotąd, okaże się warte całego tego wysiłku i frustracji. Ta wiara to głębokie przeświadczenie, że świat może się zmienić i że to, co niemożliwe, jest tak naprawdę realne.

Dzień moich trzecich urodzin był zatem pierwszą lekcją, by nie porzucać nadziei, nie poddawać się i otaczać ludźmi, którzy widzą we mnie to, czego sama nie dostrzegam. Po raz pierwszy poczułam się wtedy jak zwycięzca.

W UŁAMKU SEKUNDY WSZYSTKO MOŻE SIĘ ZMIENIĆ

Każdy kibic sportów walki widział kiedyś coś takiego: jeden zawodnik dominuje nad drugim i wydaje się niezniszczalny. A potem pada na deski. Pojedynczy cios lub chwila nieuwagi mogą całkowicie zmienić przebieg pojedynku. W życiu jest tak samo.

Jednym z powodów, dla których tak bardzo pragnę wygrywać, jest kruchość i ulotność życia. Kiedy zwyciężam, przez chwilę się nie martwię, że wszystko nagle może zostać mi odebrane.

Wiele razy rzeczy, które wydawały mi się niezachwiane, waliły się w gruzy, wywracając moje życie do góry nogami. To właśnie świadomość, że w każdej chwili wszystko, co dobre, może zostać mi odebrane, tak bardzo mnie motywuje.

Przeprowadzka z Los Angeles do Minot w Dakocie Północnej nie jest wśród Amerykanów czymś typowym. Kiedy jednak miałam trzy lata, moja siostra Maria, która wracała akurat autobusem ze szkoły do domu, widziała, jak jakiś mężczyzna został postrzelony w głowę. Moi rodzice odebrali to jako znak, że pora wynosić się stamtąd w cholerę. Przeprowadziliśmy się więc do leżącej gdzieś na końcu świata Dakoty Północnej.

Moja mama ukończyła doktorat, a wśród ofert pracy, które otrzymała, znajdowała się również propozycja od uniwersytetu stanowego w Minot. Działał tam dobry program leczenia zaburzeń mowy, a jedną z zalet przyjęcia przez moją mamę tej pracy była możliwość wysłania na terapię również mnie. Kiedy przeprowadziliśmy się do Minot, mój tata zrezygnował z pracy na stanowisku menedżera w fabryce produkującej samoloty. Koszty życia w Dakocie Północnej były niższe niż w Kalifornii i moi rodzice uznali, że wystarczy nam jedno źródło dochodu. Dlatego też latem 1990 roku przeprowadziliśmy się na dwuhektarowe gospodarstwo położone ponad 30 kilometrów od Minot.

Moje siostry i ja miałyśmy tam dużą swobodę. W Kalifornii nie mogłyśmy same wychodzić na dwór. W Minot, z dala od smogu i plagi przestępczości, która dotykała w tamtym czasie Los Angeles, mogłyśmy w tę i z powrotem jeździć rowerami po żwirowym podjeździe. Bawiłyśmy się w niewielkim zagajniku za domem. Zbierałyśmy tam kokony, ale mama zabroniła nam tego, kiedy jeden z nich okazał się jajem i w domu wykluło nam się mnóstwo pająków. Na zboczu wzgórza, na którym zbudowany był nasz dom, zorganizowałyśmy sobie zjeżdżalnię i godzinami potrafiłyśmy śmigać w dół na żółtym kawałku plastiku.

Miałam obsesję na punkcie zbierania kamieni i zgromadziłam imponującą kolekcję. Tata nauczył mnie rozróżniać kwarc, piryt, skamieniałe drewno, wapień i krzemień. W sierpniu mama zaczęła codziennie wyjeżdżać do miasta, gdzie przygotowywała się do zajęć. Moje siostry nie były zafascynowane wiejskim życiem tak jak ja i zwykle jej towarzyszyły, ja natomiast zostawałam z tatą.

W takie dni tata sadzał mnie w fotelu pasażera naszego biało-brązowego forda bronco i zabierał na wycieczki, podczas których wypatrywaliśmy idealnych miejsc do poszukiwania kamieni. Jeździliśmy po polach i pomiędzy drzewami zasadzonymi dla ochrony przed wiatrem, podskakując na głazach i korzeniach. Po pewnym czasie docieraliśmy do jakiejś polany, której wcześniej nie widzieliśmy, i tata mówił:

– Wygląda mi to na dobre miejsce.

Godzinami siedziałam potem w ziemi i przynosiłam mu różne okazy do oceny, a on zakładał swoje przyciemniane okulary lotnicze i opierał się o maskę samochodu, paląc papierosa.

To właśnie podczas jednej z tych wypraw odkryłam, że mój tata jest najsilniejszym człowiekiem na świecie. Poprzedniej nocy szalała burza i kiedy jechaliśmy, błoto pryskało na prawo i lewo. Zatrzymaliśmy się przed korytem strumienia, które zwykle było suche, ale teraz wypełniało je kilkanaście centymetrów wody.

– To jak, Ronnie? Przeprawiamy się przez rzekę?

Kiwnęłam głową.

– No to jedziemy, mała – powiedział, żartobliwie dotykając palcami ronda kapelusza.

Uśmiechnął się i ruszyliśmy do przodu. Błotnista woda chlusnęła na przednią szybę, jakby ktoś polał nas z wiadra. Bronco szarpnął i nic. Tata dodał gazu. Koła się kręciły, ale staliśmy w miejscu. Tata włączył wsteczny. Szarpnęło w tył, ale nie ruszyliśmy. W lusterku widziałam błoto wystrzelające spod kół, które obracały się bez skutku.

– No kurwa – westchnął tata. Wysiadł z samochodu, a ja wyślizgnęłam się spod pasów bezpieczeństwa i ruszyłam za nim. Tata ukucnął obok tylnego koła. – Mamy tu pewien problem. A teraz musimy znaleźć jakieś rozwiązanie.

Rozejrzał się po okolicy.

– To miejsce jest równie dobre na poszukiwanie skał, jak każde inne – powiedział, jakby to wszystko było częścią planu. – Dzisiaj poszukamy jednak innych kamieni niż zwykle. Potrzebuję dużych okazów, mniej więcej takich jak twoja głowa, okej?

Przytaknęłam i oboje zaczęliśmy szukać dużych kamieni. Znalazłam jeden, który rozmiarami przypominał grejpfruta. Próbowałam go podnieść. Ani drgnął. Spróbowałam jeszcze raz, wytężając wszystkie siły mojego trzyletniego ciała. Nic.

– Tutaj – zawołałam do taty.

Podszedł do mnie, niosąc w jednej ręce dwa kamienie rozmiarów melona. Kiedy to zobaczyłam, opadła mi szczęka. Wskazałam kamień, który próbowałam podnieść. Tata chwycił go, jakby nic nie ważył.

– Masz świetne oko – stwierdził z uśmiechem. Pękałam z dumy.

Następnie tata ułożył kamienie jak najbliżej opony i przez kolejne pół godziny powtarzaliśmy całą procedurę – ja wskazywałam mu poszczególne okazy, a on podnosił je jak piórka.

– Zobaczmy, czy coś to dało – powiedział.

Wsiedliśmy z powrotem do bronco. Tata uruchomił silnik i wdusił gaz. Próbował pojechać do przodu i do tyłu. Samochód trząsł się, ale nie ruszył z miejsca.

— No i dupa — oznajmił tata. — Przynajmniej próbowaliśmy. Chyba jednak trzeba będzie się przejść. Będę musiał poprosić Johna Stipa, żeby przyjechał tu swoją ciężarówką i mnie wyciągnął.

Stipowie mieszkali w sąsiednim gospodarstwie. Wysiedliśmy z samochodu. Było gorąco, a ja czułam się zmęczona. Nie odeszliśmy zbyt daleko od auta — wciąż widać było tablicę rejestracyjną — kiedy spocona i czerwona na twarzy spojrzałam na tatę.

— Nie dam rady — powiedziałam.

Tata podniósł mnie bez wysiłku, tak samo jak robił to z kamieniami. Kiedy szliśmy przez wysoką trawę, oparłam głowę na jego ramieniu i chwilę później zasnęłam. Obudziłam się, słysząc jego kroki na żwirowej drodze prowadzącej do naszego domu. Bronco był już tylko ledwie widocznym w oddali punkcikiem.

Kiedy słońce zaszło za horyzont na prerii, zjedliśmy na ganku kolację, obserwując bezkresne pola.

Tego samego wieczoru, podczas półkilometrowego spaceru do naszej skrzynki pocztowej przy drodze, spojrzałam na mamę i stwierdziłam:

— Dakota Północna jest fajniejsza niż Kalifornia.

To było pierwsze pełne zdanie, jakie kiedykolwiek wypowiedziałam.

Lato w odludnej Dakocie Północnej jest piękne. Zima w tamtych okolicach to zupełnie inna historia. Ujemne temperatury i śnieg. Mnóstwo śniegu. Tej pierwszej zimy wszystko było jednak dla nas nowością. Dlatego też któregoś dnia w styczniu mama i tata opatulili nas w kurtki i wyszliśmy na zewnątrz. Dołączyli do nas Stipowie.

Mój tata zjechał z całkiem zwyczajnego pagórka na całkiem zwyczajnych, plastikowych, pomarańczowych sankach. Zjechał pierwszy, żeby sprawdzić, czy jest bezpiecznie. Śmiałam się, obserwując, jak pędzi po zboczu. Uderzył w zwyczajną oblepioną śniegiem kłodę. Potem zatrzymał się na dole.

Leżał tam. Mama myślała, że się wygłupia.

Czekaliśmy.

Nie wstawał. Ja i moje siostry patrzyłyśmy z góry, jak mama zbiega po zboczu i klęka obok taty.

Sypał śnieg, a w oddali migały światła. Karetka, która przyjechała, utknęła w zaspie. Pojawiła się kolejna. Minęła godzina, zanim ratownicy dotarli do mojego taty.

Mama pojechała razem z nim w karetce. Sąsiedzi zabrali nas do siebie i poczęstowali gorącym kakao. Czekaliśmy na telefon od mamy.

Wieści nie były dobre.

Mój tata, który był najsilniejszym człowiekiem, jakiego znałam, i który posiadał moce superbohatera, złamał kręgosłup. Kiedy zobaczyłam go po raz pierwszy po wypadku, leżał na szpitalnym łóżku, niezdolny się poruszyć. Ciągle się łudziłam, że kiedy następnym razem wejdziemy do tej sali, będzie stał przed lustrem w łazience, wklepując sobie old spice'a w policzki i uśmiechając się, jakby nic się nie stało, a potem jak co rano oznajmi: „Przedstawienie czas zacząć".

Czekałam, aż wyskoczy z łóżka. Ale nie wyskakiwał. Przechodził kolejne operacje, za każdym razem o włos unikając śmierci.

Kiedy mama po raz pierwszy zabrała nas do niego, światła na oddziale intensywnej terapii były przygaszone.

– Musicie zachowywać się cicho – powiedziała, kiedy stanęłyśmy przed drzwiami sali. – Tata jest bardzo zmęczony.

Skinęłyśmy głowami i w milczeniu weszłyśmy za nią gęsiego do pomieszczenia. W środku słychać było równomierne pikanie pulsometru. Mniej więcej co 30 sekund maszyna wydawała z siebie warkot.

– Ron, dziewczynki przyszły – powiedziała mama czułym głosem, którego używała, kiedy jedna z nas była bardzo chora.

Tata leżał na plecach. Otworzył oczy. Nie mógł się ruszyć, ale spojrzał w naszą stronę.

– Cześć, dzieciaki – przywitał nas szeptem.

Podeszłam bliżej do łóżka. Tata miał obandażowany tors w miejscu, gdzie lekarze przecinali go, żeby zoperować mu złamany kręgosłup. Obok kroplówki znajdował się duży woreczek z krwią, która spływała tacie do żyły na ramieniu. Z łóżka zwisał inny worek. Z rurki, podłączonej do taty gdzieś pod kocami, również spływała krew.

Do sali weszła pielęgniarka, a ja rzuciłam się w jej stronę. Mama złapała mnie, kiedy krzyczałam na całe gardło:

– Czemu przecięliście tatusia?! Czemu?!

Nienawidziłam jej. Nienawidziłam jej za to, że zrobiła krzywdę mojemu tacie. Nienawidziłam jej za ból, który odczuwał. Nienawidziłam jej też za ból, który ja odczuwałam.

Biłam pięściami i kopałam, kiedy mama wynosiła mnie na korytarz, blokując drzwi. Z trudem chwytałam powietrze. Mama próbowała wytłumaczyć mi, że ci ludzie chcą pomóc tatusiowi. Łzy płynęły mi po twarzy.

– Tatusiowi stała się krzywda – powiedziała mama. – Pielęgniarki i lekarze starają się go wyleczyć. Próbują mu pomóc.

Nie wiedziałam, czy powinnam jej wierzyć.

– Możesz zapytać tatusia – stwierdziła. – Ale my też będziemy musiały mu pomóc. To oznacza, że w jego pokoju masz być grzeczna. Okej?

Kiwnęłam głową.

– No to dobrze. Chodźmy – poprowadziła mnie z powrotem do sali.

Tata leżał w szpitalu ponad pięć miesięcy. Codziennie po szkole mama pakowała nas do samochodu i jechałyśmy do oddalonego o 200 kilometrów Bismarck, ponieważ miejscowy szpital nie posiadał odpowiedniego sprzętu.

Zimą na polach Dakoty Północnej nie ma zbyt wiele do oglądania; tylko bezkresne obszary bieli. Z tamtego okresu mojego życia najlepiej pamiętam właśnie biel. Białe korytarze w szpitalu. Białe podłogi. Białe jarzeniówki. Biała pościel. Pamiętam też krew, dużo krwi.

Mój tata cierpiał na rzadkie zaburzenie nazywane zespołem Bernarda--Souliera, które utrudnia krzepliwość krwi, a to właśnie krzepliwość odpowiada za zdolność naszych ciał do zatrzymania krwawienia. Nawet drobne skaleczenia mogą prowadzić do problemów, a większe urazy często kończą się poważnymi komplikacjami. Osoby cierpiące na to schorzenie nadmiernie krwawią zarówno podczas wszelkich zabiegów, jak i po ich zakończeniu. Mój tata doznał poważnego urazu i musiał przejść skomplikowane operacje, w związku z czym tracił naprawdę dużo krwi.

Mama opowiada czasem o tym, jak tacie się pogorszało, a pielęgniarki wbiegały do jego pokoju z woreczkami krwi, które zazwyczaj widuje się na stojakach do kroplówek – krew spływa z nich powoli przez wężyk do żyły pacjenta. Pielęgniarka wkłuwała się mojemu tacie w rękę i kładła taki worek na stoliku, a potem napierała na niego całym ciężarem ciała, żeby krew jak najszybciej wtrysnęła do żyły.

Przed zmianą pościeli i pidżamy pielęgniarki wyganiały nas z sali w nadziei, że nic nie zobaczymy. Ale takiej ilości krwi nie sposób nie zauważyć. Krew wsiąkała w opatrunki i plamiła pościel. Patrzyłam, jak się rozprzestrzenia. Czerwone kropki rozrastały się w duże okręgi. Krew wzbudzała we mnie poczucie beznadziei. Miałam dopiero cztery lata, ale wiedziałam, że duże ilości krwi nie oznaczają niczego dobrego.

Były kolejne, liczne operacje. Były kolejne worki z krwią. Lekarze wstawili tacie w plecy metalowy pręt. Długo siedziałyśmy wtedy w poczekalni. Pielęgniarki włączały nam na telewizorze kreskówki. Jadłam dużo zupy ze szpitalnej stołówki. Narysowałam dużo obrazków.

Jeździłyśmy tak przez całą zimę i wiosnę. W drodze do szpitala gapiłam się na oszronione szyby i rysowałam na nich palcem. W drodze powrotnej ja i moje siostry spałyśmy, a mama prowadziła w ciszy.

Po wypadku tata nie był już taki, jak kiedyś. Reszta rodziny też.

NIGDY NIE LEKCEWAŻ PRZECIWNIKA

W tej samej chwili, kiedy przestajesz widzieć w przeciwniku zagrożenie, zwiększasz prawdopodobieństwo swojej porażki. Zaczynasz myśleć, że nie musisz trenować aż tak ciężko. Idziesz na łatwiznę. Wybierasz wygodę. I wpadasz w pułapkę.

Kiedy byłam mała, ludzie nie brali mnie na poważnie, ponieważ ledwie potrafiłam sklecić zdanie. Kiedy uprawiałam judo, lekceważono mnie, bo byłam Amerykanką, a Amerykanie są kiepscy w tej dyscyplinie. Kiedy przeszłam do MMA, ludzie ignorowali mnie najpierw dlatego, że byłam dziewczyną, a potem dlatego, że uważali mnie za zawodniczkę wykonującą w kółko jedną akcję. Przez całe życie walczyłam z osobami, które mnie nie doceniały. Nawet jeśli bukmacherzy typują 11:1 na moją korzyść, czuję się tak, jakbym stała na straconej pozycji. W każdej sekundzie każdego dnia czuję, że muszę coś udowodnić. Muszę od nowa pokazywać swoją wartość na każdej nowej sali treningowej, na każdym planie filmowym, na każdym spotkaniu biznesowym i podczas każdej walki.

Zawsze pojawiali się wokół mnie ludzie, którzy spisywali mnie na straty. Nadal ich spotykam. To mnie motywuje. Zależy mi na tym, żeby pokazać im, jak bardzo się mylą.

Mój tata wyszedł ze szpitala późną wiosną 1991 roku. Stos rachunków za leczenie oznaczał, że musi wrócić do pracy. Znalazł zatrudnienie, ale w fabryce położonej na drugim końcu stanu. Wspólnie z mamą ustalili więc, że zamieszka dwie godziny drogi od nas, a dojeżdżał będzie na weekendy.

W tamtym okresie mówiłam już całkiem wyraźnie. No dobrze, wyraźnie to może przesada, ale rozumiały mnie już osoby spoza mojej rodziny. Terapia zaburzeń mowy przyniosła efekty i z dziecka opóźnionego w stosunku do innych o dwa lata awansowałam na pozycję kogoś, kto pozostaje tylko trochę w tyle. W mojej rodzinie „trochę w tyle" jednak nie wystarczało. Terapeutka zasugerowała, że gdybym skorzystała z indywidualnej opieki, mogłabym zrobić większe postępy. Jak wiele innych osób stających w obliczu fizycznych lub neurologicznych ograniczeń, zdołałam w pewnym sensie je obejść. Moje siostry jakimś sposobem zawsze mnie rozumiały i występowały jako moje tłumaczki.

– Ronda płacze, bo chce założyć czerwoną bluzkę, a nie tę niebieską, w którą ją ubrałaś.

– Ronda chciałaby na kolację spaghetti.

– Ronda szuka Balgrina.

Moja terapeutka uważała, że taka pomoc z zewnątrz spowalnia moje postępy. Kiedy usiłowałam coś powiedzieć, wystarczyło, że spojrzałam na jedną z sióstr, a ta mi pomagała. Terapeutka wyjaśniła mojej mamie, że byłoby dla mnie najlepiej, gdybym została zmuszona sama porozumiewać się z innymi.

Moim rodzicom bardzo nie podobało się to, że musieli mieszkać w dwóch różnych częściach stanu, ale zaistniała sytuacja stanowiła okazję, żebym wreszcie odnalazła swój głos, i to dosłownie. Nie chodziłam jeszcze do szkoły, dlatego zamieszkałam z tatą, a moje siostry zostały pod opieką mamy.

Jesienią 1991 roku tata i ja przeprowadziliśmy się do jednopokojowego domku w maleńkim mieście Devils Lake w Dakocie Północnej. Dom był mały i stary, na podłodze leżały cienkie dywany, a linoleum w kuchni pokrywał wżarty brud. Mieliśmy tam telewizor z anteną jak uszy królika, który odbierał cztery kanały, ale wszystkie śnieżyły, więc często chodziliśmy do wypożyczalni wideo. Oglądaliśmy animowane produkcje o mówiących zwierzętach i filmy dla osób powyżej 18. roku życia, czego mama by nie pochwalała, bo sporo tam strzelano, przeklinano i wysadzano różne rzeczy w powietrze.

Codziennie przed snem oglądaliśmy *Wild Discovery*, co tłumaczy, dlaczego do dziś posiadam wyrywkową wiedzę na temat świata zwierząt. Mieliśmy tam też rozkładaną kanapę, która służyła mi za łóżko, ale tylko podczas wizyt mamy i sióstr. Normalnie kładłam się razem z tatą i zasypiałam w kolorowej pidżamie obok niego.

Zajmowanie się domem nie było najmocniejszą stroną mojego taty. W naszej kuchni znajdowało się zazwyczaj mleko, sok pomarańczowy, kilka mrożonych dań, paczka płatków śniadaniowych i kilka posiłków Kid Cuisine TV (tych z pingwinem na opakowaniu). Tata odklejał plastikowe wieczko, wkładał jedzenie do mikrofalówki i kilka sekund później wręczał mi mały czarny pojemnik z rozmokłą pizzą, pomarszczoną kukurydzą albo suchym ciastkiem czekoladowym. Bywało też, że jadaliśmy fast foody: kupowaliśmy pizzę w Little Caesars albo zestaw dla dzieci w Hardees.

– Wiesz, że mama martwi się twoją wymową, prawda? – powiedział mi tata któregoś dnia, kiedy podjechaliśmy do okienka dla zmotoryzowanych w Hardees.

Wzruszyłam ramionami.

– Ale nie przejmuj się tym. Kiedyś wszystkim pokażesz. Jesteś po prostu człowiekiem niespodzianką. Wiesz, kto to taki?

Pokręciłam głową.

– Człowiek niespodzianka czeka, a kiedy przychodzi odpowiedni moment, rusza do akcji i wszystkich zadziwia. To właśnie ty, mała. Nie przejmuj się.

Odwrócił się w moją stronę.

– Jesteś mądrą dziewczynką. Nie żadnym pieprzonym głąbem. Wydaje ci się, że masz problem, ponieważ mówisz trochę za wolno. Ale patrz, pokażę ci, jak to jest być naprawdę głupim.

Podjechaliśmy do punktu odbierania zamówień.

– Dzień dobry, witamy w Hardees – zabrzmiało niewyraźne powitanie z głośnika.

– Dzieeeeń dobryyyyy – odparł mój tata powolnym i donośnym głosem zarezerwowanym wyłącznie dla zamówień w Hardees.

Odwrócił się do mnie.

– A teraz słuchaj. Na pewno to spieprzą. Ci idioci jeszcze nigdy dobrze nie zrealizowali zamówienia.

Następnie odwrócił się do głośnika

– Poproszę zestaw dla dzieci z paluszkami z kurczaka i małą kawę.

– To wszystko? – zapytał głos.

– Tak. Może pani powtórzyć zamówienie? – poprosił tata.

– Zestaw dla dzieci z paluszkami z kurczaka oraz mała kawa. Proszę podjechać do okienka.

Tata spojrzał na mnie i powiedział:

– No, cholera, nie wierzę, że im się uda.

Podjechaliśmy po odbiór zamówienia. Facet przy kasie otworzył okienko i przekazał nam torbę z jedzeniem.

– Dwa cheeseburgery i frytki dla pana – powiedział.

Tata podał mi torbę i spojrzał na mnie wzrokiem typu „a nie mówiłem?".

Kiedy zatrzymaliśmy się na parkingu, odwrócił się w moją stronę.

– Pamiętaj, Ronnie. Ciesz się, że jesteś człowiekiem niespodzianką, a nie jakimś pieprzonym głąbem.

Rozpakowałam cheeseburgera i skinęłam głową.

PRZEGRYWANIE TO JEDNO Z NAJBARDZIEJ DRUZGOCĄCYCH DOŚWIADCZEŃ W ŻYCIU CZŁOWIEKA

Nie cieszę się dawnymi zwycięstwami. Ciągle potrzebuję nowych, dlatego każda kolejna walka jest dla mnie wszystkim.

Często zapominam o zwycięstwach z przeszłości. Zapominam o całych turniejach i krajach, w których się odbywały, za to niepowodzenia pozostają ze mną na zawsze. Po każdej przegranej czuję, że obumiera część mojej duszy. Po porażce nigdy nie jestem już taka sama.

Dla mnie gorsza od porażki jest tylko utrata ukochanej osoby. Kiedy przegrywam, opłakuję część mnie, która umarła. Gorsze może być tylko opłakiwanie kogoś innego.

Kręgosłup taty się rozpadał. Lekarz pokazał moim rodzicom wydruk zdjęcia rentgenowskiego i powiedział im, że jest gorzej, a będzie jeszcze gorzej.

Tłumaczył, że wkrótce tata przestanie chodzić. Następnie dotknie go paraliż. Jego stan zdrowia będzie się pogarszał, aż w końcu tata umrze. Nie było żadnego cudownego lekarstwa. Żadnej operacji, która mogłaby coś zmienić. Tylko kilka lat – może nawet mniej – rozdzierającego bólu i unieruchomienia.

Tata ukrywał to przed nami, ale od czasu wypadku bardzo cierpiał: jego plecy były w coraz gorszym stanie, a ból ciągle narastał. Moja mama dostała pracę na niewielkiej uczelni w Jamestown, na drugim końcu Dakoty Północnej. Znowu zamieszkaliśmy wszyscy razem: mama, tata, Maria, Jennifer i ja.

Mój tata zrezygnował z pracy, tłumacząc, że 140 kilometrów to za duża odległość na codzienne dojeżdżanie, ale nie była to cała prawda. Chodziło również o to, że ból stał się nie do zniesienia, a długie przebywanie w pozycji siedzącej tylko go nasilało. Lekarz przepisał tacie środki przeciwbólowe, ale on nie chciał ich brać, zresztą i tak by nie mógł, ponieważ jeździł samochodem. Byłam jeszcze dzieckiem i nie pytałam, dlaczego tata nie chodzi do pracy. Cieszyłam się po prostu, że jest w pobliżu.

Zanim poszłam do trzeciej klasy, w wakacje tata ciągle był w domu. Siedział na schodach, kiedy jeździłyśmy rowerami wzdłuż ulicy, przygotowywał nam przekąski i w ciepłe dni włączał ogrodowy zraszacz, żebyśmy mogły przebiegać przez mgiełkę wody. Kiedy mama wychodziła do pracy, pakował nas do samochodu i organizował nam różne zajęcia albo zabierał nas do znajomych. Jeśli był w odpowiednim nastroju, schodził do piwnicy, gdzie znajdowały się jego narzędzia stolarskie. Czasami, znudzona oglądaniem kreskówek, siadałam na schodach i podglądałam pracę piły mechanicznej, która wyrzucała w powietrze pył krążący później w snopach światła. Kiedy byliśmy w domu tylko we dwoje, zdarzało się, że jechaliśmy do naszego „specjalnego miejsca" przy ustronnym stawie, gdzie zbieraliśmy kamienie.

11 sierpnia 1995 roku ja, Jennifer i tata oglądaliśmy bajkę na kanale Nickelodeon. To był zwykły letni dzień.

Tata zadzwonił do mamy i poprosił, żeby przyjechała do domu. A potem wyszedł.

Lubię myśleć, że przed wyjściem uściskał mnie i Jennifer dłużej niż zwykle, a potem powiedział, że nas kocha, ale tak naprawdę tego nie pamiętam. Całymi latami nienawidziłam siebie za to, że byłam tak samolubnym ośmiolatkiem i nie miałam pojęcia, co dzieje się wokół mnie. Próbowałam

Często zapominam o zwycięstwach z przeszłości. Zapominam o całych turniejach i krajach, w których się odbywały, za to porażki pozostają ze mną na zawsze

przypomnieć sobie cokolwiek z tamtego dnia – co miał na sobie tata, jak wyglądał, co mówił. Czy nas wtedy przytulił. Chciałabym pamiętać to, co do nas powiedział, zanim wyszedł za drzwi. Ale nie pamiętam. Pamiętam tylko to, co stało się później.

Do domu wparowała mama.

– Gdzie tata? – spytała.

Jennifer i ja wzruszyłyśmy ramionami. Nie miałyśmy pojęcia, że już wkrótce nasze życie bardzo się zmieni. Mama usiadła przy stole w kuchni.

Tata zszedł po czterech stopniach prowadzących z domu na podjazd. Wsiadł do swojego bronco. Pojechał do miejsca nieopodal stawu, gdzie szukaliśmy kamieni. Było tam spokojnie. Zaparkował samochód i wyjął z bagażnika wąż ogrodowy: jeden jego koniec podłączył do rury wydechowej, a drugi wsunął do auta przez okno po stronie kierowcy. Wsiadł do środka. Zasunął szybę. Odchylił oparcie fotela. Zamknął oczy. Zasnął.

Kilka godzin później przed drzwiami naszego domu pojawił się policjant. Razem z mamą przez kilka minut rozmawiali w korytarzu przyciszonymi głosami. Potem mama weszła do salonu i posadziła nas na kanapie. Widząc wyraz jej twarzy, wiedziałam, że sprawa jest poważna. Jen i ja spojrzałyśmy na siebie siostrzanym wzrokiem, który mówił: „Wiesz, o co chodzi? Ja też nie".

– Tata poszedł do nieba – powiedziała moja mama. Po raz pierwszy w życiu widziałam, jak płacze. Nie wiem, co jeszcze powiedziała. Pokój kręcił się wokół mnie z zawrotną szybkością.

Wszystko, co wydarzyło się w moim życiu po tych słowach, to okres, który nazywam „potem".

Próbowałam wstać. Chciałam uciec. Musiałam wydostać się z tego pokoju i z całej tej sytuacji, ale nogi uginały się pode mną. Jakby nie potrafiły utrzymać mojego ciężaru. Wszystko, co stało się później, pamiętam jak przez mgłę.

Maria, która przebywała wtedy u naszych krewnych poza miastem, musiała szybko wrócić.

W ciągu następnych godzin i dni nasz dom był pełen ludzi. Niektórzy z nich zostawali na noc, pomagając mamie i nam. Inni przynosili tylko jedzenie. Mieliśmy całe mnóstwo zapiekanek, a wszyscy mówili szeptem, jakby uważali, że tak właśnie powinno się robić. Słyszałam, jak jedna kobieta przyciszonym głosem pytała, czy tata będzie mógł mieć katolicki pogrzeb, skoro popełnił samobójstwo. Ksiądz nie miał wątpliwości.

– Pogrzeby są dla żyjących – powiedział. – Zmarli znajdują się już u boku Pana.

Żoną przedsiębiorcy pogrzebowego była moja nauczycielka, pani Lisko. Towarzyszyła mężowi, kiedy ten przyszedł do nas, żeby omówić szczegóły dotyczące pogrzebu. Dziwnie było widzieć ją w naszym domu.

Pamiętam, że siedziałyśmy z Jennifer i Marią na schodach, słuchając, jak pan Lisko pyta mamę, w jakiej trumnie chciałby być pochowany mój tata.

– Nie sądzę, by robiło mu to jakąś różnicę – stwierdziła mama. – On nie żyje.

Mama starała się przy nas nie płakać. Kiedy wychodziła ze swojej sypialni, miała zwykle czerwone i zapuchnięte oczy. Maria i ja dużo płakałyśmy. Myślałam nawet, że w którymś momencie skończą mi się łzy. Za to Jennifer nie płakała. Patrzyłam na nią i chciałam przestać. Próbowałam udawać, że tata pojechał tylko w długą podróż służbową.

Wieczorem w dzień przed pochówkiem taty siedziałyśmy w domu pogrzebowym. Pomieszczenie było ciche i prawie puste; większość odwiedzających osób już wyszła.

Jakaś kobieta, której nie znałam, powiedziała mi i moim siostrom, że tata wygląda spokojnie, a potem wyszła.

Zajrzałam do trumny. Mój tata leżał tam i wyglądał po prostu jak mój tata. Miał zamknięte oczy, ale nie sprawiał wrażenia, że śpi. Pod wąsami jego usta układały się w uśmiech, jakby za chwilę miał się roześmiać albo jakby tylko się wygłupiał i zniecierpliwiony oczekiwaniem na efekt żartu zamierzał wyskoczyć z trumny, rechocząc. Liczyłam na to. Patrzyłam na trumnę. Modliłam się o to, nawet gdy mama wzięła mnie za rękę i odprowadziła na bok.

Przed pogrzebem odprawiono katolicką mszę. Była połowa sierpnia i w nieklimatyzowanym kościele panował upał. Siedziałyśmy w pierwszej ławce. Słyszałam, że ksiądz mówi coś przy ołtarzu, ale nie potrafiłam skupić się na wypowiadanych przez niego słowach. Nad trumną brzęczała mucha. Usiadła na nosie mojego taty. Chciałam podbiec tam i ją odpędzić, ale mama mocno trzymała mnie za rękę. Nienawidziłam tej muchy.

Na cmentarz pojechałyśmy białą limuzyną. Wysiadając z auta o przyciemnianych szybach, osłoniłam wzrok przed słońcem. Nigdy przedtem nie byłam na pogrzebie, ale zawsze wyobrażałam sobie, że musi wtedy panować półmrok i padać deszcz. Było jednak duszno i grzało słońce. Stałam, pocąc się w kupionej specjalnie na pogrzeb czarnej sukience. Próbowałam wachlować się dłonią, jakby robiło to jakąkolwiek różnicę. W takie dni mój tata włączał nam zraszacz, przez który przebiegałyśmy. Ale on już nie żył.

Ponieważ tata służył w armii, urządzono mu wojskowy pogrzeb. Jakiś żołnierz grał na trąbce, były też salwy honorowe. Z powodu hałasu zakrywałam sobie uszy. Kiedy patrzyłam, jak trumna mojego taty powoli znika w ziemi, czułam się pusta w środku. Nigdy nie pozbyłam się całkowicie tego uczucia. Mężczyźni złożyli flagę, w którą owinięta była trumna mojego taty, i wręczyli ją mojej mamie.

Nie rozwijałyśmy jej przez następne 13 lat.

PO TRAGEDII PRZYCHODZI SUKCES

Moja prababcia powtarzała: "Bóg wie, co robi, nawet jeśli ty tego nie wiesz". Zgadzam się z tym. Nie zmieniłabym nic w swoim życiu, nawet tych najmroczniejszych momentów. Wszystkie moje sukcesy i największe radości są rezultatem tego, co w nim było najgorsze. Każda niewykorzystana okazja to tak naprawdę błogosławieństwo.

Przegrana prowadzi do zwycięstwa. Utrata zatrudnienia prowadzi do znalezienia wymarzonej pracy. Śmierć prowadzi do narodzin. Przekonanie, że z tragedii wyrastać mogą dobre rzeczy, napełnia mnie nadzieją.

W ciągu pierwszych kilku miesięcy po śmierci mojego taty budziłam się zaskoczona, że słońce nadal świeci, a ludzie wciąż się bawią i chodzą do szkoły. Jakby nic się nie zmieniło.

Robiłam, co mogłam, żeby jakoś funkcjonować. Czasami wydawało mi się, że tata po prostu nie wrócił jeszcze z pracy. Że lada chwila wejdzie do domu ze śniegiem na wąsach i ryknie: "Zimno dzisiaj jak w psiarni!".

Czasami jego nieobecność była przytłaczająca. Trafiając w zagłębieniu kanapy na jego opróżnioną w połowie paczkę gum do żucia Wrigley's albo widząc na stercie papierów rachunek z jego podpisem, czułam się, jakby ktoś mnie nagle kopnął w brzuch.

Po pewnym czasie to, że go nie ma, stało się jednak normalne. Nadal tęskniłam za moim tatą. Nadal codziennie o nim myślałam – robię to do dziś – ale wiedziałam, że nie mogę oczekiwać na jego nagły powrót do domu.

Podczas drugiej zimy po śmierci taty mama zaczęła umawiać się na randki. Dennisa poznała w sieci. Był naukowcem i pracował przy budowie rakiet. (Gdybyście go o to zapytali, odpowiedziałby, że nie zajmował się rakietami, tylko radarami, które wykorzystuje się w rakietach – rzeczywiście, wielka różnica). W Walentynki wysłał mojej mamie różowy fraktal. Mama była zachwycona. Ja nie wiedziałam nawet, co to jest fraktal.

Kilka miesięcy później Dennis się oświadczył. Mama była bardzo szczęśliwa, a to sprawiało, że i ja się cieszyłam. Przeprowadziliśmy się do Kalifornii i w marcu 1998 roku, tuż po moich 11. urodzinach, przyszła na świat moja siostra Julia.

Kiedy zamieszkaliśmy w Santa Monica, mama odnowiła relacje z kilkoma dawnymi znajomymi judokami z Los Angeles. Trenowała z nimi w czasach, kiedy występowała w reprezentacji. Jako pierwsza Amerykanka zdobyła wtedy mistrzostwo świata w judo, ale było to, zanim się urodziłam. Jeden z tych znajomych otworzył właśnie swój klub i zaproponował mojej mamie pracę. Pewnego dnia zapytałam, czy też mogę się tam wybrać.

W następną środę po południu wskoczyłam do samochodu, żeby pojechać na judo. Nie spodziewałam się, że odmieni to moje życie.

Śmierć mojego taty rozpoczęła ciąg wydarzeń, do których by nie doszło, gdyby żył. Nie przenieślibyśmy się do Kalifornii. Nie miałabym młodszej siostry. Nie zaczęłabym ćwiczyć judo. Kto wie, co bym teraz robiła i jak potoczyłoby się moje życie.

Ale potoczyło się właśnie tak.

NIE AKCEPTUJ NICZEGO, CO ZNAJDUJE SIĘ PONIŻEJ TWOICH MOŻLIWOŚCI

Moja siostra Jennifer mówi, że dorastałyśmy w domu, gdzie ponadprzeciętność była uważana za standard. Jeśli na świadectwie miałam same piątki i jedną czwórkę, mama pytała, skąd ta czwórka. Jeśli wygrałam turniej, mama pytała, dlaczego nie zrobiłam tego samymi *ipponami*, co w języku judo oznacza nokaut. Nigdy nie oczekiwała od nas niczego powyżej naszych możliwości, ale nie akceptowała też niczego poniżej.

Kiedy po raz pierwszy weszłam na matę do judo, zakochałam się w tym sporcie. Byłam zdumiona, jak bardzo skomplikowana jest ta dyscyplina. I tym jak bardzo kreatywni muszą być zawodnicy. Każdy ruch składa się z bardzo wielu małych elementów i przy każdym trzeba dużo myśleć. Uwielbiam ten aspekt walki, który wiąże się z koniecznością rozwiązywania problemów. Polega to na wyczuciu, zrozumieniu i złamaniu przeciwnika. Nie chodzi tylko o „byciu szybszym".

Przez kilka lat należałam do reprezentacji szkoły w pływaniu. Po śmierci taty nie chciałam już jednak pływać. To dyscyplina bardzo introspektywna. Zmusza cię do myślenia o wielu rzeczach, a ja nie chciałam zastanawiać się nad swoim życiem. Judo było przeciwieństwem pływania. 100 procent uwagi musiałam poświęcać bieżącej chwili. Nie było czasu na rozmyślania.

Zanim zdążyłyśmy wyjechać z parkingu po pierwszym treningu judo, zapytałam mamę, kiedy mogę przyjść znowu.

Pierwszy turniej wypadał w moje 11. urodziny. Ćwiczyłam wtedy judo od miesiąca. Poszłam za mamą do stołu, gdzie można się było zarejestrować. Maty rozłożone na sali gimnastycznej wydawały się znacznie większe niż te, na których trenowałam. Zrobiłam wielkie oczy. Nerwowo szarpałam za biały pas, którym związane było moje *gi*.

Mama wyczuła moją niepewność. Kiedy już mnie zapisała, odciągnęła mnie na bok. Spodziewałam się motywującej gadki o tym, że to nic wielkiego i że mam po prostu dać z siebie wszystko i dobrze się bawić. Zamiast tego mama spojrzała mi prosto w oczy i wypowiedziała dwa słowa, które odmieniły moje życie:

– Możesz wygrać.

Zwyciężyłam w turnieju po samych *ipponach*. Byłam zachwycona. Nigdy wcześniej niczego nie wygrałam. Spodobało mi się uczucie towarzyszące zwyciężaniu.

Dwa tygodnie później przegrałam w swoim drugim turnieju. Zdobyłam drugie miejsce, ustępując dziewczynie o imieniu Anastasia. Po zawodach jej trener pogratulował mi słowami:

– Świetnie się spisałaś. I nie przejmuj się, Anastasia to mistrzyni kraju juniorów.

Poczułam się lepiej przez jakąś sekundę, a potem zauważyłam wyraz obrzydzenia na twarzy mamy. Skinęłam trenerowi i odeszłam.

Kiedy znalazłyśmy się poza zasięgiem jego słuchu, mama powiedziała do mnie:

– Mam nadzieję, że w to nie uwierzyłaś. Mogłaś wygrać tę walkę. Miałaś szansę pokonać tę dziewczynę. To, że ona jest mistrzynią juniorów, nic nie znaczy. Po to właśnie organizuje się turnieje, żeby sprawdzić, kto jest lepszy. Nikt nie przyznaje medali za to, co się zrobiło wcześniej. Jeśli dajesz z siebie wszystko i prezentujesz maksimum swoich umiejętności, to wystarczy. Wtedy możesz być zadowolona. Ale jeśli mogłaś dać z siebie więcej i być lepsza, to powinnaś czuć się rozczarowana. Powinnaś się złościć, że nie wygrałaś. Powinnaś wrócić do domu i zastanowić się nad tym, co zrobiłaś źle, żeby następnym razem zrobić to inaczej. Nie pozwól, aby ktokolwiek ci mówił, że wystarczy robić coś, co leży poniżej twoich możliwości. Jesteś szczupłą blondynką, która mieszka na plaży, i jeśli nie zmusisz ludzi do tego, by w ciebie uwierzyli, to nikt nie będzie oczekiwał po tobie, że cokolwiek w tym sporcie osiągniesz. Musisz udowodnić im, że się mylą.

Wstydziłam się, że tak łatwo gotowa byłam zaakceptować porażkę i fakt, że ktoś jest ode mnie po prostu lepszy. Odczuwałam jednak ten wstyd zaledwie przez jakąś sekundę, bo zaraz zastąpiły go inne, silniejsze emocje. Poczułam głębokie pragnienie zwycięstwa i motywację, aby pokazać wszystkim ludziom na świecie, że nikt nigdy nie powinien wątpić w moje umiejętności.

Od tamtej chwili chciałam wygrywać za każdym razem, kiedy wchodziłam na matę. Oczekiwałam zwycięstw. Postanowiłam już nigdy nie zaakceptować porażki.

TO, ŻE UZNANO COŚ ZA REGUŁĘ, NIE ZNACZY, ŻE JEST ONA WŁAŚCIWA

W sporcie panują zasady, które zapewniają ci bezpieczeństwo. W życiu panują zasady, które zapobiegają pogrążeniu się świata w kompletnym chaosie. Zarówno w sporcie, jak i w życiu są też jednak zasady wymyślane przez ludzi dla własnych korzyści. Dlatego trzeba umieć je rozróżnić.

Kiedy dorastałam, w moim domu panowały cztery główne zasady:
Zasada numer 1: Nie wolno wyrywać niczego z rąk innym ludziom.
Zasada numer 2: Możesz uderzyć kogoś tylko wtedy, kiedy ten ktoś najpierw uderzył ciebie.
Zasada numer 3: Nie wolno siadać nago przy stole w salonie.
Zasada numer 4: Nie wolno jeść niczego, co jest większe niż twoja głowa.

Zasada numer 4 została wprowadzona dlatego, że w Chuck E. Cheese's zawsze prosiłam o olbrzymie lizaki, które były jakieś cztery razy większe od mojej głowy.

Zasady numer 1 i 2 powstały, aby zapobiegać bijatykom, nieuchronnym w rodzinie, w której w ciągu czterech lat rodzi się trójka dzieci. Zasada numer 1 miała położyć kres ciosom wymagającym zastosowania zasady numer

2. Ponadto ponieważ zasada numer 2 sformułowana była w taki sposób, żeby każdy cios mógł być tylko odpowiedzią na atak, wydawać by się mogło, że stanowi ona coś w rodzaju paragrafu 22. Ale tak to nie działało.

Często się mówi, że bracia rozrabiają i biją się między sobą, ale nasza trójka waliła, kopała i podduszała w taki sposób, że wpędzałyśmy chłopców z sąsiedztwa w kompleksy. Podczas bójek wykorzystywałyśmy nie tylko nasze ciała, ale wszystko, co było pod ręką. Aby zyskać przewagę dzięki prawom natury, skakałyśmy jedna na drugą ze schodów i z mebli.

Podczas jednej z bijatyk – miałam wtedy mniej więcej cztery lata – rzuciłam w Jennifer puszką coca-coli, rozcinając jej skórę pod okiem.

– Co masz na swoje wytłumaczenie? – zapytała mama.

– Tak – odparłam, unosząc pięć w geście zwycięstwa.

Trudno mi to przyznać, ale nie zawsze wychodziłam z tych walk zwycięsko. Byłam najmłodsza i ustępowałam siostrom gabarytami. (Co zabawne, teraz jestem z nas trzech najwyższa. Moje siostry żartują, że są jedynymi kobietami na tej planecie, które mogą pochwalić się, że pokonały mnie w walce. Twierdzą również, że są już za stare i zbyt dojrzałe, żebym mogła domagać się rewanżu).

Często biłyśmy się we trzy, używając wszystkich tomów *Encyklopedii Britannica* (od A do Z) w charakterze pocisków albo broni, którą można było walnąć przeciwniczkę w głowę. Kiedy jedna z nas wygrywała w tej bijatyce, jej zwycięstwo szybko blakło pod wpływem wściekłości mamy na widok urządzonego w salonie pobojowiska. Najpierw na nas krzyczała, a potem dawała nam szlaban i wyznaczała prace w domu na kilka kolejnych tygodni.

Najbardziej zapadła mi w pamięć jedna z ostatnich bójek. Walczyłam wtedy z Jennifer. Nie pamiętam, o co poszło, ale jestem pewna, że była to jej wina. Trenowałam już wtedy judo, wiedziałam jednak, że lepiej nie wykorzystywać chwytów przeciwko mojej siostrze. Bardziej niż samej Jennifer bałam się gniewu mamy. Biłyśmy się wtedy w wąskim przedpokoju, gdzie na jednej ze ścian znajdował się regał z książkami. Wisiałam Jennifer na plecach i trzymałam ją za szyję. Miałam zdecydowaną przewagę i wyraźnie wygrywałam.

– Nie chcę zrobić ci krzywdy – stwierdziłam. Wiedziałam, że mama byłaby na mnie wściekła, gdyby Jennifer wylądowała przeze mnie w szpitalu.

– Spierdalaj – odparła Jennifer z moim ramieniem owiniętym wokół szyi.
– Puszczam cię – powiedziałam.

Zeskoczyłam z niej, rozluźniając uchwyt.

Jen odwróciła się w moją stronę. Prezentując szybkość i siłę, o jakie jej nie podejrzewałam, chwyciła mnie za włosy. Zanim zrozumiałam, co się dzieje, kilka razy walnęła moją głową o najbliższą półkę.

Zasada dotycząca uderzania drugiej osoby tylko wtedy, kiedy ta osoba cię uderzyła, obowiązywała też poza domem. Nie musiałyśmy ustępować, kiedy jakiś mały despota atakował nas na placu zabaw, ale nie wolno nam było tak po prostu uderzyć kogoś, kto nas zaczepiał.

Byłam wątłym dzieckiem. Mama nazywała mnie czasem „Fasolką", bo byłam chuda jak fasolka szparagowa – nawet po tym, jak zaczęłam trenować judo, nie przypominałam zbytnio wojowniczki.

Kiedy chodziłam do szóstej klasy, przez cały rok dokuczał mi taki jeden Adrian. Pewnego dnia zaszedł mnie od tyłu i chwycił za gardło, ściskając tak mocno, że trudno mi było oddychać. Nie próbowałam go nawet odepchnąć, tylko przerzuciłam go ponad biodrem, prosto na cement. Rozciął sobie głowę.

Chłopak był tak zażenowany, że bez słowa poszedł na następną lekcję i dopiero nauczyciel zauważył, że krwawi. Ostatecznie trzeba było założyć mu kilka szwów.

Trafiłam do gabinetu dyrektora. Wezwano moją mamę. Histerycznie płakałam.

– Nie jesteśmy do końca pewni, co się wydarzyło – powiedział dyrektor, kiedy moja mama pojawiła się na miejscu. – Wygląda na to, że pomiędzy dwojgiem uczniów wywiązała się jakaś sprzeczka. Chłopiec powtarza, że się przewrócił, ale inni świadkowie twierdzą, że to Ronda go popchnęła.

– Najwyraźniej był to nieszczęśliwy wypadek – powiedziała szybko moja mama.

– On wcal... – zaczęłam, ale mama zasłoniła mi usta dłonią.

– Ronda bardzo przeprasza – stwierdziła.

Dyrektor niezupełnie wiedział, jak dalej powinna przebiegać ta rozmowa. Popatrzył jeszcze na swoje dłonie, a potem pozwolił nam wyjść. W milczeniu skierowałyśmy się do samochodu.

Chciałabym móc powiedzieć, że po szkole rozeszła się wtedy wieść o mojej waleczności i że nikt już ze mną nie zadzierał, ale kilka tygodni później, kiedy czekałam na mamę, dziewczyna z ósmej klasy zaczęła mnie popychać. Musiała ważyć dwa razy tyle co ja, i ciągle się ze mnie naśmiewała. Robiła sobie jaja, nosząc po korytarzach mój fagot. Rzucała we mnie liśćmi albo papierkami. Groziła, że mnie zbije.

– No to dawaj – odpowiadałam.

Tamtego dnia najwyraźniej postanowiła, że w końcu to zrobi. Popchnęła mnie, kiedy wypatrywałam przed szkołą minivana mojej mamy. Odwróciłam się i stanęłam twarzą w twarz z nękającą mnie dziewczyną. Popchnęła mnie po raz drugi.

Rzuciłam plecak na ziemię i kilka sekund później tak samo rzuciłam tę dziewczynę.

Nauczyciele wybiegli, żeby nas rozdzielić, ale nie było to konieczne: ja stałam, a ona leżała. Zaprowadzono nas do gabinetu dyrektora i usłyszałyśmy, że obydwie zostaniemy zawieszone w prawach ucznia. Kiedy sekretarka podnosiła słuchawkę, żeby zadzwonić do naszych rodziców, do gabinetu wpadła moja mama.

Przez cały czas płakałam, bo mama powiedziała mi już wcześniej, że jeśli jeszcze raz wdam się w bójkę w szkole, będę miała poważne kłopoty. Otworzyłam usta, żeby się wytłumaczyć, ale mama posłała mi karcące spojrzenie. Z mojego gardła znowu zaczął wydobywać się szloch. Mama zapytała, z którym pracownikiem szkoły należy rozmawiać w takich sytuacjach. Opiekunka, która wyszła z sąsiedniego gabinetu, zaczęła tłumaczyć, że ja i ta duża dziewczyna wdałyśmy się w bójkę – nie wiedziała jednak, z kim ma do czynienia.

– Widziała pani, co się stało? – zapytała moja mama.

Opiekunka otworzyła usta, żeby odpowiedzieć, ale nie było takiej potrzeby, ponieważ pytanie należało do retorycznych.

– Bo ja widziałam – kontynuowała moja mama. – Siedziałam w samochodzie i czekałam na Rondę, dlatego wszystko widziałam. Ronda stała przed szkołą, kiedy ta dziewczyna – mama wskazała na moją rywalkę – podeszła do niej i zaczęła ją popychać.

– Ona również zostanie zawieszona.

– Również? – powtórzyła moja mama ze zdziwieniem. – Nie, Ronda nie zostanie zawieszona.

– Stosujemy tutaj restrykcyjną politykę „zero przemocy fizycznej" – stwierdziła opiekunka.

– A ja stosuję restrykcyjną politykę „zero chamstwa wobec moich dzieci" – odparła mama. – Ronda nie zostanie zawieszona. Broniła się przed kimś, kto zastosował „przemoc fizyczną", jak to pani nazwała. Jutro rano pojawi się w szkole i pójdzie na lekcje. Jeśli ktoś spróbuje jej w tym przeszkodzić, będzie pani miała ze mną do czynienia. A musi pani wiedzieć, że w tym momencie jestem bardzo miła i uprzejma.

Opiekunka jakby straciła mowę.

– Chodź – powiedziała do mnie mama. – Wychodzimy.

Zabrałam swoje rzeczy i wyszłam z gabinetu.

Następnego dnia mama podwiozła mnie do szkoły i poszłam na lekcje.

BÓL TO TYLKO KOLEJNA PORCJA INFORMACJI

Potrafię ignorować wszystkie informacje wysyłane przez moje ciało, nawet ból. Umiem odsunąć się od bólu, ponieważ nie jesteśmy całością. Ból to nie ja. Nie jestem bólem. Nie pozwalam, aby ból wpływał na podejmowane przeze mnie decyzje. To tylko kolejna porcja informacji, którą otrzymuję. Moje nerwy powiadamiają po prostu mózg, że z ciałem dzieje się coś, o czym powinnam wiedzieć. Mogę przyjąć to do wiadomości albo to zignorować.

Niech poniższa historia posłuży jako przestroga dla tych, którzy zamierzają kiedykolwiek wagarować.

W drugiej klasie liceum postanowiłam opuścić lekcje. Nigdy wcześniej nie byłam na wagarach i chciałam po prostu zobaczyć, jak to jest.

Wysoka brama i ogrodzenie z siatki miały zapobiegać podejmowanym przez nieupoważnione osoby próbom wejścia na teren szkoły oraz powstrzymywać potencjalnych wagarowiczów przed ucieczką z lekcji.

Kiedy wspięłam się z ciężkim plecakiem na ogrodzenie, poczułam ukłucie w dużym palcu prawej stopy, który nadwerężyłam sobie podczas treningu judo. Zeskoczyłam, ale okazało się, że źle oceniłam odległość dzielącą mnie od betonowego chodnika. Całym swoim ciężarem, powiększonym o wagę plecaka, wylądowałam na zdrowej stopie. W tej samej chwili poczułam, że złamałam kość.

Nie chciałam zaakceptować porażki. Uciekłam ze szkoły i zamierzałam dobrze wykorzystać ten czas. Pokuśtykałam pół kilometra do Third Street Promenade, czyli centrum handlowego pod otwartym niebem. Siedziałam na ławce i obserwowałam tłum klientów oraz turystów, a stopa nie dawała mi żyć.

„Co za gówno" – pomyślałam. Czułam, jak stopa puchnie mi w bucie. Wstałam ze złością i powlekłam się do odległego o półtora kilometra domu, gdzie od razu weszłam do łóżka. Wiedziałam, że nie ma szans, bym mogła pójść tego wieczoru na trening. Na szczęście moja mama była tego dnia w delegacji w Teksasie. Powiedziałam ojczymowi Dennisowi, że źle się czuję. Zadowolony, że nie musi spędzać dwóch godzin w korku, żeby zawieźć mnie na trening, nie ciągnął tematu.

Następnego dnia miałam jednak uczestniczyć w turnieju przeciwko konkurencyjnemu klubowi z północnej Kalifornii. Rodzina Anthonych z mojego klubu przyjechała do nas, żeby zabrać mnie na zawody. Próbowałam iść normalnie do ich samochodu, ale przy każdym kroku czułam, jakbym chodziła po szkle.

Nigdy nie byłam mniej podekscytowana turniejem. Podeszliśmy do stołu, żeby się zapisać, i Nadine Anthony zaczęła wypełniać formularze dla swoich dzieci i dla mnie. Facet za stołem podniósł wzrok. Spojrzał na Nadine, a potem na mnie. Nadine jest czarnoskóra.

– Zapisać ją na turniej może tylko rodzic albo opiekun prawny – powiedział, wskazując na mnie.

Poczułam przypływ radości, ale wyraz twarzy Nadine tylko się wyostrzył.

– O co niby panu chodzi? – burknęła. – Jestem jej matką. Ma pan z tym problem?

Facet zrobił wielkie oczy. Popatrzył na boki, jakby szukał drogi ucieczki.

– Rozumiem, oczywiście – odparł, odbierając formularze.

Poczułam się zdołowana.

Kiedy miałam 12 lat, podczas treningu jedna z dziewczyn skręciła kostkę. Zeszła z maty, a jej zaniepokojeni rodzice natychmiast do niej podbiegli. Jej tata wyskoczył do samochodu i wrócił z poduszką. Dziewczyna siedziała z podniesioną nogą, a mama masowała jej ramiona. Niecałe 20 minut później podczas *randori*, czyli czegoś w rodzaju sparingu judoków, uderzyłam się w palec u nogi. Pokuśtykałam do mojej mamy, która prowadziła trening.

– Coś mi się stało w palec – powiedziałam. – Chyba go złamałam.

– To tylko palec – odparła lekceważąco.

– Ale mnie boli – tłumaczyłam z płaczem. – Masz dla mnie poduszkę?

Mama spojrzała na mnie, jakbym straciła rozum.

– Jaką, kurwa, poduszkę?

– No, ona dostała poduszkę – stwierdziłam, wskazując na moją koleżankę.

– Nie dostaniesz żadnej cholernej poduszki. Idź dalej biegać.

Patrzyłam na nią wielkimi oczyma.

– Mówię poważnie – powtórzyła mama. – Idź biegać.

Zawróciłam, bardziej podskakując, niż biegnąc.

– Powiedziałam, że masz biegać, a nie skakać – krzyknęła jeszcze za mną. – Biegnij.

Z bolącym palcem pokonywałam więc kolejne okrążenia wokół maty.

W drodze powrotnej do domu patrzyłam nadąsana przez okno samochodu, bo taką miałam okrutną mamę.

– Wiesz, dlaczego to zrobiłam? – zapytała mnie.

– Bo mnie nienawidzisz.

– Nie, zrobiłam to, żeby pokazać ci, że potrafisz. Jeśli, tak jak mówisz, naprawdę chcesz wygrywać, to będziesz musiała startować w zawodach, nawet kiedy będzie cię bolało. Będziesz musiała pokonywać ból. Teraz wiesz już, że potrafisz to zrobić.

W kolejnych latach walczyłam ze złamanymi palcami i skręconymi kostkami – nie wspominając o przeziębieniach i zapaleniu oskrzeli – ale pęknięta stopa była wtedy dla mnie największym wyzwaniem. Musiałam stuprocentowo się skupić, żeby odsunąć od siebie ból i skoncentrować się na kolejnych pojedynkach. Walczyłam właściwie samym instynktem. Mijały kolejne godziny, a ból się nasilał. Za każdym razem, kiedy sędziowie wzywali mnie na matę, czoło zraszał mi pot. Dzięki determinacji wygrałam turniej rozgrywany na zasadzie *double-elimination**, ale po drodze przegrałam

---

* Turniej, z którego odpada się po drugim przegranym pojedynku.

jedną z walk. Tę jedyną porażkę odnotowałam w pojedynku z Marti Malloy. W 2012 roku Marti miała zdobyć brązowy medal olimpijski.

Tego wieczoru mama zadzwoniła, żeby zapytać, jak mi poszło. Kiedy usłyszała, że przegrałam z Marti, była w szoku. Nigdy wcześniej nie poniosłam porażki, a na dodatek to był tylko lokalny turniej.

– Co się stało?

Ponieważ kłamanie wychodzi mi beznadziejnie, nie miałam wyboru i powiedziałam prawdę:

– No bo uciekłam z lekcji i jak zeskoczyłam z ogrodzenia, złamałam sobie stopę.

– I zamiast komuś o tym powiedzieć, pojechałaś na zawody? – Nie wiedziałam, czy bardziej jest zdziwiona, czy zła.

– Nie chciałam mieć kłopotów – odparłam cicho.

– To najgłupsza rzecz, jaką kiedykolwiek słyszałam. Ale udział w zawodach z pękniętą stopą to całkiem dobra kara.

– Czyli że nie będę miała kłopotów?

– Nie, nie, masz szlaban na wszystko.

Kara obowiązywała miesiąc. Wiedza, że mogę pokonać ból i zwyciężać pomimo niego, pozostała mi na całe życie. Ból stał się po prostu częścią mojego życia. Jeśli jesteś sportowcem i chcesz wygrywać, zawsze coś będzie cię bolało. Zawsze będziesz mieć siniaki i kontuzje. Przesuwamy granice możliwości ludzkiego ciała i ten, kto przesunie je najdalej, wygrywa. A ja od pierwszej chwili, kiedy weszłam na matę, chciałam zwyciężać.

OGRANICZENIA PRZEKUWAJ W MOŻLIWOŚCI

Dostrzegam pozytywny aspekt każdej złej rzeczy, która przydarza mi się w życiu, także kontuzji. Moja kariera usiana była urazami, ale nigdy na nich nie straciła. Wielu ludzi uważa, że kontuzje w czymś im przeszkadzają. Ja z kolei każdą taką niedogodność wykorzystuję, aby rozwijać obszar, nad którym w innych okolicznościach bym nie pracowała. Kiedy złamałam prawą rękę, powiedziałam sobie: „Po tym wszystkim będę miała zabójczy lewy hak". Kiedy kilka dni przed walką założono mi szwy na stopę, postanowiłam, że zakończę ten pojedynek szybko i bez cackania.

Nie skupiaj się na tym, czego nie umiesz. Skupiaj się na tym, co potrafisz.

Brałam udział w sparingach w moim klubie Venice Judo, który pomimo swojej nazwy znajduje się tak naprawdę w Culver City. Pewnego dnia pojawił się tam dzieciak, który od czasu do czasu przychodził na treningi. Był w moim wieku, ale przewyższał mnie gabarytami. Ćwiczyliśmy w tym samym klubie od kilku lat i zawsze wycierałam nim matę. W pewnym momencie chłopak zaczął błyskawicznie rosnąć, dzięki czemu zdobył nade mną jakieś dziesięć centymetrów i 30 kilogramów przewagi. Nadal nad nim dominowałam, ale każdy nasz wspólny trening zamieniał się w pole bitwy dumnych nastolatków.

Wciąż oszczędzałam lewą nogę. Pęknięcie w dużej mierze się zrosło, ale stopa ciągle mnie bolała. Ja i tamten chłopak zbliżyliśmy się do skraju maty.

(W prawdziwej walce nie pozwalasz, aby krawędź maty cię powstrzymała. Na treningu przerywasz wtedy walkę, żeby nikomu nie stała się krzywda). To był trening. Ja przerwałam walkę. On nie.

Wyprowadził cios, ale ponieważ zatrzymałam się na skraju maty, zamiast kopnąć mnie prosto, zrobił to bardziej z boku. Chciał przestawić mi stopę, ale trafił wyżej. Całym pędem wpadł na moje prawe kolano. Staw wygiął się w jednej chwili. Od razu wiedziałam, że jest źle.

Próbowałam wstać, ale nie dałam rady. Czułam, jakby moje kolano zrobione było z żelatyny. Siedziałam na macie, nie wiedząc, co dalej, kiedy podbiegli do mnie trener i mama.

Zaczęłam płakać.

– Boli – jęknęłam.

– Ciągle płaczesz, bo coś cię boli – stwierdziła moja mama beznamiętnie. – Obłożysz to sobie lodem, kiedy wrócimy do domu.

Dokończyłam trening, oszczędzając lewą nogę.

Kiedy następnego dnia rano mama przywiozła mnie na trening, kolano wciąż mi dokuczało. Ból był silniejszy niż poprzedniego dnia. Nie mogłam trenować. Poprosiłam jednego z trenerów, Haywarda Nishiokę, żeby na nie spojrzał. Wyciągnęłam nogę ze spodni *gi*.

– AnnMario, powinnaś zabrać ją do lekarza – powiedział Nishioka do mojej mamy.

Następnego popołudnia siedziałam już na pomarszczonym białym papierze, którym pokrywa się łóżka w gabinetach lekarskich, i czekałam na wynik rezonansu magnetycznego.

Było to pierwsze z wielu moich spotkań z doktorem Thomasem Knappem, chirurgiem specjalizującym się w leczeniu urazów kolan.

Lekarz pokazał nam czarno-białe zdjęcie i powiesił je na podświetlanej tablicy.

– Zerwałaś przednie więzadło krzyżowe – powiedział.

Serce podeszło mi do gardła, a oczy zaczęły piec – chlipałam. Stojąca obok mnie mama poklepała mnie po ramieniu. Spodziewałam się takiej diagnozy, ale gdy usłyszałam ją wypowiedzianą na głos, poczułam się tak, jakbym dostała cios w brzuch.

– Dobra wiadomość jest taka, że kontuzję można wyleczyć w dość prosty sposób – powiedział doktor Knapp. – Spotykam się z czymś takim bardzo często. Naprawimy cię, zanim się zorientujesz.

– Jak długo to potrwa? – zapytałam.

– To zależy od tego, jak szybko kolano będzie się goić, ale generalnie zaleciłbym sześciomiesięczną przerwę w treningach.

Zaczęłam kalkulować. Był kwiecień. Zaplanowane na koniec tego miesiąca mistrzostwa seniorów odpadały. Najważniejszy w kraju turniej dla młodych zawodników, czyli odbywający się w wakacje Junior US Open, miał być moją rozgrzewką przed debiutem na US Open, organizowanych w październiku międzynarodowych zawodach dla seniorów.

– A co jeśli zagoi się bardzo szybko? – zapytałam z nadzieją w głosie. – Bo w sierpniu jest turniej Junior US Open...

– W sierpniu, tak? – powiedział doktor Knapp. – Wiesz, co to oznacza?

Podniosłam wzrok. Wcześniej wpatrywałam się we własne kolano, jakbym mogła uzdrowić je siłą woli.

– Nie weźmiesz w nim udziału – dokończył lekarz.

To miał być mój przełomowy rok. Planowałam wziąć udział w mistrzostwach szkół średnich i w mistrzostwach seniorów. Marzyłam już o olimpiadzie w 2008 roku. Ogarnęło mnie okropne uczucie niepewności. Czy to koniec mojej kariery w judo? Czy kiedykolwiek odzyskam pełną sprawność? Jeśli nie, to czy mimo wszystko będę mogła odnieść sukces? Zastanawiałam się, jak długo będę musiała pauzować, jak wiele na tym stracę i jakich umiejętności nabędą moi rywale w czasie, kiedy będą przykuta do łóżka. Męczyła mnie myśl, że nie jestem niepokonana.

Cztery dni później leżałam na szpitalnym łóżku podłączona do kroplówki i gotowa na operację. Do sali wszedł anestezjolog w niebieskim kitlu. Uruchomił moją kroplówkę.

– A teraz odliczaj od dziesięciu do tyłu – powiedział.

Położyłam głowę na poduszce i zamknęłam oczy. Pomodliłam się w myślach, żeby operacja się udała i żeby po otwarciu oczu nie okazało się, że całe moje życie uległo zmianie.

– Dziesięć, dziewięć, osiem, siedem... – Odpłynęłam w sen bez snów.

Obudziłam się w wywołanym narkozą otępieniu. Kolano bolało. Miałam sucho w ustach. W pomieszczeniu rozlegał się szum maszyny chłodzącej, która pompowała lodowatą wodę do obręczy na moim kolanie. Słyszałam pikanie monitorów. Spojrzałam na moją nogę owiniętą czarną bransoletą i łzy znowu popłynęły mi po policzkach.

– Od tej pory będzie już tylko lepiej – zapewniła mnie pielęgniarka.

Po operacji lekarz powiedział mi, że najlepsze, co mogę zrobić, żeby szybko wyzdrowieć, to sumiennie wykonywać ćwiczenia rehabilitacyjne i powstrzymywać się od wszelkiego rodzaju głupot, na przykład od szybkiego powrotu na matę.

W tym samym tygodniu rozpoczęłam rehabilitację i mój terapeuta zapewnił mnie, że zrobi wszystko, co w jego mocy, żebym mogła stanąć do zawodów jak nowa. „Wszystko" oznaczało delikatne rozciąganie i ćwiczenia angażujące różne partie ciała. „Ćwiczeniom" daleko było do sesji treningowych, w których zwykle uczestniczyłam, ale na początku byłam po nich zmęczona i obolała. Moj trener Trace powiedział mi, że to nie koniec świata, nawet jeśli tak się czuję. Obiecałam też sobie, że wrócę i że to tylko tymczasowa przeszkoda. Tak naprawdę jednak uratowała mnie moja mama.

Przez pierwsze kilka dni po powrocie ze szpitala siedziałam na kanapie, okładałam nogę lodem, trzymałam ją podniesioną i generalnie się obijałam, oglądając Animal Planet i grając w Pokémona. A potem, jakiś tydzień po operacji, moja mama weszła do salonu i powiedziała:

– Wystarczy już tego.

– Ale dopiero co miałam operację kolana – broniłam się.

– Minął już tydzień. Pora przestać się nad sobą użalać.

– Nie słyszałaś, co mówił lekarz? – warknęłam. – Mam nie nadwerężać kolana.

– Dobrze, a co z twoją drugą nogą? – spytała. – Możesz ją poćwiczyć. A brzuch? O ile mi się wydaje, robienie brzuszków nie wymagało używania kolan. Możesz też popracować nad ramionami. Z tego co kojarzę, ramiona to nie kolana.

Dwa tygodnie później zawiozła mnie na trening do klubu Hayastan w Hollywood, gdzie regularnie ćwiczyłam. Mój przyjaciel Manny Gamburyan specjalnie otworzył dla nas cały obiekt. *Dojo* śmierdziało spoconymi

Ormianami i dezodorantem Axe. Kiedy usiadłam na niebiesko-zielonej macie, poczułam się jak w domu. Niepewność, która gnębiła mnie od momentu, gdy doznałam kontuzji, minęła.

„Wróciłam, dziwki" – pomyślałam.

Od tamtej pory codziennie wlokłam się do samochodu, a potem do klubu. Mama kazała mi ćwiczyć z Mannym dosiady, duszenia i dźwignie (przestawiasz przeciwnikowi staw łokciowy i wtedy się poddaje). Stopniowo chodziło mi się coraz lepiej, a moje umiejętności na macie ulegały poprawie.

Ból również zaczął zanikać, ale jeszcze wiele razy budziłam się w nocy z pulsującym kolanem. Połykałam wtedy dwie aspiryny, kuśtykałam na dół i brałam z kuchni woreczek lodu, a potem kuśtykałam na górę i wchodziłam do łóżka, próbując wypchnąć ból z głowy na tyle, by udało mi się zasnąć. Kilka godzin później się budziłam, bo ból wracał, a na łóżku widniała mokra plama po lodzie, który zamienił się w wodę i wyciekł z torebki.

Przed kontuzją zyskałam reputację zawodniczki stójkowej. Nie to że nie potrafiłam walczyć w parterze, ale jeśli jesteś naprawdę dobry w rzucaniu ludźmi, możesz wygrywać bardzo szybko i nie zachodzi konieczność kontynuowania walki. A teraz przez cały rok ćwiczyłam tylko na macie. Założyłam tysiące dźwigni na łokieć.

Sześć miesięcy po operacji więzadła zadebiutowałam w międzynarodowych zawodach US Open seniorów i ukończyłam je na drugim miejscu. Do zwycięstwa w walce z Sarah Clark zabrakło mi kilku sekund, bo miałam ją już na macie, ale Clark się uwolniła i ostatecznie wygrała na punkty. Tak czy inaczej, w mojej kategorii wagowej byłam na pierwszym miejscu w kraju. Zajmującą wcześniej pozycję liderki Grace Jividen pokonałam przez *ippon*. W następny weekend wygrałam turniej Rendez-Vous (Canadian Open). Te dwie imprezy pozwoliły mi wskoczyć na szczyt kategorii wagowej do 63 kilogramów.

Cały ten rok mnie odmienił. Ważniejsza od udoskonalenia dźwigni na łokieć była zmiana sposobu myślenia o moich umiejętnościach, o moim ciele i o mnie samej. Wiedziałam, że przeciwności mogą uczynić mnie silniejszą. Wiedziałam też, że jestem prawdziwą wojowniczką: w tamtym czasie zaczęłam wierzyć we własne siły.

UFAJ WIEDZY, NIE SILE

W walce siła fizyczna ma bardzo niewielkie znaczenie. Jedna z podstawowych zasad judo brzmi: „Maksymalna skuteczność przy minimalnym wysiłku". To zdanie naprawdę definiuje moją karierę. To podstawa wszystkiego, co robię. Dzięki stosowaniu tej maksymy nigdy się też nie męczę. Dzięki niej mogę walczyć z dziewczynami wyższymi ode mnie o głowę albo biorącymi sterydy. Ludzie, którzy oszukują albo stosują doping, nie mają jednej rzeczy, którą musi posiadać prawdziwy mistrz – wiary. Żadna substancja, żadne pieniądze ani żadne znajomości nie dadzą ci wiary w samego siebie.

Po turnieju US Open zostałam najmłodszą zawodniczką reprezentacji USA w judo. Miałam wtedy 16 lat. Drużynę narodową tworzą najlepsi sportowcy w danej dyscyplinie, którzy reprezentują kraj podczas międzynarodowych zawodów (drużyna olimpijska jest odpowiednikiem reprezentacji narodowej wystawianym przez dany kraj podczas igrzysk). Wejście na ten poziom wiązało się z większą stawką oraz większą liczbą spotkań i obozów treningowych, w których musiałam uczestniczyć. Pierwszy był obóz w Colorado Springs.

Podczas wykładu na temat zażywania niedozwolonych substancji przedstawicielka Komitetu Olimpijskiego przez kilka godzin omawiała długą listę środków uznawanych za doping.

Wręczyła nam dziesięciostronicowy dokument zapełniony słowami, których nigdy wcześniej nie widziałam. Pełno tam było -dów, -anin, -anów i -atów. Właściwie część tych terminów nie było nawet słowami. Patrzyłam na nazwy związków chemicznych (w szkole uczyłam się wtedy biologii. Do chemii jeszcze nie doszłam).

– Nie chodzi tylko o unikanie sterydów – powiedziała tamta kobieta. – Jako sportowcy musicie być w pełni świadomi każdej substancji, jaką wprowadzacie do swojego organizmu. Dotyczy to witamin, suplementów, kremów, zastrzyków i lekarstw na receptę. Jeśli nie jesteście absolutnie pewni, co zażywacie, musicie się tego dowiedzieć. Po pozytywnym wyniku kontroli antydopingowej wytłumaczenie w stylu „Nie wiedziałem" nic wam nie da.

Podniosłam rękę. Wszystkie osoby spojrzały na mnie. Kobieta skinęła głową.

– A witaminy Flintstones? – zapytałam.

Kobieta się zaśmiała. Wszyscy się śmiali. Dwie moje „koleżanki" z drużyny wywróciły oczami. Kobieta kontynuowała swój wykład.

Raz jeszcze podniosłam rękę. Raz jeszcze skinęła w moją stronę.

– Ale ja pytałam poważnie – powiedziałam. – Zażywam te witaminy. Czy one są OK?

Zaskoczona kobieta przerwała na chwilę.

– Tak – odparła w końcu. – W witaminach Flintstones nie ma sterydów.

Miałam jeszcze jedno pytanie.

– A czy jest w nich coś innego niż sterydy, czego nie powinno się jeść?

Jedna z kobiet, które wcześniej wywracały oczami, westchnęła głośno. Już wtedy osiągałam lepsze wyniki niż one, a ta rozmowa przypominała im dodatkowo, że jestem też od nich znacznie młodsza.

Kobieta wygłaszająca wykład nie zadała sobie nawet trudu, żeby zastanowić się nad odpowiedzią na moje pytanie.

– Nie, z całą pewnością mogę powiedzieć, że w witaminach Flintstones nie ma żadnych niedozwolonych składników.

Drażetki do żucia Flintstones z magnezem były moim największym życiowym wybrykiem, jeśli chodzi o zażywanie nieznanych substancji.

Doping to jedna z najbardziej samolubnych rzeczy w sporcie, ale rzeczywistość wygląda tak, że środki wspomagające stanowią nieodłączny element świata sportów walki. Doping rujnuje judo, kradnąc sukces sportowcom, którzy walczą uczciwie. Z kolei w MMA to już prawie nieumyślne spowodowanie śmierci. Założeniem mieszanych sztuk walki jest to, że zawodnik wchodzi do klatki, żeby pobić drugiego tak bardzo, aż ten się podda lub straci przytomność. Osoba, która zażywa substancje dodające jej sił, może naprawdę kogoś zabić.

Sportowcy stosujący doping nie wierzą we własne możliwości.

Trenuję dotąd, aż mogę wygrać z każdym. Powtarzam sobie, że muszę być tak dobra, żeby pokonywać innych niezależnie od tego, czy są na dopingu, czy nie. Nigdy nie wymieniłabym publicznie nazwiska kogoś, kto nie został przyłapany na dopingu, ale walczyłam już z rywalkami, o których wiedziałam, że biorą sterydy. Walczyłam z kobietami, które później wpadły na kontrolach antydopingowych. Ponieważ branie sterydów jest w sporcie tak powszechną praktyką, walka z osobami korzystającymi z dopingu jest nieunikniona. To mnie wkurwia. Ale i tak pokonałam te dziewczyny.

Jedyną rzeczą, jakiej nie mogły wstrzyknąć sobie w tyłek, jest wiara.

MUSISZ WIEDZIEĆ, KIEDY WYKONAĆ KOLEJNY KROK

Nie zawsze łatwo jest wykonać kolejny krok. Ludzie trzymają się pracy, w której się nie rozwijają, ponieważ się boją, że w nowym miejscu mogliby nie dać sobie rady. Ludzie pozostają w nieszczęśliwych związkach, ponieważ boją się samotności. Sportowcy współpracują z trenerami, którzy nie mogą już pomóc im w rozwoju, ponieważ boją się, że będą musieli się sprawdzić, że nie sprostają wymogom innej osoby albo że zdenerwują kogoś, na kim im zależy. Pozwalają, aby strach ich ograniczał.

Jeśli nie chcesz zostawić za sobą miejsca, które już ci nie wystarcza, to nigdy nie osiągniesz pełni swoich możliwości. Aby być najlepszym, musisz ciągle stawiać przed sobą nowe wyzwania, podnosić poprzeczkę i przesuwać granice. Nie stój w miejscu, idź do przodu.

Jima Pedro, znanego jako Duży Jim, poznałam podczas mistrzostw kraju w 2003 roku. Było to niecały miesiąc po mojej operacji kolana i nadal chodziłam o kulach. Nie mogłam walczyć, ale turniej odbywał się w Las Vegas, cztery godziny jazdy samochodem z Los Angeles. Mieliśmy już rezerwację w hotelu, więc mogłam przynajmniej przyjrzeć się kobietom, z którymi miałam rywalizować po wyleczeniu kontuzji.

Kiedy tylko usiadłam na składanym krześle w hotelu Riviera, przyjazd na turniej wydał mi się najgorszym pomysłem na świecie. Moja mama liczyła na to, że zyskam motywację do powrotu. Dla mnie jednak oglądanie, jak dziewczyny, które mogłabym pokonać, walczą o medal, który powinien być mój, okazało się nie do zniesienia.

W oczach miałam łzy wściekłości.

– Co ci jest, do cholery? – zapytał mnie jakiś grobowy głos.

Podniosłam wzrok. Stojący obok mnie mężczyzna wyglądał jak skrzyżowanie Świętego Mikołaja i kolesia z plaży w Jersey. Miał kręcone jasne włosy i bujny wąs. Nosił koszulkę polo, spod której wystawała mu spora kępa włosów rosnących na klatce piersiowej.

– Powinnam być tam – stwierdziłam, pociągając nosem. – Mogłabym wygrać.

Mężczyzna spojrzał na dużą czarną opaskę na mojej nodze.

– Trochę trudno walczyć z takim ustrojstwem na nodze – powiedział z wyraźnym nowoangielskim akcentem.

Skinęłam głową. Następnie powiedziałam mu, że to miał być mój rok, że miałam na tym turnieju zadebiutować w seniorach i że to wszystko się posypało. Kiedy skończyłam, po twarzy płynęły mi łzy.

– Z tego co rozumiem, masz dwie możliwości – powiedział mężczyzna. – Możesz siedzieć tu i płakać. To pierwsza możliwość. Na twoim miejscu poszedłbym jednak na salę treningową i ćwiczył tak, żeby być silniejszym od wołu. Rób wszystko, aby po powrocie jeszcze łatwiej było ci pokonać te dziewczyny. A jak już będziesz lepsza, możesz zacząć trenować ze mną.

Wyprostowałam się odrobinę na krześle. Miał rację.

– Jak się nazywasz? – zapytał.

– Ronda Rousey – odpowiedziałam.

Mężczyzna wyciągnął do mnie rękę.

– Miło cię poznać, Ronda. Jestem Jim Pedro, ale wszyscy mówią na mnie Duży Jim.

W świecie judo wszyscy słyszeli o jego synu – Jimmym Pedro, ksywka Mały Jimmy – który w 1999 roku zwyciężył w mistrzostwach świata. Duży Jim był jego trenerem.

Po tamtym wyjeździe do Vegas byłam niesamowicie zmotywowana do powrotu na matę. Zamierzałam wrócić do sportu silniejsza, niż ktokolwiek się spodziewał. Podczas debiutu na US Open zszokowałam praktycznie wszystkich oprócz mojej mamy i samej siebie. Zawsze wiedziałam, że będę najlepszą zawodniczką swojej kategorii wagowej w Ameryce. To była tylko kwestia czasu. A teraz mój czas nadszedł.

Trace Nishiyama, u którego ćwiczyłam od 11. roku życia, to wspaniały trener. Nigdy nie był zaborczy. W większości klubów judo treningi odbywają się dwa razy w tygodniu. Ja jednak musiałam – i chciałam – ćwiczyć częściej, dlatego mama wyszukała inne dobre kluby i sprawdziła ich harmonogramy treningów. Później wskakiwałyśmy we dwie do samochodu – często w godzinach szczytu – i w żółwim tempie przedzierałyśmy się przez korki, żebym mogła trenować codziennie. W dni powszednie każdy wieczór poświęcałyśmy na jazdę do różnych klubów w Los Angeles, a weekendy spędzałyśmy na turniejach.

W drodze na treningi i z treningów do domu spędzałyśmy tygodniowo do 30 godzin. Nasze rozmowy dotyczyły głównie judo, ale poruszałyśmy różne tematy, od wniosków wyciąganych przez moją mamę podczas obserwacji moich treningów aż po nastawienie psychiczne. Najbardziej jednak lubiłam słuchać historii o tym, jak mama uczestniczyła w zawodach – pojawiały się w nich młodsze i bardziej barwne wersje trenerów, których znałam.

Niektórzy trenerzy czują się niekomfortowo, wiedząc, że ich zawodnicy trenują również w innych klubach, ale Trace nie miał nic przeciwko temu. Umiał zaprezentować zabójczy rzut przez plecy, ale wiedział też, że inni trenerzy potrafią wykonać pozostałe manewry lepiej od niego. Zachęcał mnie, żebym uczyła się również od innych. Tak też robiłam. Kiedy miałam 15 lat, stało się jednak jasne, że potrzebuję czegoś więcej niż to, co mieli mi do zaoferowania Trace i inni trenerzy z Los Angeles. Był to moment, do którego mama przygotowywała mnie, od kiedy w wieku 13 lat zaczęłam zdradzać wyjątkową sportową determinację oraz talent.

– W pewnym momencie będziesz musiała wykonać następny krok – powiedziała mi. – Większość ludzi popełnia wtedy błąd. Czują się bezpiecznie i zbyt długo pozostają w jednym miejscu. Po pewnym czasie trenerom wyczerpuje się zasób wiedzy, którą mogliby ci jeszcze przekazać. W końcu będziesz posiadać 90 procent umiejętności twojego trenera. Kiedy to się stanie, najlepiej będzie, jeśli zwrócisz się do kogoś innego. Nowy trener może nie być lepszy niż poprzedni, ale będzie mógł nauczyć cię czegoś, czego jeszcze nie wiesz. Tak właśnie należy postępować, aby stawać się coraz lepszym. Zawsze musisz patrzeć o jeden krok w przód.

W wieku 16 lat byłam już gotowa na ten krok.

Tuż po Święcie Dziękczynienia w 2003 roku weszłam do domu kultury, w którym znajdował się mój klub. Jak zwykle roznosił się tam wspaniały zapach japońskiego jedzenia, który dochodził z przylegającego do sali gimnastycznej pomieszczenia, gdzie odbywał się kurs gotowania. Przyjechałam trochę wcześniej i sala była jeszcze prawie pusta.

Trace przygotowywał maty. Podniósł wzrok, zaskoczony moją obecnością. Nigdy nie przyjeżdżałam wcześniej.

– Cześć, Ronda – powiedział.

– Cześć, Trace – uśmiechnęłam się niepewnie.

– Co tam? Wszystko okej?

Pomogłam mu rozkładać niebieskie *crash pady*.

Głos zaczął mi się łamać i wszystko nagle ze mnie wypłynęło. Wyjaśniłam mu, że od czasu US Open moje życie nagle nabrało tempa. Wszystko działo się dużo szybciej, niż się spodziewałam. Wyjaśniłam mu, że bycie częścią jego klubu przez tyle lat było dla mnie zaszczytem i że gdyby nie on, nie byłoby mnie w tym miejscu, ale osiągnęłam punkt, w którym potrzebuję czegoś więcej.

Dodałam też, że za kilka tygodni wyjeżdżam do Bostonu i że być może zapiszę się do klubu Pedro. Poprosiłam Trace'a, żeby nie był zły, że go opuszczam. Pod koniec rozmowy płakałam.

Trace objął mnie i powiedział:

– Musisz dorosnąć, mała.

Odniosłam wrażenie, jakbym nagle uwolniła się od jakiegoś ciężaru; poczułam się gołębiem wypuszczonym właśnie z klatki.

Zawsze będę kochać i szanować Trace'a, nie tylko za to, czego mnie nauczył, ale również dlatego, że rozumiał, iż pewnego dnia nie będzie mógł nauczyć mnie już niczego więcej.

Podczas treningu, który później się odbył, targały mną emocje. Pomagając rozstawiać maty, rozglądałam się po pomieszczeniu i obserwowałam trenerów, kolegów i koleżanki z drużyny, ich rodziców i ich rodzeństwo. Dotarło do mnie, że już wkrótce wyjdę przez drzwi klubu po raz ostatni i prawdopodobnie wielu z tych ludzi nigdy więcej nie zobaczę. Rozpłakałam się. Fakt, że nikt nie zapytał mnie, dlaczego płaczę, tylko pogorszył sprawę, ale nie dlatego, że chciałam, aby ktoś mnie pocieszał, tylko dlatego, że pokazywało to, jak dobrze ci ludzie mnie znali. Ciągle płakałam – kiedy ktoś mnie uderzył, kiedy czułam się sfrustrowana na treningu, kiedy otwierałam torbę i stwierdzałam, że zapomniałam pasa, albo kiedy ktoś wciskał się przede mnie w kolejkę po wodę. Teraz miałam przenieść się w nowe miejsce, gdzie ludzie nie wiedzieli, że ciągle płaczę, i spodziewałam się, że będą mnie o to pytali. Wiedziałam, że będę musiała przestać płakać, przez co płakałam jeszcze bardziej.

W drodze do samochodu zatrzymałam się przed gablotką z pucharami klubu. Na wystawce znajdowało się kilka moich medali i trofeów. Patrzyłam na statuetkę zawodnika roku przyznawaną najlepszemu członkowi klubu. Zdobyłam ją cztery razy z rzędu. Nagle uderzyła mnie myśl, że już nigdy nie otrzymam tego tytułu. Wszystko miało się zmienić. Wiedziałam, że to nieunikniony krok, że podejmuję właściwą decyzję i że mam błogosławieństwo trenera, ale mimo to było mi ciężko.

Następnego ranka mama pokazała mi e-mail, który Trace napisał do trenerów Pedro. Stwierdził w nim, że powierza mnie ich opiece, że posiadam niesamowity potencjał i że mają dać mu znać, gdyby czegoś potrzebowali.

Oto przykład człowieka, któremu na tobie zależy.

Moja mama wiedziała, jak to jest być światowej klasy sportowcem; rozumiała, że potrzebuję nowego trenera, który mógłby zrobić ze mnie czołową międzynarodową zawodniczkę, i zdawała sobie sprawę, że w związku z tym będę musiała wyprowadzić się z domu, ale pozwoliła, żebym to ja podjęła decyzję.

– Nie istnieje ktoś taki jak najlepszy trener, ale istnieje najlepszy trener dla ciebie – powiedziała mi. – Nie wybierasz swojego trenera tak, żeby odpowiadał twojej mamie, twoim przyjaciółkom czy ludziom z USA Judo (amerykańska organizacja zarządzająca tą dyscypliną sportu). Ma być najlepszym trenerem dla ciebie.

Kiedy miałam 13 lat, mama zaczęła wysyłać mnie na obozy i szkolenia do najlepszych klubów w kraju, dzięki czemu mogłam sprawdzić poszczególne miejsca i trenerów z myślą o kontynuacji kariery w przyszłości.

Zdobyłam kilku przyjaciół w różnych miastach, ale żaden z odwiedzonych przeze mnie klubów nie wydawał mi się odpowiedni. Nie doświadczyłam tego niewytłumaczalnego uczucia, dzięki któremu wiemy, że „to jest właśnie to".

W styczniu 2004 roku wsiadłam na pokład samolotu lecącego do Bostonu.

O Dużym Jimie wiedziałam właściwie tylko to, co usłyszałam od niego podczas naszej krótkiej rozmowy na zawodach. Był podobno dobrym szkoleniowcem. Oprócz przygotowania Małego Jimmy'ego do mistrzostw świata wytrenował też kilku olimpijczyków i prawie 100 mistrzów USA. Co więcej, akceptowała go moja mama, a to większe osiągnięcie niż zdobycie Nagrody Nobla.

Duży Jim to twardy facet. Być może wygląda jak włochaty misio, ale na tym kończą się podobieństwa pomiędzy nim a czymkolwiek pluszowym. Ma donośny głos i jest bardzo silny. Jeśli uważa, że osiągasz gówniane wyniki, powie ci to prosto z mostu. Otwarcie przyznał się do tego, że kiedyś uderzył sędziego z plaskacza. Jego charakter sprawił, że w świecie judo uważa się go za postać kontrowersyjną, ale nikt nigdy nie podważał jego wiedzy i umiejętności trenerskich.

Pojechałam do klubu Pedro na próbny trening. Wysiadając z samolotu na lotnisku Logan, czułam napływającą falę nerwowej ekscytacji. Duży Jim zrobił na mnie wrażenie.

Miałam również trenować z Jimmym Pedro. Mniej więcej miesiąc po moim spotkaniu z Dużym Jimem Jimmy przyjechał do Los Angeles, żeby przeprowadzić tam szkolenie. Dopiero dochodziłam do siebie po operacji kolana, ale byłam zdeterminowana, żeby wziąć udział w treningu. Jimmy Pedro był jednym z najbardziej utytułowanych amerykańskich judoków w historii, a także moim idolem z dzieciństwa. Nie mogłam już doczekać się spotkania z nim, ale byłam też rozczarowana, bo wiedziałam, że kontuzja nie pozwoli mi w pełni uczestniczyć w jego zajęciach.

Przez cały dzień robiłam tylko coś, co nazywałam „Radosną Pracą Rondy na Macie" – walczyłam jedynie w parterze. W ogóle nie mogłam używać nogi. Kiedy popołudniowy trening dobiegał końca, organizator całego przedsięwzięcia oznajmił:

– Zachęcamy wszystkich do pozostania po treningu, ponieważ Jimmy Pedro wręczy swoje odznaczenia. Są to nagrody przyznawane przez niego osobiście. Potem rozda autografy.

Rozczarowanie, które czułam w drodze na zajęcia, powróciło, i to ze zdwojoną siłą.

– Możemy już iść? – zapytałam mamę.
– Myślałam, że chcesz, by podpisał ci pas – zdziwiła się mama.
– Chcę już iść.
– Okej – wzruszyła ramionami.

Kiedy kuśtykałam po swoją torbę, Jimmy stanął na środku sali.
– Przede wszystkim dziękuję wam za przybycie – powiedział. Rozległy się oklaski.
– Jestem pod wrażeniem waszych umiejętności – kontynuował. – Przechadzając się po sali, widziałem u was duży potencjał.

Kilkadziesiąt dzieciaków siedzących na macie ze skrzyżowanymi nogami wyprostowało się nagle. Czułam, że pieką mnie oczy. W szkoleniu wzięło udział ponad 100 osób z Los Angeles i okolic, a ja wiedziałam, że jestem lepsza od nich wszystkich. Wiedziałam też, że nie mam szans na nagrodę.

– Pierwsza nagroda będzie wkrótce, mam nadzieję, bliska memu sercu – powiedział Jimmy z uśmiechem. – To nagroda Przyszłego Mistrza Olimpijskiego.

Ludzie na sali śmiali się, jakby Jimmy opowiedział właśnie jakiś rozbrajający dowcip. Jako trzykrotny olimpijczyk, który w 1996 roku zdobył brązowy medal, Jimmy zamierzał niedługo podjąć ostatnią próbę wywalczenia złota.

Wymienił nazwisko chłopca, a ten zaczął podskakiwać i cieszyć się, jakby rzeczywiście został właśnie mistrzem olimpijskim.

Jak najszybciej wpychałam wszystko do torby.
– Następna nagroda, którą dzisiaj przyznam, z pewnością jest bliska memu sercu – stwierdził Jimmy. – To nagroda Przyszłego Mistrza Świata.

Na te słowa cała sala rozbrzmiała aplauzem.
– A zwycięzcą jest... – Jimmy zrobił pauzę, aby osiągnąć dramatyczny efekt – ...Ronda Rousey!

Zamarłam, wypuszczając torbę z rąk. Kiedy wszystkie głowy odwróciły się nagle w moją stronę, poczułam, że krew nabiega mi do policzków.

– Idź tam – popędzała mnie mama wśród huku oklasków.

Pokuśtykałam na środek sali, żeby uścisnąć Jimmy'emu rękę. „Wybrał mnie na mistrzynię świata – pomyślałam. – Mnie". Byłam podekscytowana, zaszczycona i zdezorientowana.

Po tej improwizowanej ceremonii poczekałam w kolejce na autograf.

– Ronda Rousey – powiedział z uśmiechem, kiedy podeszłam wreszcie do stolika.

Nie mogłam uwierzyć, że zapamiętał moje nazwisko.

Wziął jedno ze zdjęć przygotowanych przez organizatorów do podpisu.

Napisał coś markerem i wręczył mi fotografię. Spojrzałam na zdjęcie, które trzymałam przed sobą. „Dla Rondy. Trenuj dalej ciężko, a zobaczymy się na szczycie. Jimmy Pedro".

Przez całą drogę powrotną czytałam w kółko słowa „zobaczymy się na szczycie". Byłam oszołomiona, że Jimmy wierzył w mój potencjał i w to, że pewnego dnia tak jak on znajdę się w elicie tego sportu.

Kiedy wróciłam do domu, powiesiłam sobie to zdjęcie na ścianie i patrzyłam na nie przez resztę mojej rehabilitacji.

Teraz, wchodząc na pokład jetwaya, poczułam podmuch zimnego powietrza i wyrwałam się ze świata marzeń. Rzeczywistość wydawała się jednak niewiarygodna. Jeśli wszystko by się udało, Duży Jim zostałby moim trenerem. Ćwiczyłabym z Małym Jimmym.

Po dwóch tygodniach zadzwoniłam do mamy.

– To jest to miejsce – powiedziałam. – Duży Jim to mój trener.

– Okej – odparła mama. – Coś wymyślimy.

SZUKAJ SPEŁNIENIA W POŚWIĘCENIU

Ludziom bardzo podoba się perspektywa zdobycia medalu olimpijskiego albo mistrzostwa świata. Niewielu jednak zdaje sobie sprawę z tego, że praktycznie każda sekunda prowadząca do tego zwycięstwa jest nieprzyjemna, bolesna i niesamowicie trudna – zarówno pod względem fizycznym, jak i psychicznym. Większość ludzi skupia się na niewłaściwej rzeczy: na efekcie, a nie na procesie. Proces wymaga poświęcenia i składa się z samych trudności: potu, bólu, łez, porażek. Ale i tak się poświęcasz. Uczysz się tym cieszyć, a przynajmniej akceptować. Ostatecznie to właśnie dzięki poświęceniu osiągasz spełnienie.

Nie chciałam opuszczać mojej rodziny w wieku 16 lat. A już na pewno nie chciałam przeprowadzać się do jakiejś małej mieściny na granicy stanów Massachusetts i New Hampshire, żeby mieszkać tam z ludźmi, których nie znałam. Chciałam jednak pewnego dnia zostać medalistką olimpijską. Chciałam być mistrzynią świata. Chciałam być najlepszą judoczką na świecie. I zamierzałam zrobić wszystko, aby tak się stało.

Moja mama, Duży Jim i Mały Jimmy uznali, że będzie najlepiej, jeśli zamieszkam z Małym Jimmym i jego rodziną.

– Ronda będzie teraz waszą nową starszą siostrą – powiedziała Marie, żona Jimmy'ego, trojgu swoich dzieci w dniu, kiedy pojawiłam się w ich domu.

Spałam na materacu w ich gabinecie, co powinno uzmysłowić mi, że długo tam nie zostanę. Z początku zbyt dużo jadłam. Moja mama zaczęła więc płacić Jimmy'emu więcej za to dodatkowe jedzenie, ale sytuacja tylko się pogarszała. Uznano, że w szafie, w której trzymałam swoje rzeczy, panuje zbyt duży nieład. Po prysznicu zostawiałam zbyt dużo wody na podłodze. Zapominałam wkładać naczynia do zlewu. Robiłam, co mogłam, ale wydawało mi się, że im bardziej się staram, tym gorzej mi idzie. Codziennie dzwoniłam do mamy z płaczem.

Kropla przepełniająca czarę goryczy spadła trzy tygodnie później, kiedy syn przyjaciela rodziny zapytał Jimmy'ego, czy mógłby zatrzymać się u niego na czas treningów w klubie, czyli na tydzień. Dick IttyBitty (prawdopodobnie nie było to jego prawdziwe nazwisko) miał dwadzieścia kilka lat i poznaliśmy się na obozie w Chicago tuż przed moją przeprowadzką do Massachusetts. Mojej mamie się nie spodobało, że dwudziestokilkuletni chłopak będzie nocował w tym samym domu co ja. Duży Jim też uznał, że to zły pomysł. Mały Jimmy i jego żona zastanawiali się, co zrobić, Marie wysłała więc do mojej mamy e-mail, w którym zapytała, jak jej zdaniem powinni postąpić.

Moja mama odpisała: „Pytasz mnie, co bym zrobiła. Za nic w świecie nie dopuściłabym do tego. To kurewsko zły pomysł". A potem kliknęła „wyślij".

Następnego wieczoru Jimmy przyszedł do mnie z Marie u boku i powiedział:

– To się po prostu nie uda.

Patrzyłam na nich w milczeniu, zażenowana. Byłam 16-latką, która chciała tylko uprawiać judo. Miałam złamane serce. W końcu znalazłam swoje miejsce i swojego trenera, a teraz chciano mi to odebrać. Wykonałam kolejny łzawy telefon do mamy.

– Nie martw się tym – powiedziała. – Coś wymyślimy.

Ostatecznie wziął mnie do siebie Duży Jim. Mama zaproponowała, że będzie pokrywać koszty mojego utrzymania, tak samo jak wtedy, gdy mieszkałam z Jimmym, ale Duży Jim odmówił przyjęcia jakichkolwiek pieniędzy. Miał niewielki dom nad jeziorem na jakimś końcu świata w New Hampshire, niedaleko za granicą bostońskiej metropolii. Życie z Dużym Jimem było nudne jak diabli. Przede wszystkim dokuczała mi jednak samotność.

O trenowaniu judo Duży Jim wie prawdopodobnie więcej niż ktokolwiek inny w tym kraju, ale nie jest szczególnie towarzyski, zresztą nie mieliśmy sobie zbyt dużo do powiedzenia. Był kilkakrotnie rozwiedzionym

Ludziom bardzo podoba się perspektywa zdobycia medalu olimpijskiego albo mistrzostwa świata. Niewielu jednak zdaje sobie sprawę z tego, że praktycznie każda sekunda prowadząca do tego zwycięstwa jest nieprzyjemna, bolesna i niesamowicie trudna

strażakiem z Nowej Anglii, który lubił palić cygara (nazywał je cyg-achami). Wąsy miał ciągle pożółkłe od dymu. Z kolei ja byłam dziewczynką czytającą science fiction i lubiącą rysować w szkicowniku.

W domu Dużego Jima dni zlewały się w jedno. Osiem miesięcy, które tam spędziłam, upłynęły mi pod znakiem nudy, bólu, ciszy i głodu.

Aby startować w swojej kategorii, musiałam na każdych zawodach ważyć nie więcej niż 63 kilogramy.

Praktycznie żaden zawodnik na świecie nie startuje w kategorii wagowej, do której naprawdę należy. Na co dzień większość z nich waży znacznie więcej niż w dniu pojedynku. Na galach UFC występuję w kategorii do 60 kilogramów i mniej więcej cztery razy w roku ważę właśnie tyle. Moja rzeczywista waga wynosi około 67,5 kilograma. Jestem w stanie schodzić do 60, ponieważ ważenie w MMA wygląda zupełnie inaczej. Walczę raz na kilka miesięcy, a sprawdzanie wagi odbywa się w dzień poprzedzający pojedynek, dlatego mam jeszcze czas, aby zregenerować się po wysiłku związanym z ograniczaniem masy ciała. Kiedy trenowałam judo, ciągle startowałam w jakichś zawodach. Bywało tak, że musiałam pokazywać swoją wagę przez cztery weekendy z rzędu, a walki odbywały się często zaledwie godzinę później.

Ponieważ nieustannie walczyłam o utrzymanie właściwego ciężaru ciała, Duży Jim ograniczył ilość przechowywanego w domu jedzenia, co tylko utrudniło cały proces. W ciepłe dni członkowie klubu i krewni Dużego Jima przyjeżdżali do niego, żeby grillować i kąpać się w jeziorze. Nie mogłam jeść, ale przemycałam krakersy i pożerałam je w piwnicy. Rano Duży Jim znajdował okruszki.

– Brak ci jakiejkolwiek dyscypliny – mówił.

Zaczęłam składać sobie postanowienia dotyczące jedzenia. Wyliczałam, ile dokładnie spożyłam kalorii, i określałam, co muszę zrobić, żeby je spalić. Kończyło się na tym, że obżerałam się i nie ćwiczyłam – kalorii było po prostu za dużo, żeby dało się je wybiegać. Kiedy dochodziłam do wniosku, że zjadłam zbyt dużo i nie zrekompensuję tego ćwiczeniami, szłam zwymiotować.

Przy pierwszej takiej próbie mi się nie udało. Kiedy Duży Jim był w pracy, zjadłam bajgla, trochę kurczaka, olbrzymią miskę owsianki i jabłko, ale zamiast cieszyć się, że nieustępliwy głód wreszcie przestał mnie nękać, przytłoczyło mnie poczucie winy. Poszłam do łazienki i wepchnęłam sobie palec do gardła. Pochyliłam się, ale nic się nie stało. Spróbowałam znowu i znowu nic. „Chyba robię to źle" – pomyślałam.

Po kilku kolejnych napadach obżarstwa próbowałam zmusić się do wymiotów, ale bez skutku. Tydzień później u Dużego Jima znowu organizowano grillowanie. Jadłam, dopóki nie byłam pełna. Dwa hamburgery, arbuz, garść małych marchewek, chipsy i kilka ciastek.

Poszłam do łazienki na dole, zdecydowana naprawić zniszczenia, których właśnie dokonałam. Tamtego dnia zjadłam naprawdę dużo i poczucie winy dokuczało mi tak potwornie, że się nie poddałam.

Zgięłam się nad sedesem i wsadziłam rękę do ust. Moje ciało się napięło, a pot wystąpił mi na czoło. Ścisnęłam żołądek, próbując utrzymać znajdującą się w nim zawartość. Męczyłam się i męczyłam, wpychając sobie rękę coraz głębiej. Z oczu leciały mi łzy, a z nosa gile. I wtedy to nastąpiło. W końcu się udało. Zawartość mojego żołądka znalazła się na zewnątrz. Co za ulga.

Kiedy następnym razem zmusiłam się do wymiotów, poszło mi łatwiej.

Wciąż uważałam na to, co jem, ale moja waga nie chciała nawet drgnąć. Za każdym razem, kiedy spoglądałam w lustro, widziałam wielkie barki, olbrzymie ręce i całe to ciężkie ciało. Zaczęłam częściej zmuszać się do wymiotów. Robiłam to kilka razy w tygodniu, czasami co drugi dzień.

Bałam się, że ktoś mnie na tym przyłapie. Pewnego razu, kiedy u Dużego Jima nocowało kilku znajomych sportowców, usłyszałam za drzwiami łazienki jakiś dźwięk i zamarłam. Puściłam wodę w umywalce, próbując zagłuszyć nieunikniony odgłos wymiotów.

Mój nieustanny głód wynikał z próby utrzymania nierealnej wagi i z wyczerpujących treningów. Budziłam się pomiędzy ósmą a dziewiątą rano. Mięśnie doskwierały mi po poprzednim dniu. Ciało ciągle mnie bolało. Wyciągałam ręce nad głowę i ciężko podnosiłam się z łóżka. Duży Jim wstawał zawsze wcześniej niż ja i kiedy wyłaniałam się z pokoju, kawa parzyła się już w dzbanku, a obok stał mój kubek.

Poranki zarezerwowane były na poprawę kondycji. Mój cały dobytek mieścił się w dwóch sportowych torbach i leżał zazwyczaj rozrzucony po całym pokoju. Grzebałam w stertach ciuchów, szukając czegoś czystego, w czym mogłabym poćwiczyć.

W piwnicy Dużego Jima była najmniejsza na świecie sala treningowa. Miała prawdopodobnie nie więcej niż trzy na trzy metry, ale Duży Jim zdołał upchnąć tam zestaw wolnych ciężarów, ławkę do wyciskania, bieżnię, maszynę eliptyczną i kilka innych przyrządów – wszystkie wyglądały na starsze ode mnie. Duży Jim wymyślił dla mnie obwód treningowy, na który składały się elementy kardio, podnoszenie ciężarów i doskonalenie techniki judo.

Maszyna eliptyczna i bieżnia były tak stare, że nie miały nawet elektronicznych wskaźników. Ćwicząc na tych stacjach obwodu, musiałam liczyć do 400 albo 800 kroków, a potem przechodzić do kolejnych elementów. Sufit był tak nisko, że podczas pracy na maszynie eliptycznej musiałam pochylać głowę. Kiedy zarzucałam sobie sztangę, po każdej stronie miałam około siedmiu centymetrów wolnego miejsca. Jeśli próba nie była idealna, waliłam w ścianę albo w maszynę do kardio. Jedyną stacją obwodu, która nie zmieściła się w tym maleńkim pomieszczeniu, była lina od bungee służąca do wykonywania *uchikomis* (trening rzutów w judo). Zainstalowana była na zewnątrz salki treningowej, przy pralce i suszarce. Duży Jim przez cały czas siedział u góry ze stoperem.

W salce do ćwiczeń nie było żadnego zegara, co stanowiło część strategii mojego trenera. Codziennie miałam wykonywać obwód szybciej niż poprzedniego dnia. Jeśli nie poprawiłam wyniku, nazajutrz Duży Jim dodawał w moim obwodzie kolejną stację i wszystko zaczynało się od nowa. Nie mogąc kontrolować czasu, musiałam mierzyć tempo w głowie. Pierwszego dnia nowego obwodu ćwiczyłam tak wolno, jak tylko się dało. Kolejne dni jednak mijały i nie miałam wyboru – musiałam przyspieszać. Po treningu wracałam na górę, a Duży Jim nigdy nie mówił mi, jaki osiągnęłam czas; informował mnie tylko, o ile pobiłam rekord albo ile mi do niego zabrakło.

Kiedy Duży Jim dodawał do poszczególnych stacji kolejne powtórzenia, czas, którego potrzebowałam na wykonanie pełnego obwodu, wzrastał od 30 minut do niemal godziny. Czułam, że staję się szybsza i silniejsza. Ramiona miałam szersze i pewniej stawiałam nogi. W dzieciństwie patrzyłam często na żyły widoczne na przedramionach mojej mamy, pozostałość po czasach judo. Teraz moje ramiona wyglądały tak samo. Od czasów szkoły średniej, w której koledzy nazywali mnie „babochłopem" z uwagi na moje bicepsy i ramiona, miałam świadomość, że jestem muskularnie zbudowana. Ale za każdym razem, kiedy obserwowałam w lustrze, jak zmienia mi się sylwetka, przypominałam sobie, że trenuję do olimpiady, a nie do konkursu piękności.

W kuchni Duży Jim dawał mi instrukcje dotyczące biegania. Zawsze pokonywałam tę samą pięciokilometrową trasę wokół jeziora, ale robiłam to na różne sposoby. W niektóre poranki po prostu truchtałam przez całą drogę. Innym razem musiałam wykonywać interwały: bieg do jednej latarni i sprint do kolejnej, bieg do jednej latarni i sprint przez kolejne dwie, czasem bieg na odległość dwóch latarni i sprint na odległość czterech.

Najczęściej Duży Jim siedział w tym czasie na ganku z kawałkiem liny, na której ćwiczył wiązanie węzłów, i patrzył, jak biegnę wokół jeziora. Czasami, kiedy zaliczyłam połowę dystansu, wskakiwał do samochodu i jechał obok mnie, aby mieć pewność, że się nie ociągam. Kiedy się obracałam i dostrzegałam jego SUV-a na równoległej drodze, wywracałam oczami, ale w pewnym sensie doceniałam to, że chciało mu się mnie szukać i upewniać, że biegnę.

Po powrocie z biegania przychodził czas na szacowanie cen drzew. Duży Jim był strażakiem, ale w ciągu tygodnia pracował w lokalnej firmie zajmującej się wycinką, co sprowadzało się do tego, że jeździł po okolicy i wyceniał drzewa. Wsiadaliśmy we dwoje do samochodu i jeździliśmy przez kilka godzin, zatrzymując się w miasteczkach rozsianych po New Hampshire i Massachusetts. Duży Jim pykał cygaro, a ja siedziałam z nim w aucie, biernie wdychając dym. Nie rozmawialiśmy ze sobą, tylko słuchaliśmy stacji ze starymi przebojami, które lubił. Kiedy podjeżdżaliśmy pod jakiś dom, Duży Jim oceniał konkretne drzewo, przyglądając mu się od góry do dołu i czasami obchodząc je dookoła, a potem notował coś na podkładce do pisania i wręczał dokument właścicielowi gospodarstwa.

– To będzie dwieście dolarów, proszę pani – mówił.

A potem jechaliśmy do kolejnego domu.

Około 15:00 byliśmy już w Massachusetts. Przed wizytą w klubie judo Pedro w Wakefield zatrzymywaliśmy się w cukierni Daddy's Donuts, gdzie

Duży Jim spotykał się ze swoim przyjacielem z klubu, tęgim i łysym Bobbym. Zawsze zajmowaliśmy ten sam stolik przy oknie. Duży Jim zjadał górną część swojemu muffina, a dół oddawał mnie. W związku ze zbijaniem wagi ciągle byłam głodna, a ten mały spód muffina był dla mnie największą przyjemnością w ciągu całego dnia.

O 16:00 otwieraliśmy *dojo*. Do treningu starszych zawodników pozostawało jeszcze kilka godzin, siadałam więc z podręcznikiem i czekałam, udając, że się uczę, a Duży Jim prowadził w tym czasie zajęcia dla młodszych grup.

Do grupy starszych zawodników klubu zaliczano około dziesięciu osób. Fajnie było znajdować się poza domem, który nazywałam chatką Unabombera*, ale nie można powiedzieć, żeby w klubie moje życie towarzyskie kwitło. Judo to sport, w którym zawodnicy osiągają szczyt umiejętności w okolicach 25. lub 30. roku życia, byłam więc przynajmniej o dekadę młodsza od moich kolegów i koleżanek z drużyny. Poza tym podczas treningów nie mieliśmy zbyt wiele czasu na pogawędki. W chwili kiedy zegar wskazywał 19:00, Duży Jim zaczynał wykrzykiwać polecenia i krytyczne uwagi.

– Czemu, do diabła, robisz to w taki sposób? – wrzeszczał za każdym razem, kiedy widział, że wykonuję coś nie tak jak trzeba.

– Ja tylko… – zaczynałam.

– Ja tylko, ja tylko – przedrzeźniał mnie kpiącym tonem.

Nienawidziłam go w takich chwilach.

Czasami przechodził tylko obok mnie i wzdychał głośno, kręcąc głową, jakby zrezygnowany godził się właśnie z faktem, że okazałam się porażką. Wiedziałam jednak, że w przypadku Dużego Jima lepiej być krytykowanym niż ignorowanym. Jeśli uważał, że nie masz potencjału, w ogóle cię nie dostrzegał.

Przez dwie godziny wyprowadzaliśmy ciosy, ćwiczyliśmy techniki i braliśmy udział w *randori* (sparingach), aż pod koniec czułam, że za chwilę zemdleję. A wtedy Duży Jim kazał nam wykonywać jeszcze kilka ćwiczeń.

Po powrocie do domu gotował kurczaka i ryż, do którego dodawał sos barbecue – uważałam, że to dziwne połączenie, ale nigdy nic nie powiedziałam. Cieszyłam się po prostu, że pod koniec dnia mogę coś zjeść. Przy

---

* Pseudonim amerykańskiego terrorysty Theodore'a Kaczynskiego, wymyślony przez FBI.

kolacji nie rozmawialiśmy ze sobą. Pakowałam jedzenie do buzi, pogrążając się w swoim nieszczęściu.

Wyczerpana i obolała po treningu, rzucałam *gi* na podłogę, brałam prysznic i z mokrymi włosami padałam do łóżka. Następny dzień był dokładnie taki sam.

W weekendy Duży Jim jeździł do pracy w straży pożarnej. Nie miałam własnego samochodu, a on nie pozwalał mi opuszczać swojej chatki. Całe weekendy spędzałam więc, nie widząc innych ludzi. Czasami od piątku wieczorem do poniedziałku rano nie wypowiadałam ani jednego słowa. Odtwarzałam w kółko film *50 pierwszych randek*, żeby wypełnić dom ludzkimi głosami. Co kilka godzin plądrowałam kuchnię w poszukiwaniu jedzenia.

Wyjadałam płatki Bran Buds prosto z puszki po kawie, bez mleka. Żując je, wyobrażałam sobie, że porywają mnie kosmici, trzymają jako swoje zwierzątko i karmią płatkami śniadaniowymi.

Większość z 12 miesięcy poprzedzających olimpiadę w 2004 roku wyglądała właśnie tak. Moje życie było żałosne, byłam za to lepszą judoczką niż kiedykolwiek wcześniej.

– Gdyby wygrywanie olimpiady było łatwe, wszyscy by to robili – powtarzałam sobie.

Wtedy jeszcze wierzyłam, że im bardziej czuję się nieszczęśliwa, tym bardziej jestem produktywna. Nienawidziłam każdego dnia, ale obiecywałam sobie, że to mi się opłaci. Nie sądziłam, że można cieszyć się każdym dniem, a jednocześnie osiągać sukcesy. Wiele lat zajęło mi zrozumienie, że poświęcenie i ból to satysfakcjonująca część tego procesu.

Każdy chce wygrywać. Ale aby naprawdę odnosić sukcesy – w sporcie, w pracy, w życiu – trzeba chcieć ciężko pracować, podejmować wyzwania i dokonywać niezbędnych poświęceń.

MUSISZ BYĆ NAJLEPSZY, NAWET GDY MASZ NAJGORSZY DZIEŃ

Moja mama zawsze powtarza, że aby być najlepszym na świecie, musisz być tak dobry, żeby wygrywać nawet, gdy masz zły dzień, ponieważ nigdy nie wiesz, czy olimpiada nie wypadnie właśnie wtedy.

Nauczyła mnie, że nie wystarczy po prostu przewyższać innych. Musisz być o tyle lepszy, żeby nikt nie mógł wątpić, że wygrasz. Musisz zrozumieć, że sędziowie nie zawsze będą przyznawać ci zwycięstwo. Powinieneś zatem zwyciężać tak wyraźnie, żeby nie mieli wyboru. Musisz być w stanie wygrać każdą walkę z dwukrotną przewagą, i to nawet gdy masz najgorszy dzień.

Od kiedy skończyłam sześć lat, marzyłam o wygranej na olimpiadzie. Należałam wtedy do lokalnej drużyny pływackiej, wyobrażałam więc sobie, że zwyciężam stylem grzbietowym na dystansie 50 metrów. Marzyłam o wejściu na podium ze złotym medalem na szyi. Mój tata mówił mi, że będę lśnić na światowej arenie. Wyobrażałam sobie aplauz tłumu i wypełniające basen dźwięki hymnu narodowego. Kiedy zaczęłam uprawiać judo, marzenia o zwycięstwie na olimpiadzie odżyły w nowej scenerii.

Mama zgodziła się, żebym miała kotkę. Nazwałam ją Pekin, na cześć olimpiady w 2008 roku. W ogóle nie marzyłam o występie na igrzyskach w Atenach w roku 2004. Choć dominowałam w juniorach, nie istniałam w rankingach seniorów, zresztą dopiero dochodziłam do siebie po kontuzji kolana.

Kiedy wróciłam do zdrowia i wskoczyłam na szczyt krajowego rankingu, zrozumiałam jednak, że mogłabym wejść w skład drużyny olimpijskiej na rok 2004. Niczego tak bardzo nie pragnęłam. Po tym, jak wiosną tego roku zwyciężyłam w mistrzostwach kraju, po raz kolejny pokonując Grace Jividen, dotychczasową liderkę w kategorii do 63 kilogramów, z czarnego konia zmieniłam się w faworytkę.

Nagle miejsce na liście olimpijskiej było moje i nie zamierzałam nikomu go oddawać.

Nie wszyscy byli zachwyceni moim nagłym wejściem na szczyt. 39-letnia Grace była ponad dwukrotnie starsza niż ja; sześć lat przed moimi narodzinami występowała w drużynie razem z moją mamą. Grace nie podobało się to, że musi oddać pierwsze miejsce nastolatce, ale zawsze była dla mnie miła. O innych koleżankach z reprezentacji nie dało się tego powiedzieć.

Kilku obiecujących zawodników trenowało do olimpiady w Ośrodku Przygotowań Olimpijskich Kadry USA (US Olympic Training Center – OTC) w Colorado Springs. Klika z OTC składała się w dużej mierze z imprezujących 25- i 30-latków, którzy próbowali zrealizować swoje olimpijskie marzenia, nie mając szans na jakikolwiek międzynarodowy sukces. Ja byłam 17-letnim dzieciakiem, który zdążył już zapracować na swoje nazwisko. Patrząc na mnie, ci ludzie widzieli coś, czego nigdy nie osiągną. Kiedy pokonałam Grace i wskoczyłam na szczyt mojej kategorii wagowej, mieli wymówkę, aby traktować mnie z chłodną rezerwą.

Podczas eliminacji olimpijskich w San Jose pierwsze rundy poszły mi gładko. W przerwie między półfinałami i finałami usiadłam z moim game boyem na linoleum w korytarzu pełnym sportowców – niektórzy byli rozczarowani po porażce, inni biegali w tę i z powrotem. Pomiędzy nimi kręcili się trenerzy i organizatorzy czekający na rundy finałowe. Moja mama i jej przyjaciel Lanny stali obok mnie, przerzucając się swoimi kombatanckimi opowieściami z czasów uprawiania judo.

Przechodząc obok mnie, dwie laski z drużyny OTC szeptały coś między sobą. Usłyszałam swoje nazwisko, ale nie zdołałam wyłowić z tej wymiany zdań nic innego. Kilka minut później znowu przeszły tuż obok, rzucając w moim kierunku wredne spojrzenia.

– Spójrz na nie – powiedział Lanny do mojej mamy. – Próbują złamać Rondę psychicznie przed walką z Grace. Lepiej jej powiedz, żeby się na to przygotowała.

Mama zaśmiała się i wskazała na mnie.

– Nic jej nie będę mówić. Ronda nigdy nie zwraca uwagi na kobiety, które gapią się na nią, przechodząc obok, i na pewno nie da się złamać psychicznie ani Grace, ani nikomu innemu. Myśli raczej o tym, czy w razie zwycięstwa Duży Jim pozwoli jej zjeść czekoladowego pączka.

Podniosłam wzrok.

– Duży Jim nigdy nie pozwoliłby mi zjeść pączka.

Wróciłam do gry na game boyu. A potem pokonałam Grace przez *ippon*, zapewniając sobie miejsce w reprezentacji olimpijskiej.

Niecałe dwa miesiące później znajdowałam się już na pokładzie samolotu do Grecji.

Przylecieliśmy na miejsce dwa tygodnie przed zawodami, żeby trenować i aklimatyzować się w innej strefie czasowej. Od momentu lądowania moje koleżanki z drużyny chłonęły atmosferę olimpiady. Planowały odwiedzić Akropol. Ekscytowały się ceremonią otwarcia. Szperały w torbach z prezentami od sponsorów, które dostali wszyscy członkowie drużyny USA.

Ja myślałam jedynie o zawodach. Budziłam się w środku nocy i wymykałam przez okno, żeby pobiegać wokół wioski olimpijskiej. Uciekając z pokoju, uśmiechałam się od ucha do ucha. Moja historia i moja przygoda dopiero się zaczynały.

Kiedy biegałam wokół wioski i mijałam uśpione domy, wokół mnie panowała cisza. „Wszyscy oprócz mnie śpią – myślałam. – Tylko ja trenuję, a to dlatego, że chcę być najlepsza".

Ponieważ zbliżały się zawody, musiałam zbijać wagę. Nikki Kubes, moja współlokatorka i koleżanka z drużyny, walczyła z odwrotnym problemem. Jako zawodniczka wagi ciężkiej miała trudności z utrzymaniem ciężaru ciała na wysokim poziomie. Zazwyczaj udawało mi się zmieścić w swojej kategorii z zapasem zaledwie kilkunastu gramów, dlatego prawie w ogóle nie jadłam, ale mimo to chodziłam z Nikki na stołówkę.

Było to najbardziej magiczne miejsce w całej wiosce olimpijskiej. Kiedy weszłam tam po raz pierwszy, byłam tak zachwycona różnymi ludźmi i niezwykłym jedzeniem, że nie złościło mnie nawet, że robię wagę i nie mogę jeść.

Stołówka rozmiarem przypominała olbrzymi magazyn, a wchodziło się do niej jak do namiotu. Na środku znajdowało się tyle stołów i krzeseł, że zmieściłoby się tam co najmniej tysiąc sportowców. Olimpijczycy z całego świata rozmawiali ze sobą w językach, których nie rozumiałam. Były tam też stoły z potrawami wszystkich możliwych kuchni: chińskiej, włoskiej, meksykańskiej, koszernej, japońskiej i tak dalej. Do tego owoce, sałatki, stoły z pieczywem i z deserami, był nawet McDonald's. Jeść można było za darmo i bez ograniczeń.

Nikki i ja zapełniłyśmy tacki i usiadłyśmy. Podałam jej swoje jedzenie.

– Proszę – powiedziałam. – Smacznego.

Jej twarz wyrażała mieszaninę strachu i poczucia winy.

– Jedz – powiedziałam, próbując nie czuć do niej nienawiści. – Zacznij od pizzy. Potem to…

– Co to jest? – spytała Nikki.

– Nie mam pojęcia. Wzięłam ze stołu z kuchnią azjatycką. Wygląda pysznie. Nałóż sobie na to *kimchi*.

Nikki podniosła widelec. Z pożądaniem patrzyłam na jedzenie. Burczało mi w brzuchu. Upiłam łyk wody.

Kiedy Nikki zabierała się do kolejnego dania, podsunęłam jej talerz z ciasteczkami.

– Ale ja chcę już tylko sałatkę – powiedziała Nikki. Kiedy tak jęczała, jej teksański akcent stawał się jeszcze bardziej wyraźny.

– Jebać twoją sałatkę, jedz ciastka – warknęłam. Nikki spojrzała na mnie, żeby sprawdzić, czy robię sobie jaja, ale nawet ja nie wiedziałam, czy powiedziałam to żartobliwie, czy nie.

Kilka dni przed rozpoczęciem igrzysk odwiedziliśmy miejsce, w którym miałyśmy rywalizować. Była to największa hala, jaką kiedykolwiek widziałam. Obszar przeznaczony na występy zawodników znajdował się kondygnację niżej, a wokół rozpościerały się trybuny. Niezliczone rzędy siedzeń pięły się wyżej, niż sięgałam wzrokiem. Otaczały mnie koleżanki z drużyny i wszystkie zachwycałyśmy się tą olbrzymią przestrzenią. Spojrzałam na krokwie, na których miały zawisnąć flagi zwycięzców.

„To jest to miejsce – pomyślałam. – To tutaj zaszokuję cały świat".

Byłam nie tylko najmłodszą zawodniczką w drużynie USA. Byłam też najmłodszą zawodniczką całych igrzysk w Atenach. Niczego się po mnie nie spodziewano. Miałam zamiar udowodnić wszystkim, że się mylą.

Jak zawsze dzień przed walką poszłam spać głodna i spragniona.

Kilka godzin później nagle się podniosłam. Sen wydawał mi się bardzo rzeczywisty. Stałam w jakimś pokoju, ale nie w domku olimpijskim. Potem leżałam na plecach z butelką pepsi w ustach. Butelka była otwarta, a jej zawartość spływała mi do gardła – piłam bez użycia rąk.

Obudziłam się przekonana, że zrobiłam coś niewłaściwego. Dopiero po chwili zrozumiałam, że to tylko sen, i odpłynęłam z powrotem, niespokojna, głodna i odwodniona.

Rano po śnie nie pozostało już śladu. Czułam się gotowa. Przyszła pora na „przedstawienie". Zamierzałam zwyciężyć.

Poszłam do łazienki, żeby się wysikać. Byłam odwodniona i miałam niewiele w pęcherzu, ale musiałam wydusić z siebie każdy gram. Weszłam na wagę i wstrzymałam oddech. Elektroniczny ekran wskazał dokładnie 63 kilogramy. Odetchnęłam.

Nie zamierzałam ryzykować wchodzenia pod prysznic, bo przez wilgotne włosy mogłabym nie zmieścić się w limicie wagowym. Włożyłam na siebie dres, do torby wsadziłam banana i parę butelek wody, a potem dorzuciłam jeszcze kilka. Dwa razy sprawdziłam, czy mam przy sobie legitymację i dwa razy zorientowałam się, że wisi na mojej szyi na smyczy. Spojrzałam na zegarek: 7:43.

Przeszłam przez spłachetek ziemi, który prawdopodobnie miał być ogrodem, ale nie zdążono go przygotować, bo ważniejsze było postawienie wszystkich kluczowych budynków olimpijskich. Dzień był ciepły i słońce mocno grzało, ale byłam tak odwodniona, że choć szłam szybko, w ogóle się nie pociłam. Zameldowałam się w rejestracji. Było tam tylko kilka dziewczyn z mojej kategorii. Czekając, ignorowałyśmy się nawzajem. Zdjęłam dres reprezentacji USA, stanik i bieliznę, po czym całkowicie naga weszłam na wagę. Dokładnie 63 kilogramy. Kobieta nadzorująca ważenie zarejestrowała mój wynik na formularzu przypiętym do podkładki i kiwnęła mi głową.

Zeskoczyłam z wagi i włożyłam bieliznę, a potem chwyciłam butelkę wody i całą ją wypiłam. Banana pożarłam w dwóch gryzach, a w drodze do domu wypiłam kolejną butelkę wody. Z obżarstwem musiałam poczekać do zakończenia zawodów, za to owsianka nigdy nie smakowała mi bardziej niż wtedy.

W autobusie podwożącym zawodników do hali sportowej słuchałam w kółko kawałka *Waiting* zespołu Green Day i rozmyślałam o tym, że moje oczekiwanie dobiega wreszcie końca.

Z podziemnego garażu organizatorzy poprowadzili nas betonowymi tunelami w stronę świateł jarzeniówek. Duża, zapełniona matami sala do rozgrzewki była otwarta.

Zazwyczaj trenerzy danego zespołu przyprowadzają zawodnika, który startował dzień wcześniej, aby pomógł ci się rozgrzać, ale tym kimś była akurat Ellen Wilson i jako członkini Olimpijskiego Centrum Treningowego nie mogła się pojawić. Rozgrzewałam się więc z jedną z trenerek, Marisą Pedullą. Po krótkim treningu poszłam się zdrzemnąć. Wypoczęłam trochę, choć sen miałam płytki.

Byłam gotowa.

– Ronda Rousey – powiedział mężczyzna z podkładką na dokumenty. Moja walka była następna w kolejności. Podeszłam z Marisą do wolontariusza z koszykiem, do którego przed walką miałam włożyć dres i buty.

– Miło cię poznać – powiedziałam, podając mu rzeczy. – Wielkie dzięki.

Czekaliśmy w kolejce. Moja rywalka, Claudia Heill z Austrii, stała obok mnie. Nie zwracałyśmy na siebie uwagi.

„Zaczyna się" – pomyślałam.

Poprowadzono nas na środek hali. To był dopiero początek dnia i widzowie zapełnili zaledwie jedną czwartą trybun, ale doping i tak był głośny.

– Dawaj, Ronda! Ronda!

Nie rozglądałam się, ale słyszałam głosy mojej mamy i Marii. Niezależnie od wielkości obiektu moja rodzina jest tak głośna, że zawsze ją słychać.

Weszłam na matę i się ukłoniłam. Dwa razy tupnęłam lewą nogą. Potem dwa razy prawą. Podskoczyłam. Przeszłam kilka kroków, potrząsając ramionami. Klepnęłam się w prawe ramię, potem w lewe, a później w uda. Dotknęłam maty. Nadszedł czas.

Przegrałam pierwszą walkę. To był gówniany werdykt. Rzuciłam przeciwniczką, a sędzia zachowywał się tak, jakby nic się nie stało.

Zupełnie jakbym obserwowała to z daleka, zobaczyłam, że sędzia podnosi rękę w kierunku mojej rywalki. Byłam zdezorientowana. Nie wiedziałam, co robić, gdzie iść ani jak zareagować. „Nie tak to miało wyglądać" – pomyślałam. Miałam wrażenie, że świat stanął na głowie. Byłam w szoku. Zeszłam z maty, powstrzymując łzy.

Moja rywalka wiedziała, że decyzja sędziego była od czapy, ale cieszyła się zwycięstwem i ostatecznie wywalczyła srebrny medal. Ja natomiast nie byłam jeszcze na tyle dobra, żeby wygrać dwa razy w ciągu złego dnia.

Potem musiałam czekać. W międzynarodowych zawodach judo panuje zasada, że jeśli przegrasz z kimś, kto dochodzi do półfinału, możesz wystąpić w tak zwanych repasażach, dostajesz więc nagrodę pocieszenia i szansę na brąz. Ponieważ Heill doszła do półfinału, miałam okazję ponownie stanąć do walki. Próbowałam się skupić i wziąć w garść. „Mimo wszystko musisz walczyć – powtarzałam sobie. – Dzień się jeszcze nie skończył". Ale i tak miałam już złamane serce.

W pierwszym pojedynku repasażowym pokonałam Sarah Clark z Wielkiej Brytanii, która wygrała ze mną podczas US Open. Byłam o krok bliżej do medalu olimpijskiego. Nie byłoby to złoto, ale brąz to też całkiem imponujący wynik jak na 17-latkę. „Jakoś to będzie" – powtarzałam sobie. A potem przegrałam z Koreanką Hong Ok-song. Nie była to dramatyczna porażka. Hong Ok-song nic właściwie nie zrobiła. Zwyciężyła minimalną różnicą punktów, ponieważ dostałam upomnienie. Atakowałam do samego końca, ale czas minął. Odpadłam z turnieju.

Na odgłos gongu aż zdrętwiałam. Czekałam, aż zaleje mnie fala emocji, po policzkach popłyną łzy, a kolana odmówią mi posłuszeństwa. Uświadomiłam sobie jednak, że nie mogę już poczuć większego bólu. Przegrałam w igrzyskach olimpijskich, ale nie stało się to podczas tej walki. Przegrałam, kiedy sędziowie przyznali należne mi zwycięstwo Claudii Heill. Potem stoczyłam jeszcze dwie walki, ale już się nie pozbierałam.

Ostatecznie zajęłam dziewiąte miejsce i z całej kobiecej reprezentacji USA uplasowałam się najwyżej. Mnie to jednak nie wystarczało.

Po tym, jak zostałam wyeliminowana, spakowałam swoje rzeczy. Rzecznik prasowy naszej drużyny poprowadził mnie z powrotem labiryntem korytarzy. Po drodze mijaliśmy sportowców, trenerów, kamerzystów, ochroniarzy, wolontariuszy w niebieskich polówkach i różnych przedstawicieli władz olimpijskich. Zeszliśmy po betonowych schodach, a nasze kroki odbijały się echem od ścian pustej klatki schodowej. Pokonaliśmy dwa półpiętra i ochroniarz otworzył drzwi. Światło hali sprawiło, że zmrużyłam oczy. Naprzeciw mnie stały moja mama i Maria.

Mama wyglądała na szczerze zmartwioną, co zdarzało się tylko wtedy, kiedy jedna z nas była poważnie chora. Jej współczucie było nie do zniesienia. Chciałam spotkać się z rozczarowaniem. Ze wściekłością. Chciałam, żeby powiedziała mi, że stać mnie było na więcej. Współczucie oznaczało, że jej zdaniem przegrałam, choć dałam z siebie wszystko. Spuściłam wzrok.

– Przepraszam – powiedziałam i rzeczywistość zwaliła mi się na głowę. Przegrałam.

Moim ciałem wstrząsnął szloch. Padłam mamie w ramiona i płakałam głośniej niż kiedykolwiek wcześniej. Mama trzymała mnie mocno, a ja wciskałam twarz w jej ramię.

– Nie musisz przepraszać – odparła mama, mierzwiąc mi włosy.
– Ale wszystkich zawiodłam – chlipałam. – Ciebie też.
– Nie zawiodłaś mnie – stwierdziła mama. – Miałaś po prostu zły dzień.

Jako sportowiec rozwijasz swoją karierę z myślą o tym, że w czasie olimpiady osiągniesz szczyt możliwości. Tytuł mistrza olimpijskiego zachowuje się na zawsze. Mistrzem olimpijskim jesteś nawet po śmierci. Czasami jednak te chwile, które miały zmienić twoje życie, wcale go nie zmieniają.

Trener drużyny olimpijskiej powiedział mi, że powinnam być z siebie dumna. Koleżanki z drużyny składały mi gratulacje. Duży Jim stwierdził, że widział kilka rzeczy, nad którymi musimy popracować. Osiągnęłam więcej, niż wszyscy się spodziewali, ale zawiodłam samą siebie. Ludzie oczekiwali, że wezmę udział w olimpiadzie, a ja oczekiwałam, że wezmę ją szturmem.

Chciałam tylko wyjechać z Aten i znaleźć się jak najdalej od miejsca mojej porażki.

Wróciłam do domu pierwszym możliwym lotem, opuszczając wioskę olimpijską na tydzień przez zakończeniem igrzysk. Chciałam wracać z mamą, ale wszystkie połączenia z Aten były już zarezerwowane. Do Stanów poleciałam więc sama, gapiąc się w siedzenie przede mną i odtwarzając w głowie moje porażki – rozbijałam je na pojedyncze momenty i szukałam niewykorzystanych możliwości. Za każdym razem, kiedy wracałam myślami do tych pojedynków, ból był tak samo silny. Przegrywałam zawody już wcześniej, ale jeszcze żadna porażka tak mną nie wstrząsnęła. Nie wystarczało mi uczestnictwo w największym turnieju na świecie. Byłam tam z jednego powodu: chciałam wygrać.

NIKT NIE MA PRAWA CIĘ POKONAĆ

Zrobię wszystko, aby udowodnić, że umiejętności mojej rywalki nie sprawiają mi różnicy. Na początku pojedynku ty i twój przeciwnik zaczynacie od zera. Co zrobisz później, zależy tylko od ciebie.

Nie możesz usprawiedliwiać porażki zaletami innych, ale powinny one motywować cię do zwycięstwa nad rywalem. Wszystkie możliwe zasoby – trenerzy, szkolenia, narzędzia treningowe – jak również zwycięstwo na ostatniej olimpiadzie czy fakt, że dana osoba ostatnio cię pokonała albo bierze sterydy, nie dodaje jej punktów przed walką.

Możesz wygrać tę walkę.

Moim pierwszym dużym turniejem po olimpiadzie były mistrzostwa świata juniorów w judo w Budapeszcie w 2004 roku. Wzięłam w nich udział nieświadoma tego, jak ważne to wydarzenie. Podczas mistrzostw świata juniorów rywalizują ze sobą najlepsi zawodnicy w wieku do 21 lat. Rzadko kiedy ktoś równocześnie uczestniczy w międzynarodowych zawodach juniorów i seniorów, a dla mnie oznaczało to, że po walkach z olimpijkami musiałam się zmierzyć z przyszłymi olimpijkami.

Po Atenach zrobiłam sobie dwa tygodnie wolnego i przez cały ten czas się nad sobą użalałam. Pewnego dnia do pokoju weszła moja mama.

– Dosyć tego mazgajstwa – powiedziała. – Wstawaj, jedziemy na trening. Leżenie w łóżku i powtarzanie „Oj, jaka ja biedna, przegrałam na olimpiadzie" niczego nie zmieni. Po tej porażce nie powinnaś być smutna, tylko wściekła.

Miała rację. Tego samego dnia poszłam na trening i rozniosłam tam wszystkich. Po występie w Atenach czułam złość i zażenowanie. Kiedy trzy tygodnie później wróciłam do Dużego Jima, nadal byłam wściekła. Po dwóch kolejnych miesiącach zabrałam to uczucie na mistrzostwa juniorów.

Duży Jim nigdy nie poruszył tematu olimpiady, pozwolił jednak, żeby przez tydzień mieszkała i trenowała ze mną Lillie McNulty, koleżanka, którą poznałam na obozie. W ten sposób pokazał, że wie, jak trudno jest mi pogodzić się z tamtą przegraną.

W judo rywale dobierani są przez losowanie: ustawia się ich w dwóch grupach, a następnie łączy w teoretycznie przypadkowe pary. (Olbrzymia liczba amerykańsko-japońskich pojedynków w pierwszych rundach międzynarodowych zawodów pokazuje, jak bardzo „losowe" są tak naprawdę te wybory). Pewne drogi do finału mogą więc okazać się łatwiejsze niż inne.

Wielu zawodników liczy na łatwego rywala. Nie chcą trafić na faworyta w pierwszej rundzie. Chcą dojść możliwie jak najdalej bez wysiłku. Mają nadzieję, że ktoś inny pokona zawodnika, którego się obawiają. Walcząc o miano najlepszego, nie chcą zmierzyć się z najlepszym.

– Nie licz na łatwą rywalkę – powtarzała mi zawsze mama. – To ty masz być złym wyborem dla innych. Niech inne dziewczyny boją się ciebie wylosować.

Nie powinno się liczyć na łatwego przeciwnika i łatwe zwycięstwo. Nieważne, z kim i w jakiej kolejności walczysz. Jesteś numerem jeden na świecie i możesz pokonać wszystkich.

Na mistrzostwach juniorów moje losowanie było najgorsze z możliwych, ale nie miało to znaczenia. Pierwszego dnia turnieju wygrałam trzy walki z rzędu przez *ippon*, zapewniając sobie udział w półfinale. Podczas kolacji jeden z moich kolegów z drużyny powiedział, że szefowie USA Judo na gwałt szukają w Budapeszcie amerykańskiej flagi i nagrania z hymnem narodowym. Reprezentacja każdego kraju ma obowiązek przygotowania flagi i hymnu na ceremonię wręczenia medali. Zaśmiałam się.

– Serio – powiedział mój kolega. – Naprawdę tego nie mają.

Działacze spodziewali się, że wszyscy przegramy, dlatego nie zaprzątali sobie nawet głowy jakimiś flagami.

Ja jednak ani przez chwilę nie dopuszczałam do siebie myśli, że mogłabym zakończyć ten turniej z czymś innym niż złoto. Natomiast USA Judo nie brało tego nawet pod uwagę.

Przygotowując się do walki z dziewczyną z Rosji, zadałam pytanie wyznaczonemu przez USA Judo mężczyźnie, który miał mnie trenować. Tak naprawdę nie był to mój trener. Podczas dużych zawodów międzynarodowych federacja zatrudnia po prostu osobę opiekującą się sportowcami podczas wyjazdu.

Rola takiego szkoleniowca jest w dużej mierze symboliczna. Sukces nie zależy raczej od tego, co jakiś obcy człowiek powie ci w drodze na matę. Przed każdą walką pytałam członka ekipy trenerskiej USA, czy moja przeciwniczka jest prawo- czy leworęczna, żebym mogła zaplanować sobie pierwsze starcie. Za każdym razem słyszałam w odpowiedzi:

– Nie wiem, nie oglądałem jej poprzedniej walki, bo oglądałem ciebie.

Tym razem nie zawracałam sobie nawet głowy, by o to zapytać, i od razu zaczęłam rozgrzewać się z Lillie.

– Czekaj – powiedział mój trener, obserwując nas. – Jesteś leworęczna?

Wtedy opadła mi szczęka.

– Czekaj, za każdym razem twierdzisz, że nie umiesz mi powiedzieć, czy moja rywalka jest prawo- czy leworęczna, bo niby ciągle oglądasz moje walki, a nie wiesz nawet, że jestem leworęczna?

Kompletnie rozczarowana, odeszłam na bok. Zobaczyłam, że po drugiej stronie maty trener daje mojej rywalce jakieś wskazówki. Podchodził do niej, jakby chciał jej pokazać, co mogę zrobić. Spojrzał na nią i poklepał się w lewe ramię, sugerując, że jestem leworęczna. Dziewczyna kiwnęła głową. Cała złość, którą nosiłam w sobie, wydostała się nagle na powierzchnię. Olimpiada. Brak amerykańskiej flagi. Beznadziejni trenerzy. Miarka się przebrała, a ta dziewczyna miała za to zapłacić.

Weszłam na matę i się ukłoniłam. Mój niby-trener krzyknął coś ze swojego krzesła, ale nie słuchałam go, uznając, że to nieistotna informacja.

Rosjanka nie miała żadnych szans. W walce z nią zdobyłam tyle punktów, że musiało jej być wstyd. Zeszłyśmy z maty, a trener reprezentacji próbował mnie uścisnąć. Trzymałam ręce prosto wzdłuż ciała.

W finale rozniosłam przeciwniczkę z Chin. Cała walka trwała cztery sekundy. (To nie jest błąd w druku – cztery sekundy, czyli mniej niż potrzeba na przeczytanie tego zdania).

Zostałam pierwszą od 100 lat Amerykanką, która wygrała mistrzostwa świata juniorów w judo. Stałam na podium i patrzyłam na podciąganą pod sufit amerykańską flagę. Nie mogłam jej dotknąć, ale miałam wrażenie, że coś jest z nią nie tak – wyglądała jak jakaś podróba kupiona w sklepie z towarami za 99 centów i była wyraźnie mniejsza od flag innych krajów. Może nawet miała tylko 49 gwiazdek, ale nie byłam w stanie tego stwierdzić. Byłam zbyt rozkojarzona skrzekliwymi odgłosami hymnu narodowego, który brzmiał, jakby ktoś odtwarzał go do mikrofonu z walkmana.

Kilka miesięcy po mistrzostwach świata juniorów poleciałam do Hiszpanii na coroczny obóz treningowy w Castelldefels, nadmorskiego miasteczka leżącego niedaleko Barcelony. Ze wszystkich obozów treningowych, na jakich byłam, ten podobał mi się najbardziej. Nie tylko z tego względu, że był zorganizowany w pięknej okolicy, ale też dlatego, że był to jedyny obóz niepowiązany z żadnym turniejem, nikt więc się nie martwił, że kogoś rozczaruje, że przegra albo że nie zrobi wagi. Była to po prostu okazja, aby zmierzyć się z najlepszymi na świecie, a ja zamierzałam stać się wtedy jedną z nich.

To właśnie podczas tego i następnych obozów zauważyłam olbrzymią dysproporcję w zasobach oddawanych do dyspozycji zawodnikom z innych krajów i tym z USA. Do Castelldefels federacja USA Judo wysłała jednego trenera, czyli i tak lepiej niż zwykle. W innych drużynach każdy zawodnik miał swojego opiekuna. Widziałam, jak szkoleniowcy zajmujący się moimi przeciwniczkami obserwowali je uważnie i notowali informacje nie tylko o nich, ale również o ich rywalkach.

Nie chodziło tylko o trenerów. Wymieniłabym naszego szkoleniowca na trochę lodu i taśmy dla sportowców. Francuska drużyna miała do dyspozycji fizjoterapeutę, dziesiątki rolek taśmy i chłodziarkę pełną lodu. Fizjoterapeuci byli też u Niemców, Hiszpanów i Kanadyjczyków. Amerykanie nie mieli nikogo takiego. Spojrzałam na moją torbę oraz na leżącą w niej zużytą już białą rolkę, którą sama przywiozłam, i zrozumiałam, że będę musiała poprosić o taśmę kogoś z reprezentacji innego kraju.

– Zobacz, przecież to niesprawiedliwe – narzekała jedna z moich koleżanek, obserwując, jak francuski fizjoterapeuta z zawodową dokładnością owija kostki swojej podopiecznej. – Gdybyśmy miały takie rzeczy… – Urwała w połowie zdania, ale było jasne, co chciała powiedzieć: gdybyśmy miały takie rzeczy, osiągałybyśmy lepsze wyniki.

„Pierdolę to – pomyślałam. – Mogą sobie mieć swoje taśmy, chłodziarki z lodem i nawet dziewięciuset trenerów, ale i tak skopię im dupska".

Uczestniczyłam tam w najbardziej wyczerpujących treningach w życiu. Rano robiliśmy około dziesięciu rund *randori*. Każdego dnia i podczas każdej rundy dawałam z siebie wszystko. W przerwie między treningami leżałam na macie i nie byłam pewna, czy znajdę siłę, żeby się jeszcze poruszyć. A potem podawano obiad, przewracałam się więc na bok i dźwigałam do pionu.

– Błagam, niech to będzie ryba – szeptałam.

W te dni, kiedy serwowano *melón con jamón* – czyli, jak ja to nazywałam, surowy boczek i kantalupę – poprzestawałam na chlebie z serem.

Po południu wykonywaliśmy kolejne 15 rund *randori*. Umiejętności zawodników były tak duże, że wiele walk miało poziom olimpijskiego finału. Na koniec dnia wszyscy szliśmy do baru, gdzie piliśmy sangrię i porozumiewaliśmy się łamaną angielszczyzną, kalekim hiszpańskim i językiem gestów.

Po tygodniu pojawiła się jedna różnica w stosunku do pierwszego dnia obozu – pogarszający się smród. Ponieważ zawodnicy mieszkali w hotelu i nie mieli gdzie wyprać swoich przepoconych *gi*, w których trenowali od rana do wieczora, odór stawał się coraz bardziej obezwładniający. Wszyscy oprócz mnie śmierdzieli potem i pleśnią. Ja śmierdziałam potem, pleśnią i odświeżaczem Febreze, który zabierałam na każdy obóz, żeby co wieczór spryskiwać nim *gi* przed wywieszeniem za oknem.

Moja wytrwałość zapewniła mi szacunek. Inne dziewczyny chciały się ze mną zmierzyć, bo wiedziały, że stanowię dla nich wyzwanie. Obracałam to na swoją korzyść. Zapamiętywałam wszystkie ulubione chwyty i techniki poszczególnych zawodniczek. Nie potrzebowałam do tego trenera, mogłam robić to sama.

Widziałam, jak jeden z brytyjskich szkoleniowców wyciągnął z kieszeni notatnik, w którym zapisywał swoje obserwacje i nakreślał strategie.

„Nie musisz tego wszystkiego notować – chciałam powiedzieć. – Jak już tu skończymy, ta dziwka na pewno mnie zapamięta".

Na obozach przygotowawczych większość sportowców próbuje po prostu wytrzymać jakoś kolejne treningi. Ja starałam się zrobić wrażenie na każdej osobie z mojej kategorii wagowej. Wykorzystywałam obozy nie tylko do tego, by zdobywać wiedzę na temat moich rywalek, ale też do tego, żeby wdeptywać je w ziemię. Chciałam je zastraszyć. Chciałam, żeby każda osoba z mojej kategorii wagowej myślała: „O kurwa, ta laska jest dobra. Rzuciła mną dzisiaj chyba z piętnaście razy". Chciałam, żeby przyzwyczaiły się do tego, że je pokonuję.

Mogły tłumaczyć sobie, że to tylko obóz treningowy. Wiedziałam jednak, że kiedy następnym razem mnie zobaczą, będą pamiętały, że 15 razy rąbnęłam nimi o ziemię.

Być może nie posiadałam narzędzi, którymi dysponowały moje rywalki, ale wypracowałam sobie inną przewagę.

UCIEKAJĄC, NIGDY NIE WYGRASZ WALKI

Judo wywodzi się z kodeksu *bushidō*; po japońsku słowo to oznacza „drogę wojownika". Oryginalną sztukę *bushidō* stosowali samuraje i był to ich sposób przetrwania. Dla mnie judo jest sposobem walki. Uważam, że pojedynek powinna wygrywać osoba, która jest lepszym wojownikiem.

Istnieje jednak wielu zawodników, którzy nie walczą po to, aby pokonać rywala. Robią to dla punktów. Zdobywają niewielką przewagę punktową i przez resztę pojedynku udają, że walczą, a tak naprawdę tylko uciekają. To jak bić się z prawnikiem. Nie chodzi o to, kto ma rację, nie chodzi też o sprawiedliwość – ważne, kto potrafi znaleźć lukę w przepisach i przekuć ją w zwycięstwo.

Nie znoszę „punktujących" zawodników. Walka na punkty to tchórzostwo. To pojedynek bez honoru. Jeśli walczysz na punkty, to tak jakbyś wcale nie walczył. Punktowi zawodnicy rywalizują ze sobą, ale potrafią przez cały pojedynek uciekać albo robić uniki. A przecież powinni dawać z siebie wszystko przez cały czas.

Nie chodzi tylko o zwycięstwo, ale też o sposób, w jaki zwyciężasz. Wygrywanie nie musi być ładne, ma być honorowe. Ja nie rywalizuję. Ja walczę.

Dicka IttyBitty'ego poznałam na obozie w Chicago w 2002 roku, ale nie zrobił wtedy na mnie większego wrażenia. (Znając go, podejrzewam, że i tak się ucieszy, że o nim wspominam. Chyba jakoś przełknę to, że jednocześnie będzie musiał powiedzieć: „Znacie tego chłopaka, który zawsze wbijał Rondzie nóż w plecy i sprawiał jej zawód? To ja! Jestem Dick IttyBitty"). Rok później coś się zmieniło. Odniosłam sukces podczas US Open, ale wciąż dochodziłam do siebie po operacji. Największym problemem nie był ból fizyczny, ale blokada psychiczna. Gdzieś z tyłu głowy ciągle obawiałam się, że znowu nadwerężę sobie kolano. Moja kontuzja pokazała mi, że nie jestem tak niezniszczalna, jak mi się wydawało. Przed urazem moim firmowym chwytem było lewe *uchi mata*. Jest to rzut przez wewnętrzne udo i polega na tym, że opierasz się na prawej nodze, lewą stawiając pomiędzy nogami rywala tak, aby krzyżowała się z nimi na wysokości uda, a potem przerzucasz rywala przez biodro. Jest to jedna z najbardziej skutecznych technik w judo, a przed dobrze wykonanym *uchi mata* bardzo trudno się obronić. Moja mama zauważyła, że oszczędzam prawą nogę. Podczas treningów bywały momenty, że rezygnowałam z wykonywania tego rzutu. Czasami próbowałam też mniej skutecznych technik, które nie wymagały obciążania prawej nogi. Na zawodach chwila zawahania może zadecydować o tym, czy wchodzisz na podium, czy zostajesz wyeliminowany. Moja mama zadzwoniła do Nicka, znajomego z czasów, kiedy sama uprawiała judo, i powiedziała mu, co zauważyła.

– Nic jej nie powiem, ale w ciągu tygodnia wykona tysiąc *uchi mata* – odparł Nick. – Przeszkolimy ją w tym z różnymi zawodnikami. Z potężnymi, drobnymi, starymi, młodymi, z facetami, z kobietami, po prostu z każdym, kto pojawi się w klubie. Pod koniec Ronda zrozumie, że gdyby jej kolano miało znowu nie wytrzymać, stałoby się to podczas jednego z tysiąca pierwszych rzutów.

Pierwszego dnia zaczęłam ostrożnie, ale kolano wytrzymało. Trzeciego przyspieszyłam, bo zależało mi na tym, żeby mieć rzuty już za sobą. Pod koniec tygodnia rzucałam kolejne osoby na *crash pady* z taką prędkością, że brzmiało to jak strzały z karabinu maszynowego. Bam. Bam. Bam. Bam. Bam. Kiedy wyjeżdżałam z Chicago, znowu byłam pewna siebie.

Funkcjonując w świecie judo, byłam przyzwyczajona do przebywania z mężczyznami, ale zawsze wydawało mi się, że traktują mnie jak siostrę. Dick nie patrzył na mnie w ten sposób. Z początku nie sądziłam, że to coś poważniejszego – ot, zwykły flirt na obozie treningowym. Ale potem próbo-

Nie chodzi tylko o zwycięstwo, ale też o sposób, w jaki zwyciężasz. Wygrywanie ma nie być ładne, ale honorowe. Ja nie rywalizuję. Ja walczę

wał mnie pocałować. Zamarłam. Niezręczną sytuację skwitował śmiechem i od tego czasu pozostawaliśmy w kontakcie.

Dick był wytrwały (kiedy sypia się z wieloma osobami, oczywiście łatwiej o wytrwałość) i po moim wyjeździe z Chicago nieustannie pisał do mnie e-maile i SMS-y. Pochlebiało mi to.

Dwa tygodnie po powrocie z Chicago jechałam z mamą na trening.

– Słyszałam, że ty i Dick IttyBitty dobrze się dogadujecie. – Powiedziała to zwyczajnym głosem, ale nie dałam się nabrać: w tej rozmowie nie było nic zwyczajnego.

– Jest fajny – powiedziałam, wzruszając ramionami.

– Naprawdę? Ja słyszałam, że to gnojek.

– Wcale nie.

Mama spojrzała na mnie sceptycznie.

– Z tego co mówią, sypia ze wszystkim, co ma waginę. Wygląda jak strach na wróble, a podobno widuje więcej dup niż sedes. Nie jest chyba zbyt wybredny.

– Takie kłamstwa rozpowiadają dziewczyny, które są zazdrosne, że się nimi nie interesuje – podałam wyjaśnienie, które usłyszałam od niego.

Mama posłała mi spojrzenie mówiące: „Chyba nie jesteś aż tak kurewsko głupia…".

Zagłębiłam się w fotelu pasażera i wyjrzałam za okno, zastanawiając się, czy nie lepiej byłoby otworzyć drzwi i wyskoczyć z jadącego auta na autostradę, niż kontynuować tę rozmowę.

– Ronda, wiesz, dlaczego dwudziestokilkuletni facet ugania się za szesnastolatkami? Bo są na tyle głupie, że nabierają się na jego brednie. Chciałabym wierzyć, że jesteś trochę mądrzejsza. Naprawdę, to przerażające.

– No dobrze już, starczy tego kazania – odparłam rozdrażniona. – Przecież nic się nie wydarzyło ani nie wydarzy. Możemy zmienić temat?

– Lepiej, żeby się nie wydarzyło – oświadczyła mama.

Dwa tygodnie później przeprowadziłam się na wschód, żeby trenować z Dużym Jimem.

Podczas pobytu u mamy ograniczyłam kontakt z Dickiem, ale teraz zaczęłam pisać z nim bardziej regularnie. Pewnego dnia pojawił się niespodziewanie w klubie podczas treningu.

Opadła mi szczęka. Żołądek wywinął salto. Maleńka część mnie chciała wykonać taniec radości, podczas gdy reszta wiedziała, że to nie skończy się dobrze.

Mama była wściekła. Sposób, w jaki Duży Jim zachowywał się w obecności Dicka, kazał mi też przypuszczać, że Dick nie należy do przyjaciół rodziny Pedro. Duży Jim miał mało cierpliwości dla ludzi, którzy twierdzili, że chcą być światowej klasy sportowcami, ale nie wkładali w to żadnego wysiłku. Dick był właśnie kimś takim. Poza tym Duży Jim starał się też mnie chronić, choć on sam nigdy by się do tego nie przyznał. Zależało mu na tym, żeby pozbyć się Dicka, tak samo jak mojej mamie. Jasno dał mi do zrozumienia, że nie życzy sobie moich kontaktów z tym facetem.

– Nie rób nic głupiego – powiedział.

Duży Jim nie mógł jednak pilnować mnie przez całą dobę. W weekend, gdy miał dyżur w straży pożarnej, jego najmłodszy syn, Mikey, postanowił urządzić grilla.

Kiedy Mikey podpalał węgiel, Dick uruchomił jeden ze skuterów wodnych. Odpłynęliśmy w niewidoczne z brzegu miejsce, a wtedy zatrzymał skuter, pochylił się nade mną i znowu mnie pocałował. Cała aż zesztywniałam. Czułam się niezręcznie, ale było to też zakazane i ekscytujące.

Dwa dni później – Duży Jim nadal był w pracy – Dick upewnił się, że jestem pijana, i pocałował mnie jeszcze raz, z czego pamiętam niewiele, ale na pewno już się tak nie denerwowałam. Następnie wrócił do Chicago, a ja skupiłam się na olimpiadzie.

Utrzymywaliśmy jednak kontakt i umawialiśmy się przy okazji różnych turniejów. Wydawało się nam, że jesteśmy bardzo przebiegli, ale wszyscy o nas wiedzieli.

W lutym 2005 roku byliśmy w Hamburgu, gdzie oboje startowaliśmy w zawodach Otto World Cup. Przegrałam w eliminacjach. Rywalka założyła mi dźwignię na łokieć, a ja nie odklepałam. Dziewczyna zwichnęła mi więc łokieć, a ten spuchł do rozmiarów grejpfruta. Wygrałam tę walkę, ale w następnej przegrałam już podczas pierwszego starcia. W repasażach wyszłam zwycięsko z trudnego i bolesnego pojedynku, ale w następnym odniosłam porażkę i w ten sposób odpadłam z turnieju. Wróciłam do hotelu, a Dick IttyBitty, który został wyeliminowany bardzo szybko, poszedł ze mną. Wiedziałam, że to niedobry pomysł, ale byłam zrozpaczona po przegranej, bolało mnie ramię i pragnęłam towarzystwa. Leżeliśmy w łóżku, na białej kołdrze, kiedy usłyszałam, jak ktoś otwiera drzwi kartą magnetyczną.

– Co jest, kur… – Nie zdążyłam nawet dokończyć, bo drzwi się otworzyły i w progu stanął Duży Jim.

– Kurwa, co jest z tobą nie tak?! – krzyczał. – Nic do ciebie nie dociera? Miał szaleństwo w oczach.

Dick wyskoczył z łóżka i próbował coś tłumaczyć, ale tylko zaczął się jąkać.

– A ty zamknij mordę – powiedział Duży Jim w jego kierunku, nie odrywając wzroku ode mnie. Dick zamilkł.

– Koniec tego – oświadczył Duży Jim. – Umywam ręce. Od teraz niech twoja matka ma cię na głowie.

Serce podeszło mi do gardła. Duży Jim spojrzał na mnie z obrzydzeniem i rozczarowaniem, a potem wyszedł.

Turniej dobiegł końca, ale zaraz po nim odbywał się obóz treningowy dla najlepszych zawodników. Przez następny tydzień każdego dnia musiałam widywać się z Dużym Jimem.

– W czym, do cholery, kłopot? – warknął na mnie podczas jednego z treningów. Z powodu kontuzji ramienia miałam problem z trzymaniem rywalek na dystans, kiedy podchodziły blisko, żeby wykonać jakiś chwyt albo mną rzucić.

– Mam kontuzję łokcia – wyjaśniłam.

– Przestań pleść bzdury. Twój łokieć jest w porządku. Jesteś za słaba, żeby trzymać je na dystans. Brakuje ci siły.

Nic, co bym powiedziała, nie mogło zmienić jego nastawiania, więc zrobiłam to, co robiłam zawsze, kiedy Duży Jim był wściekły: ugryzłam się w język i zmusiłam do jeszcze większego wysiłku. W milczeniu walczyłam z bólem.

Ból był jednak niczym w porównaniu z tym, co dopiero miało nadejść. Duży Jim powiedział o wszystkim mojej mamie. Przez cały lot do Los Angeles drżałam ze strachu. Jeszcze nigdy w życiu tak bardzo nie chciałam uniknąć jakiegoś spotkania. Stałam przy krawężniku przed lotniskiem LAX, wyglądając samochodu mamy i jednocześnie się modląc, żeby zapomniała przyjechać. Po raz pierwszy w życiu odebrała mnie na czas.

– Wsiadaj – powiedziała przez otwarte okno po stronie pasażera. Przygotowałam się na najgorsze.

Zanim zdążyłyśmy odjechać od krawężnika, zapytała:

– Co ty sobie, kurwa, myślałaś?

Otworzyłam usta.

– Nie próbuj nawet odpowiadać – uprzedziła mnie. – Nie chcę słuchać tego, co masz zamiar powiedzieć, bo nic nie może usprawiedliwić tak kompletnego braku szacunku, nie mówiąc już o głupocie.

Mówiła podniesionym głosem, ale nie krzyczała.

Moją najlepszą taktyką było milczenie. Patrzyłam na swoje dłonie i walczyłam ze łzami.

Mama skręciła w prawo w Sepulveda Boulevard. Z ulgą zauważyłam, że ruch jest niewielki. Tylko korki uliczne, które wydłużyłyby tę rozmowę, mogły jeszcze pogorszyć sytuację.

– Pieprzony Dick IttyBitty? – zapytała mama z niedowierzaniem. – Jest tak wspaniały, że chcesz dla niego zrujnować sobie stosunki z trenerem i postępować wbrew temu, co ja i Duży Jim wyraźnie ci mówiliśmy? Błagam cię. Ten chłopak sypia z każdą. To kompletny szmaciarz.

Czułam, jak rozgrzewa mi się skóra na karku. Miałam wrażenie, że się duszę. Opuściłam szybę, ale świeże powietrze nie pomogło. Dokuczał mi *jet lag*. Byłam głodna. Bolał mnie łokieć. Mój trener mnie wyrzucił. Oparłam głowę na beżowym zagłówku.

– Teraz wszystko się zmieni – ciągnęła mama. – Nie wiesz nawet, jak dotychczas miałaś dobrze, maleńka. Masz osiemnaście lat, a więc teoretycznie jesteś dorosła, choć zachowujesz się jak rozpuszczony bachor. Musisz wziąć się w garść. Olimpiada to przeszłość. Zrobiliśmy dla ciebie wiele wyjątków i pozwoliliśmy, żeby sporo rzeczy uszło ci na sucho, ale koniec z tym. Zrobisz sobie roczną przerwę od judo. Musisz skończyć szkołę. Musisz znaleźć pracę. I musisz zacząć płacić czynsz. Czas, żebyś zaczęła żyć w prawdziwym świecie. I to będzie dla ciebie prawdziwa pobudka.

Patrzyłam przez przednią szybę, pragnąc znaleźć się gdzie indziej. Nie miałam jednak dokąd pójść i nie wiedziałam, co robić. Wiedziałam tylko jedno: jeśli mam płacić czynsz, to na pewno nie za mieszkanie u mamy.

Nasz dom znajdował się niecałe 20 minut jazdy od lotniska i nigdy wcześniej tak bardzo nie cieszyłam się, że dotarłam na miejsce. Gdy tylko mama zaparkowała samochód, otworzyłam drzwi, wparowałam do domu i wbiegłam do pokoju na górze, który dzieliłam z Julią. Trzasnęłam drzwiami i rzuciłam się na dolne łóżko. Z malowidła, które wykonałam kiedyś na ścianie, spoglądał na mnie lew morski.

Byłam wstrząśnięta, że Duży Jim wyrzucił mnie z domu. Wstydziłam się, że nakrył mnie z Dickiem w pokoju. Żałowałam, że zawiodłam i jego, i mamę. Byłam też wściekła, że ingerują w moje życie osobiste i traktują mnie, jakbym sama nie potrafiła podejmować decyzji.

Patrzyłam na deski górnego łóżka, płacząc histerycznie.

Przez pierwszych kilka lat życia nie komunikowałam się z otoczeniem z powodu zaburzenia mowy. 15 lat później potrafiłam mówić, ale zaczęłam mieć problemy z wyartykułowaniem tego, co myślę. Nie wiedziałam, jak rozmawiać z mamą czy z Dużym Jimem. Kiedy próbowałam to robić, czułam, że mnie zbywają. Nie miałam wystarczająco dużo pewności siebie, żeby podczas sprzeczki trzymać się swojego stanowiska. Wydawało mi się, że nie szanują mojego zdania, ale przede wszystkim nie byłam pewna, czy mam odpowiednie doświadczenie, aby w ogóle samodzielnie podejmować decyzje. Nie chodziło wcale o Dicka IttyBitty'ego; on był tylko iskrą zapalającą coś, co buzowało we mnie od lat. Nie miałam kontroli nad własnym życiem. Zaczęło się powoli, ale w końcu to uczucie mną zawładnęło – to tak jakby stać w pokoju bez drzwi, który stopniowo wypełnia się wodą.

Chciałam kierować własnym życiem. Zamierzałam udowodnić, że coś wiem i że mama oraz trenerzy powinni mnie słuchać. Dużo łatwiej było mi jednak podróżować nocą przez kraj, niż wejść do salonu i odbyć prawdziwą rozmowę z mamą.

Zaczęłam planować „wielką" ucieczkę. Ponieważ mój tata nie żył, otrzymywałam zasiłek socjalny. Miałam dostawać go do 18. roku życia albo ukończenia szkoły, w zależności od tego, co nastąpi później. Uczestniczyłam w zajęciach korespondencyjnych, teoretycznie zatem kontynuowałam edukację w szkole średniej. Dwa tygodnie wcześniej skończyłam 18 lat, więc teraz czeki przychodziły już na moje nazwisko. Poszłam do banku, otworzyłam własne konto i wydałam dyspozycję, żeby środki trafiały właśnie tam. Kiedy uzbierałam wystarczająco dużo pieniędzy, kupiłam bilet na lot do północnej części stanu Nowy Jork. Uznałam, że mogłabym zatrzymać się u mojej przyjaciółki Lillie i jej rodziny, a trenować w klubie Jima Hrbeka. Hrbek był jednym z najlepszych trenerów w kraju od czasów, kiedy w zawodach startowała jeszcze moja mama. Miałam nadzieję, że właściciele klubu pozwolą mi tam trenować. Nie mogłam ryzykować, że ktokolwiek dowie się o moim planie ucieczki, dlatego powiedziałam o nim tylko Lillie i nikomu więcej.

W ciągu kolejnych tygodni mojej mamie stopniowo przechodziła złość.

Pewnego ranka – dwa tygodnie po moim powrocie i niecały tydzień przed planowaną ucieczką – obudziła mnie i nie była już na mnie wściekła.

– Przejdźmy się na promenadę – powiedziała.

– Okej – odparłam, zadowolona, że już na mnie nie krzyczy.

Po pokonaniu sześciu przecznic dotarłyśmy do tego samego centrum handlowego, które odwiedziłam podczas wagarów zakończonych złamaniem stopy. Mama zaproponowała, żebyśmy weszły do Armani Exchange. Buszując pomiędzy wieszakami, namierzyła białą skórzaną kurtkę.

– Jest w twoim stylu – stwierdziła.

Kurtka była wspaniała.

– Przymierz – poprosiła mama.

Założyłam ją na siebie. Pasowała idealnie. Świetnie się w niej czułam.

– Musisz ją mieć.

Sprawdziłam metkę z ceną.

– Proszę cię, jest za droga – powiedziałam.

Mama mnie przytuliła.

– Zasługujesz na nią. Poza tym w swoje urodziny byłaś u Dużego Jima. Jesteśmy ci winni prezent.

Zaniosła kurtkę do kasy, gdzie sprzedawczyni zawinęła ją w bibułę i zapakowała do torby. Oczy mnie piekły i czułam ucisk w piersiach, a moje postanowienie zaczynało słabnąć. Potem jednak pomyślałam, że moja mama kompletnie mnie nie rozumie. Chciałam kontrolować własne życie i udowodnić jej oraz Dużemu Jimowi, że potrafię to zrobić. Wiedziałam, że muszę wyjechać. Chciałam jednak, żeby mama wciąż była na mnie zła. Wtedy byłoby mi łatwiej.

Wieczorem przed ucieczką poczekałam, aż cała rodzina zaśnie. Pakowałam torby, podskakując przy każdym dźwięku. Następnie usiadłam na łóżku i czekałam. O 4:55 wymknęłam się z pokoju i zeszłam na dół. Zostawiłam mamie liścik, w którym wyjaśniłam, że muszę to zrobić, i prosiłam, żeby mnie zrozumiała. Wyszłam z domu.

Na zewnątrz było cicho. Słońce jeszcze nie wzeszło, a powietrze było zimne i wilgotne od rozpościerającego się kilka przecznic dalej oceanu. Chciałam wyjąć z torby moją nową kurtkę, ale bałam się zatrzymać. Powiesiłam na ramieniu granatową torbę z olimpiady, a drugą, czarną, wzięłam do ręki. Ruszyłam przed siebie, zmuszając się, żeby patrzeć na wprost, jakby spojrzenie za siebie mogło obudzić moją mamę.

Poniosłam bagaże na odległość czterech przecznic i usiadłam na przystanku, ale autobusy jeszcze nie jeździły, zadzwoniłam więc po taksówkę i kilka minut później zatrzymał się przede mną żółty samochód. Kiedy taksówkarz wiózł mnie na lotnisko, czekałam, aż pojawi się wrażenie ulgi i wyzwolenia, które, jak sądziłam, będą towarzyszyć ucieczce.

Nie czułam się jak zwycięzca. Czułam się jak tchórz. Uciekłam. Może i wygrałam pojedynek, ale zrobiłam to na punkty, nie walcząc z honorem.

NIE OCZEKUJ, ŻE INNI PODEJMĄ DECYZJĘ ZA CIEBIE

Miałam w drużynie koleżankę, której trener zawsze musiał mówić, co ma robić. Potrafiła niemal bezbłędnie wykonać każde polecenie. Problem polegał na tym, że była dobra tylko na tyle, na ile dobry był jej szkoleniowiec i przekazywane przez niego informacje.

Moja mama celowo ciągle wysyłała mnie na zawody bez trenera. Na macie musiałam myśleć samodzielnie. Jeśli źle podliczano punkty, nikt nie sprawdzał tego w moim imieniu. Jeśli sędzia wydał krzywdzącą mnie decyzję, nikt nie protestował. Musiałam po prostu być coraz lepsza. Jeśli znajdowałam się w trudnej sytuacji, musiałam sama znaleźć rozwiązanie.

Dokładnie zaplanowałam ucieczkę z Los Angeles, nie przemyślałam jednak zbytnio tego, co stanie się potem. Rodzice Lillie byli zaskoczeni, kiedy tak po prostu pojawiłam się przed ich drzwiami, ale pozwolili mi zostać. Zaniosłam więc swoje dwie torby do jej pokoju.

Po przyjeździe do Nowego Jorku dużo opowiadałam o tym, że mama i Duży Jim traktują mnie niesprawiedliwie, że całe moje życie, po najdrobniejszy szczegół – od tego, co jem, aż po to, jak trenuję – zależy od innych ludzi, że nikt nigdy nie pyta mnie o zdanie i że wszyscy traktują mnie jak dziecko. Im więcej o tym mówiłam, tym bardziej czułam się wściekła. Nie byłam dzieckiem. Zgodnie z prawem byłam dorosła. Występowałam też na olimpiadzie, do diabła. Lillie słuchała tych narzekań. Często siedziałyśmy w łóżku do późna, rozmawiając. Czasami miałam wrażenie, że jesteśmy tylko dwoma dzieciakami, którym pozwolono spędzić wspólnie noc na chichotaniu i oglądaniu komedii romantycznych.

Lillie uczyła się w Siena College i towarzyszyłam jej, kiedy chodziła na zajęcia. W księgarni kupiłam sobie bluzę z nadrukiem Siena College i nosiłam ją na sali gimnastycznej, do której wpuszczano mnie, zakładając, że jestem jedną z uczennic. Kiedy Lillie była na lekcjach, trenowałam. Biegając na maszynie eliptycznej, zastanawiałam się nad wieloma rzeczami: jak to wszystko wymknęło się spod kontroli, dlaczego uciekłam, czy kiedykolwiek wrócę, jak mogę udowodnić wszystkim, że nie chodzi wcale o Dicka, co czeka nas oboje w przyszłości i jaki powinien być mój kolejny krok. Nie miałam na te pytania żadnej odpowiedzi.

W czwartek trzeciego tygodnia mojego pobytu w stanie Nowy Jork Lillie i ja jechałyśmy na trening, kiedy zadzwoniła Marina Shafir i powiedziała, że nie da rady dzisiaj dotrzeć. Marina była jedną z najlepszych dziewczyn w swojej kategorii wagowej i jedną z niewielu zawodniczek judo, nie licząc Lillie, którą lubiłam. W przeciwieństwie do innych nie interesowała się poczynaniami działaczy. Kiedy byłyśmy mniej więcej w połowie drogi do klubu, zadzwoniła inna koleżanka Lillie, Nina, i też powiedziała, że się nie zjawi.

– To będzie kiepski trening, jeśli prawie nikt nie przyjdzie – stwierdziła Lillie.

– Jebać to. Nie jedźmy na trening.

– A co w takim razie chcesz robić? – zapytała Lillie.

Za szybą dostrzegłam znajomy pomarańczowo-różowy szyld.

– Chodźmy do Dunkin' Donuts.

Lillie skręciła w prawo tak gwałtownie, że zapiszczały opony, i wjechałyśmy na opustoszały parking.

– Poproszę czterdzieści osiem minipączków – powiedziałam sprzedawcy.

– Jakie mają być? – zapytał, wskazując na pojemniki za swoimi plecami.

Zamilkłam na chwilę. Wyglądało to tak, jakbym podejmowała jakąś bardzo ważną decyzję.

– Poproszę po jednym z każdego rodzaju – odparłam.

– Czy to wszystko?

Spojrzałam na Lillie. Wzruszyła ramionami.

– I dwa razy mleko czekoladowe – powiedziałam, wyciągając je z lodówki przy kasie.

Chłopak mnie podliczył i podał mi dwa wyposażone w uchwyty pudełka, w których znajdowało się 48 pączków. Usiadłyśmy z Lillie przy jednym ze stolików i otworzyłyśmy obydwa pudełka.

Włożyłam pierwszego pączka do ust. Był miękki i przepyszny. Głośno się roześmiałam. Lillie spojrzała na mnie pytająco, bo nie rozumiała, co mnie tak bawi.

Siedząc w Dunkin' Donuts i obserwując, jak sprzedawca myje wokół nas podłogę, odnalazłam wolność, której szukałam. Po raz pierwszy od niepamiętnych czasów poczułam, że kontroluję swoje życie.

Zalała mnie fala motywacji, związana być może ze zjedzeniem 25 minipączków i zastrzykiem cukru.

„Kocham judo. Chcę uprawiać judo, bo to kocham. Chcę to robić dla siebie". Ta myśl mną owładnęła. Było to uczucie, którego nie doświadczałam od bardzo dawna.

Następnego dnia poszłam na trening, bo tego chciałam. Dawno nie ćwiczyłam tak ciężko.

Cieszyłam się na każdy trening, ale też chciałam ćwiczyć jak najczęściej. Jednym z najlepszych klubów w okolicy, oprócz Hrbeka, była sala treningowa prowadzona przez Jasona Morrisa.

W 1992 roku Jason zdobył srebrny medal na olimpiadzie. Był członkiem kadry trenerskiej reprezentacji USA w judo. Otworzył też swój „klub", gdzie ambitni zawodnicy mogli mieszkać i trenować. Tak przynajmniej Jason przedstawiał to ich rodzicom.

Za *dojo* służyła tak naprawdę zwykła piwnica w jego domu, gdzie na podłogę rzucono po prostu matę do ćwiczeń. Miejsca było tam tak mało, że kiedy wszyscy znajdowali się na macie, człowiek nieustannie na kogoś wpadał i musiał uważać, żeby nie wepchnięto go na ścianę. Mimo to poziom treningów był przyzwoity i zawodnicy ćwiczyli tam codziennie.

Trenerem Jasona, który pomógł mu się rozwinąć i odnieść sukces, był Jim Hrbek. Później ich relacja się posypała.

Pewnego dnia po treningu Jim poprosił mnie na bok.

– Wiem, że ćwiczysz u Jasona – powiedział mi. – To twój wybór. Jeśli jednak chodzisz tam, to nie możesz trenować tutaj.

To było ultimatum. A ja nie reaguję na takie rzeczy zbyt dobrze.

– Jasne – odparłam krótko. Jedyna myśl, która chodziła mi wtedy po głowie, brzmiała: „Będę ćwiczyła tam, gdzie tylko będę miała ochotę".

Dokończyłam trening.

Powtórzyłam Jasonowi, co powiedział mi Jim.

– Nie będę ci mówił, gdzie masz ćwiczyć – stwierdził.

Dwa dni później trenowałam u Jasona, kiedy do klubu przyszła Lillie. Miała zakłopotany wyraz twarzy.

– Co jest? – zapytałam.

Lillie patrzyła na swoje converse'y.

– Chodzi o tę sprawę z Jimem, Jasonem i w ogóle. Trenowałyśmy u Jima już tak długo.

Mówiła to wszystko przepraszającym tonem.

– Mam twoje rzeczy w samochodzie – dokończyła.

– Wywalasz mnie?

– Nie wiedziałyśmy, na jak długo chcesz się u nas zatrzymać, no i moja mama... – W tym momencie głos jej się załamał.

– Rozumiem – powiedziałam.

Zabrałam swoje rzeczy z jej samochodu i zaniosłam je do klubu Jasona. Rozejrzałam się dookoła. Nie miałam dokąd pójść i nie wiedziałam, co dalej.

LUDZIE WOKÓŁ CIEBIE KONTROLUJĄ TWOJĄ RZECZYWISTOŚĆ

Kiedy ty i otaczające cię osoby należycie do niewielkiej społeczności, łatwo jest pomylić ją z całym światem. Jeśli jednak wyrwiesz się z niej, zrozumiesz, że nikogo spoza twojego wąskiego kręgu nie obchodzą te zasrane bzdury, które tam znajdowały się w centrum uwagi. Dostrzegając to, odkrywasz, że na zewnątrz znajduje się większy, lepszy świat.

Po tym, jak Lillie odjechała spod klubu, zaniosłam swoje torby do domu Jasona.

Był to trzykondygnacyjny budynek. Jason i jego żona mieszkali na pierwszym piętrze. Na parterze znajdowało się kilka pomieszczeń, a w każdym z nich, również w salonie, nocowało dwóch lub trzech sportowców. W piwnicy była sala do judo.

Ponieważ byłam nowa, dostałam miejsce w salonie, gdzie spałam na rozłożonym na podłodze materacu.

Jason reklamował swój klub jako centrum treningowe dla najlepszych. Aby zostać jego członkiem, musiałeś mieć duży potencjał (opcjonalnie) i rodziców z grubym portfelem (obowiązkowo). Moi współlokatorzy stanowili grupę dobrych, ale nie do końca wyjątkowych sportowców, którzy chcieli dostać się do drużyny olimpijskiej, ale bardziej zależało im na piciu, imprezach i randkowaniu. Z tego co zauważyłam, byli po prostu bandą pasożytów. Każdy kogoś tam wykorzystywał. Ja i Jason wykorzystywaliśmy siebie nawzajem – ponieważ zwyciężałam w międzynarodowych zawodach, moja obecność w klubie budowała jego wizerunek, a w zamian miałam gdzie mieszkać i trenować.

Niczego nie dostawałam jednak za darmo. W tamtym czasie otrzymywałam niewielkie stypendium z New York Athletic Club, którego byłam członkiem, i jeszcze mniejsze z USA Judo.

Cała moja korespondencja przechodziła najpierw przez ręce Jasona. Miał długi srebrny otwieracz do kopert i rozcinał nim wszystkie listy zaadresowane do mieszkańców jego domu.

– Robię to, żeby równo układać koperty do recyklingu – wyjaśniał. – Jak ludzie sami je rozrywają, to nie można ich potem ułożyć płasko jedna na drugiej.

Rano sportowcy biegali do skrzynki, próbując dorwać swoje listy jako pierwsi. Często jednak Jason nas wyprzedzał. Czeki, które do mnie przychodziły, zabierał w ramach opłaty za kwaterę i na pokrycie innych kosztów. Przez cały czas, kiedy tam byłam, przechwycił i spieniężył wszystkie czeki, jakie dostałam od USA Judo i NYAC. Nie wiedziałam nawet, co do mnie przychodzi i ile kosztują poszczególne rzeczy. Musiałam wierzyć Jasonowi na słowo.

Co gorsza, czułam, że wcale nie robię postępów. Jason chciał, żeby każdy zawodnik walczył dokładnie tak, jak on – to była jego strategia trenerska. Uprawiał klasyczne judo, w stójce i rzadko w parterze, skupiając się bardziej na koordynacji niż na sile. Ja z kolei najlepsze wyniki osiągałam w parterze, a swoją siłę wykorzystywałam jako atut. Próbowałam znaleźć równowagę pomiędzy tymi dwoma podejściami, ale styl Jasona nie pasował do mojej budowy, charakteru i po prostu do mnie całej.

Duży Jim ignorował wszelkie sugestie, które próbowałam zgłaszać. Jason nie tylko odrzucał moje uwagi, ale wręcz je wyśmiewał. Byłam tam traktowana jak jakaś pierdolona idiotka.

– Co ty robisz?! – wrzasnął na mnie Jason podczas jednego z treningów.

Przerwałam wykonywane właśnie *o-goshi*, czyli podstawowy rzut, który mnie, osobie leworęcznej, bardzo przydawał się w pojedynkach z praworęcznymi przeciwniczkami.

– *O-goshi* – powiedziałam.

– Ahaaa, *o-goshi* – powtórzył Jason z lekceważeniem. Mówił cienkim, śpiewnym głosikiem, uśmiechał się jak joker i wymachiwał rękoma. – Zrób *o-goshi* jeszcze raz. Zrób to jeszcze raz. Rób *o-goshi* przez cały dzień.

Inni zawodnicy się śmiali.

„Pierdolcie się wszyscy" – pomyślałam. Wykonywałam rzuty przez cały dzień.

U Jasona rzadko bywałam sama, ale czułam się nieprawdopodobnie samotna. Od czasu, kiedy trzy miesiące wcześniej uciekłam z domu, ani razu nie rozmawiałam z mamą. Dick IttyBitty i ja byliśmy razem, ale on mieszkał w odległym o 1600 kilometrów Chicago. Miałam Lillie, jednak po tym, jak jej rodzice mnie wyrzucili, nasze relacje stały się napięte. Jedna z mieszkających u Jasona dziewczyn, Bee, od początku odnosiła się do mnie bardzo życzliwie, ale to nie była Lillie.

Moje stosunki ze współlokatorami były poprawne, ale nie ciepłe. Nigdy tak naprawdę się tam nie zaaklimatyzowałam. Byłam od nich młodsza, lepsza i bardziej zdeterminowana, a mój sukces uwydatniał tylko ich braki. Lista klubów, w których nie byłam mile widziana, powiększała się jednak – Pedro, Hrbek, dom – dlatego trzymałam się Jasona.

W maju Dick przeprowadził się z Chicago do Nowego Jorku, żeby trenować w klubie Jasona. Byłam akurat na sali gimnastycznej miejscowego liceum i rozkładałam maty przed corocznym turniejem nazwanym przez Jasona jego własnym nazwiskiem, kiedy do środka wszedł nagle Dick. Zalało mnie poczucie ulgi. Na twarzy pojawił mi się szeroki uśmiech. Poczułam, że się czerwienię.

Dick dzielił ze mną materac w salonie. Zamieszkał u Jasona i stał się pomostem pomiędzy mną a pozostałymi zawodnikami.

Miesiąc po przyjeździe Dicka poszłam do Planned Parenthood[*] po środki antykoncepcyjne. Kilka dni później zadzwonił mój telefon.

– Pani wyniki odbiegają od normy – powiedziała pielęgniarka.

Zrobiło mi się gorąco.

---

[*] Amerykańska organizacja *non-profit* zajmująca się m.in. propagowaniem świadomego rodzicielstwa, edukacją seksualną i udostępnianiem legalnej antykoncepcji.

– Chce pani powiedzieć, że mam chorobę weneryczną? – zapytałam. Z trudem wykrztuszałam z siebie słowa.
– To może być wiele rzeczy.
– Na przykład choroba weneryczna?
– Proszę przyjść do nas na dodatkowe badanie.
– Jasne – powiedziałam. Ręka mi się trzęsła, kiedy notowałam datę i miejsce kolejnej wizyty.

Po odłożeniu słuchawki wparowałam do sąsiedniego pokoju. Dick siedział na kanapie.
– Kogo ruchałeś? – krzyknęłam.

Jego spojrzenie, przypominające wzrok jelenia wystraszonego światłami nadjeżdżającego samochodu, potwierdziło moje najgorsze obawy. Ogarnęła mnie wściekłość. Napięły mi się wszystkie mięśnie.
– Bo... bo... bo... – zaczął się jąkać.
– Kogo ruchałeś?
– To był tylko jeden raz. Przepraszam. I nic dla mnie nie znaczył. Przytrafił mi się kilka miesięcy temu. Przed moim przyjazdem tutaj. Przepraszam.

Wyglądał, jakby zaraz miał zakrztusić się powietrzem.
– Kogo ruchałeś? – powtórzyłam chłodnym tonem.
– Bardzo cię przepraszam. Przepraszam. O Boże, mam ochotę umrzeć. Tak bardzo cię kocham.
– Kogo? – mój głos przypominał już szept.
– Bee – powiedział.

Poczułam, że nagle robi mi się sucho w ustach. Twarz mi płonęła. Wściekłość mieszała się ze wstydem.
– Wszyscy o tym wiedzą, tak?

Skinął głową.

Musiałam wyjść z tamtego pokoju. Stanęłam na zewnątrz. Ostatnie, czego chciałam, to wejść z powrotem do tego domu. Nie miałam jednak gdzie pójść. Spaliłam za sobą wszystkie mosty i znalazłam się na wyspie.

Dick całymi dniami błagał mnie, żebym mu wybaczyła. Wydawało mi się, że nie pozostaje mi nic innego. Czułam, że oprócz niego nie mam już nikogo. Wkrótce znowu sypialiśmy wspólnie na materacu, jakby nic się nie stało. Nie było już jednak tak samo. Wiedziałam, że nie jest dobrym człowiekiem i że sama się okłamuję.

Tydzień później zadzwoniłam do Planned Parenthood, żeby poznać wyniki dodatkowych testów.

– Okazuje się, że to fałszywy alarm – stwierdziła pielęgniarka. – Czasami w testach coś wychodzi, a kiedy przeprowadzamy je ponownie, wszystko jest w porządku.

Odetchnęłam z ulgą. Kula przeleciała mi obok głowy, ale w moim życiu wciąż nie było najlepiej.

Jedynym wytchnieniem od mieszkania u Jasona były wyjazdy na turnieje i obozy treningowe. Wygrałam mistrzostwa USA, mistrzostwa Pan American, turniej Rendez-Vous i US Open, ale zwyciężanie nie sprawiało mi radości. Najgorszy moment przyszedł, kiedy na mistrzostwach świata w Kairze w 2005 roku przegrałam z Izraelką, której nie zależało nawet, by mnie pokonać.

Na domiar złego walczyłam z wagą. Wypracowywałam sobie pozycję jednej z najlepszych zawodniczek świata w swojej kategorii wagowej, ale od czasu debiutu w seniorach w wieku 16 lat urosłam o pięć centymetrów i schodzenie do 63 kilogramów stawało się coraz trudniejsze.

Pewnej nocy, kiedy leżałam obok Dicka, nasz współlokator wyciągnął się na sąsiedniej kanapie, trącając mnie zwisającą nogą, i wtedy coś sobie uświadomiłam. Mój facet zdradził mnie w domu pełnym ludzi, którzy wiedzieli o tym i mi nie powiedzieli. Ćwiczyłam pod okiem trenera, którego nie mogłam znieść i który zabierał mi pieniądze. Głodowałam. Nie robiłam postępów.

– Co ja tu, kurwa, robię? – zapytałam na głos sama siebie.

Następnego dnia zadzwoniłam do mamy.

– Halo? – Na dźwięk jej znajomego głosu zachciało mi się płakać. W ciągu tych ośmiu miesięcy tak wiele razy chciałam z nią porozmawiać.

– Cześć, mamo – powiedziałam, jak gdyby nigdy nic. – Kopę lat.

– Na pewno byłaś zajęta – odparła mama.

Dzięki swojej siatce informatorów i plotkarzy ze świata judo, śledziła każdy mój ruch od momentu, kiedy uciekłam z domu. Wiedziała o zdradzie Dicka. Nie zamierzała mi tego ułatwiać.

– Myślałam o świętach – powiedziałam. – Dzień po Święcie Dziękczynienia jest Ontario Open, ale może mogłabym wpaść po turnieju.

– Jesteś tu zawsze mile widziana – stwierdziła. Nie byłam pewna, czy rzeczywiście tak myśli. Mimo to poczułam wielką ulgę. Nie zdawałam sobie sprawy, jak bardzo tęskniłam za domem.

Kilka tygodni później wygrałam Ontario Open i złapałam samolot powrotny do Los Angeles. Mama odebrała mnie z lotniska. Miałam nadzieję, że ucieszy się na mój widok, ale tylko zmarszczyła brwi z dezaprobatą.

– Dzięki, że po mnie przyjechałaś – powiedziałam.

– No tak, Maria musiała wziąć nocny lot, bo idzie jutro do pracy. Jennifer leci wieczorem z powrotem do San Francisco, żeby zdążyć do szkoły, więc będę musiała przyjechać tu dzisiaj raz jeszcze.

– Na szczęście korki nie są chyba zbyt duże – zauważyłam, próbując nawiązać rozmowę.

– Trochę większe niż wtedy, kiedy wymknęłaś się z domu w środku nocy, zostawiłaś rodzinę i odjechałaś na lotnisko, ale rzeczywiście nie takie złe.

– Przepraszam za wszystko, ale po prostu czułam, że muszę to zrobić.

– Ach, no tak, w takim razie w porządku – odparła sarkastycznie. – Czy wiesz, jak się poczułam, kiedy wstałam rano i zobaczyłam, że cię nie ma? Że nas wszystkich zostawiłaś? Mnie. Siostry. Kota.

– Pekin i tak nigdy mnie nie lubiła – powiedziałam pół żartem, pół serio.

– Może wiedziała, że zamierzasz ją porzucić – stwierdziła mama, nie przepuszczając takiej okazji.

Kiedy dojechałyśmy do domu, chwyciłam moje dwie sportowe torby i zaniosłam je pod drzwi wejściowe.

– Wróciłam – powiedziałam wesoło, otwierając drzwi.

Cisza.

Miałam nadzieję, że w domu będzie moja młodsza siostra Julia. Spodziewałam się, że wszyscy będą na mnie źli, sądziłam jednak, że siedmioletnia Julia ucieszy się z mojego powrotu.

Jennifer pakowała torbę w salonie. Przestała na chwilę i spojrzała na mnie.

– Masz na sobie moją koszulkę, zdejmij ją – powiedziała chłodno.

– Ja też się cieszę, że cię widzę – odparłam z wymuszonym śmiechem.

– Zdejmij moją koszulkę – powtórzyła.

– Rany, Jen, czemu zawsze musisz być taką suką?
– Przynajmniej nie mam rzeżączki! Wyniki moich badań zostały wysłane na adres zameldowania i Jennifer wyciągnęła z nich własne wnioski. Posłała mi pełne satysfakcji spojrzenie i coś we mnie pękło.
– Nie mam rzeżączki! – wrzasnęłam.
Jennifer pobiegła w jedynym możliwym kierunku, czyli do kuchni, skąd nie było gdzie uciec. Goniłam ją. Krzyczała. Mama, która była tuż za mną, chwyciła mnie od tyłu, jakby chciała zrobić mi duszenie, a dzięki temu Jennifer mogła wydostać się z kuchni. Przerzuciłam mamę przez ramię i ruszyłam za siostrą.

Nasza wieloletnia pomoc domowa, drobna Meksykanka imieniem Lucia, wchodziła właśnie z praniem. Upuściła kosz i zablokowała mi drogę do Jen. W tym czasie mama mnie dogoniła i usiłowała mi przeszkodzić, podczas gdy Jennifer wbiegła na górę po schodach i zamknęła się w łazience. Mama chwyciła mnie za ramiona i potrząsnęła mną.

– Co ty, kurwa, wyprawiasz?
– Ja? To ona zaczęła – tłumaczyłam. – Wiesz, co mi powiedziała?
– A ty chcesz ją pobić? Nie możesz atakować ludzi tylko dlatego, że nie podoba ci się to, co mówią! – Mama była już zdenerwowana. – W przeciwnym razie wszyscy ciągle okładaliby się po twarzach.

Zszokowana Lucia podniosła kosz z praniem.
– Przepraszam, Lucio – powiedziałam, kiedy mnie mijała.
Spojrzała na mnie, na moją mamę, a potem znowu na mnie, jakby chciała się upewnić, że walka rzeczywiście dobiegła końca.

Później mama opowiedziała o tych popołudniowych wydarzeniach Dennisowi. Nigdy nie widziałam go tak zdenerwowanego.
– Masz szczęście, że Julia nie była tego świadkiem – powiedział. – Jeśli coś takiego się powtórzy, nie będziesz mogła tu mieszkać.
„Masz rację – pomyślałam. – Nie ma mowy, żebym tu mieszkała".
Tego samego wieczoru napisałam do Dicka, który był w Chicago.
„Przyjedź tutaj" – zaproponował.
„Może tak zrobię" – odpisałam, chociaż tak naprawdę już podjęłam decyzję.

Na święta Bożego Narodzenia wybieraliśmy się całą rodziną do dalekich krewnych z St. Louis. Dwa tygodnie przed wyjazdem powiedziałam mojej mamie, że z St. Louis polecę do Chicago. Jej czoło pozostało zmarszczone aż do mojego wylotu do Chicago. Tym razem było jednak inaczej. Przynajmniej miałam odwagę powiedzieć mamie, że wyjeżdżam, choć wiedziałam, że tego nie popiera.

Wprowadziłam się do domu rodziców Dicka. (Tak, wiem, był to kolejny wielki i pulsujący znak, który przegapiłam: dwudziestokilkuletni koleś mieszkający ze swoją nastoletnią dziewczyną w piwnicy domu rodziców to raczej nie facet, z którym chciałabyś się spotykać).

Rodzice Dicka powitali mnie z otwartymi ramionami. Jego mama była fryzjerką; zabierała mnie do swojego salonu i strzygła mi włosy. Nakładała mi makijaż i mnie ubierała. Ciągle robiła ludziom różne psikusy i miała niesamowicie dosadne poczucie humoru. Nie było dnia, żeby nie próbowała znienacka ściągnąć mi spodni.

Ojciec Dicka był równie ciepły i opiekuńczy, mimo że cierpiał na nieuleczalny nowotwór.

– Jasne, nauczę cię jeździć samochodem – powiedział. (Dodałam za niego w myślach: „I tak już pewnie umieram, więc nie boję się śmierci"). Woziłam go po okolicy i słuchaliśmy Beach Boys. Nawet kiedy byłam bliska spowodowania stłuczki albo skręcałam pod prąd w jednokierunkowe ulice, pozostawał spokojny i opanowany. Wszystkim przedstawiał mnie jako swoją przyszłą synową.

Zbliżała się druga rocznica mojego związku z Dickiem i zaczynałam dostrzegać w nim rzeczy, których wcześniej nie widziałam. Dopiero teraz zauważyłam, jaki jest głupi. Pamiętam, że w pewnym momencie pomyślałam: „Jestem nastolatką, a ty masz ponad dwadzieścia lat, ale i tak przewyższam cię inteligencją". Nieważne jak bardzo się starałam, żeby wytłumaczyć mu różnicę pomiędzy słowem „kobieta" (liczba pojedyncza) a „kobiety" (liczba mnoga)*, nie rozumiał tego i używał obydwu słów zamiennie. Szlag mnie trafiał z tego powodu. Później uzmysłowiłam sobie, że Dick nigdy nie żartuje w oryginalny sposób. Powtarzał po prostu cytaty z filmów i w kółko uży-

---

* W języku angielskim słowa *woman* (kobieta) i *women* (kobiety) niektórzy wymawiają podobnie.

wał tych samych kwestii. Miał dyżurną listę anegdot, które opowiadał jak tylko w zasięgu jego głosu znalazł się ktoś, kto ich jeszcze nie znał. Wszystko, co mówił, doprowadzało mnie do szału, i nie mogłam znieść przebywania w jego towarzystwie.

A potem dostrzegłam coś nowego: jego okrutną stronę.

– Boże, co za cizia – mówił, kiedy oglądaliśmy film albo, co gorsza, gdy wychodziliśmy gdzieś razem.

– Spójrz na to ciało – komentował, kiedy obok przechodziła piękna kobieta. Początkowo nie były to jawne porównania, ale wkrótce zaczął otwarcie mówić, że ciała innych kobiet są ładniejsze niż moje. Później zwracał uwagę, że inne są chudsze. W końcu stwierdził, że jestem gruba.

Chwytał mnie za skórę na bokach i mówił:

– O rany, chyba ci się przytyło.

A potem się uśmiechał, udając, że to tylko niewinny żart.

Walczyłam już wtedy z wagą. A teraz Dick żerował jeszcze na moich kompleksach. Nigdy nie czułam się ładna. Miałam ucho kalafiorowate. Regularnie łapałam obleśną, ale częstą wśród zapaśników i judoków infekcję grzybiczną (z jakichś względów moja skóra była na nią szczególnie podatna). Byłam nabita i ciężka, choć na moją masę składały się mięśnie. W szkole dokuczano mi z powodu „zbyt dużych" bicepsów, a teraz miałam chłopaka, który powiedział mi, że w skali od jeden do dziesięciu jestem szóstką. Chciałam być tak perfekcyjnie szczupła, jak dziewczęta uśmiechające się z okładek gazet wystawianych przed kioskami na lotniskach.

Najbardziej doskwierała mi jednak jego dwulicowość. Spotykaliśmy się ze znajomymi i zachowywał się sympatycznie, a kiedy tylko odchodzili, natychmiast zaczynał ich obgadywać. Dotarłam do takiego momentu, że za każdym razem, kiedy na niego patrzyłam, myślałam: „Łał, prawdziwy z ciebie skurwiel".

Kiedy zaczynaliśmy się ze sobą spotykać, czułam się wyjątkowa; teraz czułam się po prostu głupia. Spędziłam dwa lata z kompletnym gnojkiem i nadal z nim byłam.

Pocieszenie znajdowałam w rywalizacji. Trenowałam intensywnie, bo zamierzałam wrócić na matę silniejsza, bardziej niebezpieczna i skoncentrowana jak nigdy wcześniej. Wtedy właśnie zdobyłam pewność siebie, której zawsze mi brakowało.

W kwietniu 2006 roku jako pierwsza Amerykanka od dziewięciu lat wygrałam mistrzostwa świata w Birmingham. Następnie wróciłam do Stanów i trzy tygodnie później zwyciężyłam w mistrzostwach USA seniorów w Houston. W maju zdobyłam srebro na turnieju Pan American w Argentynie.

W lipcu Dick i ja polecieliśmy na Florydę, gdzie odbywała się seria zawodów, między innymi Junior US Open w Fort Lauderdale i Youth International w Miami. Już od pewnego czasu chciałam z nim zerwać, ale nie wiedziałam, jak to zrobić. Na Florydzie okazja sama się pojawiła. Dick i ja zatrzymaliśmy się w hotelu opłaconym przez organizatorów zawodów, podobnie jak Marina, którą poznałam u Jima Hrbeka i z którą zaprzyjaźniłam się po występie w jednej drużynie na turnieju w Belgii wiosną tego samego roku.

Po pierwszych zawodach wybrałam się z kolegą na spacer po plaży i kiedy tak szliśmy, uderzyła mnie pewna myśl. „Chyba lubię tego chłopaka. Dam nam szansę. Muszę tylko pozbyć się tego skurwiela, Dicka". Potrzebowałam takiego impulsu.

Napisałam wiadomość do Mariny, która również była po stronie szmaciarza Dicka (kto nie był?), a potem poszłam do pokoju. Wszędzie porozrzucane były moje rzeczy. Zebrałam je i przeniosłam się do pokoju Mariny.

Dicka akurat nie było, wysłałam więc do niego wiadomość: „Jak wrócisz, musimy pogadać".

„Zrywasz ze mną?" – odpisał.

„Po prostu tu przyjdź".

„Zrywasz ze mną, prawda?"

Wysłałam jeszcze jedną wiadomość: „Tak".

Następnie położyłam się na łóżku w pokoju Mariny i zignorowałam kilkanaście wiadomości od mojego byłego już chłopaka, ale w końcu te pełne paniki i przeprosin SMS-y zaczęły mnie przytłaczać.

– Muszę to załatwić – powiedziałam do Mariny, wykończona.

Nasz hotel był okrągły, dzięki czemu z patio widziało się wszystkie zwrócone do środka balkony.

– Proszę cię, nie rób tego – błagał Dick. – Nie możesz ze mną zerwać. Nie potrafię bez ciebie funkcjonować. Na samą myśl o tym odechciewa mi się żyć.

Wywróciłam oczami. Dick płakał coraz bardziej.

– Mówię poważnie – powiedział. – Rzucę się z balkonu. Zabiję się.

Straciłam cierpliwość.

– Pierdol się! – krzyknęłam. – Nie waż się, kurwa, żartować na temat samobójstwa. Twój kręgosłup się nie rozpada. Wcale, kurwa, nie umierasz. Będziesz sparaliżowany? Nie, stajesz się tylko cipą.

Płakał jeszcze głośniej. Nie mogłam wytrzymać z nim w jednym pokoju. Wyszłam.

Dick zszedł do baru i pozostał tam przez resztę wyjazdu.

Kiedy podejmuję dzisiaj jakąś złą decyzję, moja mama przypomina mi po prostu:

– Słuchaj, wybierałaś w swoim życiu różnie, ale przynajmniej nie wyszłaś za Dicka IttyBitty'ego.

Zyskuję wtedy szerszą perspektywę.

JEŚLI KOŃCZYSZ Z CZYMŚ ZŁYM, MOŻESZ ZACZĄĆ COŚ NOWEGO

W wieku 16 lat doznałam objawienia dotyczącego walki w parterze. Wcześniej zapamiętywałam po prostu wszystkie chwyty.

Myślałam wtedy: „Dobra, jak rywalka będzie tu, to spróbuję tego. Jak poruszy się w taki sposób, zrobię to". Traktowałam wszystkie techniki jako coś osobnego.

A potem pewnego dnia założyłam przeciwniczce dźwignię na łokieć, ale ona się przesunęła, uniemożliwiając mi poprawne wykonanie chwytu. Straciłam pozycję, zaraz potem jednak uzmysłowiłam sobie, że broniąc się przed moim atakiem, rywalka idealnie podłożyła mi się pod inny rodzaj dźwigni na łokieć. Jakbym założyła już niemal inny chwyt. Robiłam to więc dalej. Nazwałam to Obrotowym Zgniotem Juji.

Właśnie wtedy po raz pierwszy połączyłam ze sobą dwie parterowe techniki i zrozumiałam, że można tak zrobić ze wszystkim. Od tamtej chwili nieustannie szukałam sposobów na połączenie teoretycznie niezwiązanych ze sobą ruchów. Zamiast frustrować się tym, co większość ludzi uznaje za porażkę, szukałam okazji do stworzenia czegoś nowego.

Zerwanie z tamtym szmaciarzem było jedną z najlepszych decyzji w moim życiu, ale teraz już w ogóle nie miałam dokąd pójść.

Podczas pobytu w Miami wpadłam na kanadyjskiego zawodnika, Coreya Paquette'a, którego znałam z obozów treningowych. Wspomniałam mu, że nie mam gdzie mieszkać. Corey powiedział, że właśnie szuka współlokatora, z którym mógłby dzielić koszty pokoju w Montrealu.

Wrócił do domu, a ja zostałam na kolejny turniej. Kilka dni później napisałam do niego na Facebooku: „Czy propozycja jest nadal aktualna?". Kiedy dotarłam do Montrealu, czekało już tam na mnie łóżko.

Płaciłam za wynajem 200 dolarów kanadyjskich miesięcznie. Aspekt finansowy był ważny. Z powodu wieku nie dostawałam już zasiłku i żyłam wyłącznie z pieniędzy od USA Judo. Organizacja zapewniała trzy tysiące dolarów miesięcznie każdemu sportowcowi, który zwyciężył w turnieju na poziomie A. Haczyk tkwił w tym, że od lat nikomu się to nie udało. Wtedy na scenie pojawiłam się ja i USA Judo musiało zacząć płacić. Czeki zawsze przychodziły jednak z opóźnieniem i musiałam regularnie do nich dzwonić, żeby dowiedzieć się, kiedy mogę spodziewać się pieniędzy. Wiosną 2006 roku zatelefonowałam tam znowu, a recepcjonistka powiedziała mi:

– Wyczerpaliśmy środki przeznaczone na ten program.

– Wyczerpaliście? – zapytałam z niedowierzaniem.

– Nie sądziliśmy, że ktokolwiek zdoła osiągnąć poziom A – wyjaśniła.

„Pierdolić USA Judo, pierdolić tych wszystkich amerykańskich trenerów, pierdolić Dicka – pomyślałam. – Przeniosę się do Kanady, wezmę wszystko w swoje ręce i będę osiągać lepsze wyniki niż kiedykolwiek wcześniej".

Oszczędziłam trochę pieniędzy, ale nie wystarczyłyby mi na zbyt długo. Na szczęście w Kanadzie dolar amerykański miał nieco większą wartość.

Pierwszego poranka w Montrealu znalazłam jedyną położoną w okolicy salę treningową z sauną, która jest kluczowa dla zbijania wagi. Musiałam dojeżdżać tam autobusem i pociągiem. Corey wstawał rano i szedł na zajęcia, a ja jechałam na salę. Biegałam na maszynie eliptycznej i podnosiłam ciężary, po czym wchodziłam do sauny. Po treningu brałam prysznic i szłam do pobliskiego Subwaya. Zamawiałam 15-centymetrową sałatkę Veggie Delight, colę light i ciasteczko czekoladowe. Było to jedyne ciastko, na jakie pozwalałam sobie przez cały dzień. Poza obiadem z Subwaya w skład mojej diety wchodziły: otręby zbożowe z mlekiem, nesquik, chleb pszenny z nutellą i masłem orzechowym oraz pita z hummusem.

Wieczorami Corey i ja jechaliśmy pociągiem do Shidokan. Była to kanadyjska wersja Ośrodka Przygotowań Olimpijskich, z tą różnicą, że w przeciwieństwie do amerykańskiej placówki w Shidokan naprawdę trenowali najlepszy judocy. Byłam tam kilka razy przed obozami. Wpuszczano mnie do środka i wszyscy okazywali mi typową kanadyjską życzliwość, ale żaden szkoleniowiec nie chciał mnie trenować, bo należałam do konkurencyjnej reprezentacji narodowej. Byłam nie tylko Amerykanką, ale też zawodniczką, która zawsze pokonywała wszystkie ich dziewczyny na turniejach, a trzeba przyznać, że Kanadyjki – zarówno te z kategorii do 63, jak i do 70 kilogramów – były bardzo dobre. Dlatego też moja codzienna obecność na sali treningowej, gdzie wszyscy mogli mnie podglądać, była dla nich korzystna. Skłonność do rywalizacji sprawiała natomiast, że zmuszałam się do dużego wysiłku.

Treningi w Shidokan były bardziej wyczerpujące niż wszystkie te, w których uczestniczyłam w Ameryce. Organizowali tam na przykład dzień złotego punktu; polegał on na tym, że ćwiczyłeś bez przerwy do momentu, kiedy ktoś zdobył w walce z tobą jakiś punkt. Osoba, która straciła punkt, odpadała, a zwycięzca ćwiczył dalej. Zdarzało mi się, że trenowałam tak bez przerwy przez godzinę, bo nikt nie mógł zdobyć ze mną punktu.

Brak trenera nadrabiałam dodatkową pracą. Sama zastanawiałam się nad tym, co powinnam zrobić, i nikt nie wydawał mi poleceń. Pytałam samą siebie: „Co jeszcze mogę zrobić, żeby zanotować postęp?". Nigdy wcześniej nie musiałam zadawać sobie takich pytań.

Po treningu, kiedy wszyscy inni brali prysznic i się przebierali, ja i Mike Popiel całymi godzinami wymyślaliśmy różne rzeczy na macie. Próbowaliśmy technik, których nikt nigdy nie używał podczas zawodów i których nie pochwaliłby żaden trener. Większość z nich to były całkowicie niepraktyczne głupoty, ale czasami wpadaliśmy na coś błyskotliwego, a kilka z wymyślonych przez nas chwytów można było rzeczywiście wykorzystać podczas zawodów. Wszyscy siedzieli już w domach, a my zastanawialiśmy się: „A może to? A może coś takiego?".

Późnym wieczorem Corey i ja wracaliśmy pociągiem do akademika. W domu dzwonił do swojej dziewczyny i rozmawiał z nią całymi godzinami, podczas gdy ja leżałam na moim jednoosobowym łóżku i obmyślałam nowe fajne chwyty, które zamierzałam wypróbować na następnym treningu.

Kombinowanie na sali treningowej i wymyślanie nowych technik sprawiło, że stałam się bardziej samodzielna. Z osoby wykonującej polecenia trenera zmieniłam się w zawodniczkę, która potrafi myśleć niezależnie. Dzięki temu mogłam sama opracowywać strategię podczas walki. Niektórzy sportowcy mają wielki talent, ale umieją robić jedynie to, co mówi im trener. Nie potrafią sami podjąć decyzji.

NA WSZYSTKO, CO CENNE, TRZEBA ZAPRACOWAĆ

Kiedy zaczynałam uprawiać judo, organizowane były międzynarodowe turnieje, które mogłam wygrać, ale mama nie pozwalała mi na nie jeździć. Nie zapracowałam jeszcze na zaszczyt uczestnictwa w tych zawodach. Wtedy mnie to denerwowało, ale dzięki temu, że tam nie występowałam, zyskałam znacznie więcej, niż mogłabym zyskać, gdybym brała udział w tych turniejach i je wygrywała.

Nikt nigdy nie da ci nic cennego z własnej woli. Musisz na to zapracować, napocić się, walczyć. To, co sam zdobywasz, posiada jednak znacznie większą wartość niż to, co po prostu dostajesz. Jeśli na coś zapracowałeś, nie musisz później tłumaczyć, że na to zasługujesz.

Podczas pobytu w Kanadzie wygrałam zawody US Fall Classic i kanadyjskie Rendez-Vous. Sukcesy zapewniły mi pozycję faworytki przed kolejnymi mistrzostwami świata juniorów w 2006 roku. W październiku w Santo Domingo przeszłam przez eliminacje jak huragan. A potem w półfinale trafiłam na dziewczynę z Kuby. W pojedynku żadna z nas nie zdobyła punktów, a powoli kończył się już czas. Postanowiłam zastosować ryzykowny chwyt, który wymagał ode mnie znalezienia się na plecach. Sędzia nie widział dokładnie tego, co się stało, i uznał, że to moja rywalka mnie przewróciła. Przyznał jej zwycięstwo przez *ippon*.

Moja przeciwniczka wiedziała, że mnie nie przewróciła, ale wstała i zaczęła podskakiwać, jakby rzeczywiście zrobiła coś, by wygrać. Z wściekłości aż trzęsły mi się ręce. Ze wszystkich sił powstrzymywałam się od krzyku. To było tak kurewsko niesprawiedliwe. Zeszłam z maty i rzuciłam górą od *gi* o podłogę.

Zostałam okradziona, bo ktoś dał ciała, co kosztowało mnie tytuł mistrzowski i okazję, by zostać pierwszą Amerykanką z dwoma tytułami mistrzyni świata juniorów.

Mój zły dzień dopiero się zaczynał. Ludzie z USA Judo widzieli, że naruszyłam etykietę, i postanowili dla przykładu dać mi nauczkę. Zamiast pomagać swojej najlepszej zawodniczce, szefowie federacji ciągle szukali sposobów, żeby mnie ukarać.

Ledwie zdążyłam zejść z maty, kiedy obecni na turnieju przedstawiciele USA Judo zebrali się i podjęli decyzję, by zawiesić mnie na sześć miesięcy. Potrzebowali jednak jakiejś podkładki, na przykład ostrej reprymendy udzielonej mi przez szanowanego sędziego. Przedstawiciele USA Judo poszli więc do ważnego sędziego z Wenezueli, Carlosa Chaveza. Zapytali go, w jaki sposób powinni mnie ukarać.

Carlos spojrzał na nich z niedowierzaniem, nie mogąc zrozumieć, dlaczego krajowej organizacji nadzorującej tę dyscyplinę tak wyraźnie zależy na ukaraniu swojego najbardziej obiecującego sportowca. Zwykle instytucje pokroju USA Judo zwracały się do niego w obronie swoich zawodników. Przez chwilę milczał dyplomatycznie.

– Ronda czuła, że została oszukana – powiedział. – Słusznie czy niesłusznie, tak właśnie uważała. Bardzo zależy jej zarówno na judo, jak i zwyciężaniu. W tamtym momencie była zdenerwowana. Tego właśnie chcemy w judo: sportowców, którym zależy na tej dyscyplinie. Jest młoda i nie będziemy podejmować w tej sprawie żadnych kroków.

Podczas repasaży wciąż płakałam z powodu porażki z Kubanką, ale w pojedynku o brązowy medal pokonałam Izraelkę, z którą rok wcześniej przegrałam na mistrzostwach świata, i w ten sposób jako pierwsza Amerykanka w historii zdobyłam dwa medale na mistrzostwach świata juniorów.

Nikt z USA Judo nie powiedział mi nic na temat kary i dopiero po tym, jak

Na wszystko, co cenne, trzeba zapracować

szefowie organizacji pogratulowali mi medalu, dowiedziałam się, że próbowali mnie zawiesić.

Tydzień później wygrałam zawody US Open w Miami. Stamtąd skierowałam się na drugi brzeg Atlantyku, aby wziąć udział w Swedish Open. Zwyciężyłam również w tym turnieju, zarabiając tysiąc euro, których bardzo wtedy potrzebowałam. Wygrana dodała mi sił; pobudzona pozytywnymi emocjami podjęłam spontaniczną decyzję o uczestnictwie w Finnish Open w następny weekend, od razu zabukowałam więc bilet na prom.

Nie wiem, co się wtedy stało, ale tamtego wieczoru, po powrocie do pokoju w Borås, ogarnęło mnie nieodparte pragnienie wyjazdu do domu. Siedziałam w hotelu i to uczucie po prostu mnie obezwładniło.

„To już czas" – pomyślałam. Czułam, że dość już zrobiłam. Nie zamierzałam wracać z podkulonym ogonem. Byłam dumna z tego, co sama osiągnęłam. Wybrałam numer do domu.

– Halo? – odebrała moja mama. Przez chwilę nic nie mówiłam, próbując obliczyć różnicę czasu.

– Wygrałam Swedish Open – powiedziałam w końcu.

– To świetnie – odparła. Wydawała się szczerze ucieszona.

– Chcę znowu przyjechać do domu. Chcę o wszystkim porozmawiać. Wybieram się teraz na turniej do Finlandii, ale potem chciałabym was odwiedzić. Co o tym myślisz?

– Oczywiście, zawsze możesz przyjechać do domu. – Nie spodziewałam się, że mama będzie tak ciepła i przyjazna. Byłam zaskoczona, ale to tylko utwierdziło mnie w przekonaniu, że wybrałam odpowiedni moment. Czułam, że coś się zmieniło.

Podczas Finnish Open zdobyłam brąz, ale po raz pierwszy w życiu nie byłam wstrząśnięta porażką. Czułam optymizm. Poleciałam do Los Angeles z dwoma torbami. Mama odebrała mnie na lotnisku.

– Cześć, mała, jak tam lot? – zapytała, kiedy usiadłam na fotelu pasażera.

– Dobrze. Długo, ale dobrze.

Kiedy odjeżdżałyśmy z terminalu, czuło się, że jest inaczej niż poprzednio.

Byłam już zmęczona kłótniami, złością, pretensjami i po prostu za nią tęskniłam.

Kiedy wyjeżdżałam do Kanady, miałam wrażenie, że wszyscy są przeciwko mnie i że muszę im udowodnić, jak bardzo się mylą. Miałam zamiar wygrywać samodzielnie. Ja kontra reszta pierdolonego świata. Podjęłam ryzyko i przetrwałam. Teraz czułam, że mogę wszystko.

NA ETAPIE PODEJMOWANIA DECYZJI WSZYSTKO JEST PROSTE

Poniższą historię opowiedział mi jeden z moich niewielu byłych chłopaków, który nie okazał się szmaciarzem. Zmieniła moje życie.

Wyobraź sobie, że siedzisz w małej kabinie w korporacji i nienawidzisz swojej pracy. To straszne. Wszyscy wokół to gnojki. Twój szef to kutas. Cała twoja praca to tak naprawdę otępiające umysł wysysanie duszy. Ale za pięć minut zaczynasz swój pierwszy od pięciu lat urlop. Całe dwa tygodnie spędzisz w ślicznym domku na plaży na Bora-Bora. Nigdy w życiu nie byłeś bardziej rozrzutny.

Jak byś się czuł? Wspaniale.

A teraz wyobraź sobie, że jesteś na Bora-Bora. Siedzisz na pięknej plaży ze wspaniałymi ludźmi, z którymi cudownie spędziłeś czas. Za pięć minut będziesz musiał odłożyć swoją piña coladę z małą parasolką w środku. Pożegnasz się z towarzyszami. Wrócisz do swojej okropnej pracy i nie pojedziesz na urlop przez następne pięć lat.

Jak byś się czuł? Fatalnie.

A teraz się nad tym zastanów. Siedzisz w kabinie w pracy, której nienawidzisz, i czujesz się wspaniale. Potem siedzisz na plaży z drinkiem w dłoni i czujesz się fatalnie. To, jak się czujesz, zależy w stu procentach od twojego umysłu. A on nie ma nic wspólnego z twoim otoczeniem. Nie ma nic wspólnego z ludźmi wokół ciebie. To tylko i wyłącznie twoja decyzja.

Dokonanie zmiany w życiu to po prostu podjęcie decyzji i zrealizowanie jej. Nic więcej.

Niedługo po powrocie do Los Angeles postanowiłam w ostatniej chwili, że wezmę udział w zimowych mistrzostwach USA. Nie fatygowałam się nawet, żeby się odchudzić. W dzień turnieju weszłam na wagę. Wyświetlacz pokazał 73 kilogramy. Spodziewałam się, że będzie więcej niż 63, ale przekroczyłam limit 70 kilogramów i kwalifikowałam się do jeszcze wyższej kategorii. Wystartowałam więc w kategorii do 78 kilogramów, gdzie zawodniczki ważyły 15 kilogramów więcej niż ja standardowo na zawodach. Ale i tak wygrałam.

Tak się złożyło, że Mały Jimmy też był na tym turnieju. Poprzednio widziałam go przed zawodami w Niemczech, po których Duży Jim mnie wywalił.

– Ronda – powiedział, ściskając mnie mocno. – Wypadłaś świetnie.

– Dzięki – odparłam, lekko zaskoczona.

– Dawno cię nie widziałem.

„Może dlatego, że mnie wywaliliście" – pomyślałam. Chciałam być zła, ale jednocześnie miałam już dość wściekania się na wszystkich.

– Naprawdę świetnie ci idzie – stwierdził Jimmy. – Śledzę twoje zwycięstwa.

– Dzięki.

– W klubie jest już inaczej. Trenuje u nas wielu dobrych zawodników. Mamy dom, w którym mieszkają wszyscy sportowcy. Idzie naprawdę dobrze. Bylibyśmy zachwyceni, gdybyś wróciła i trenowała u nas.

Na twarzy pojawił mi się uśmiech. Nie były to oczywiście uniżone i łzawe przeprosiny spod znaku „popełniliśmy wielki błąd", które sobie wyobrażałam, ale prośba Jimmy'ego, żebym do nich wróciła, sprawiła mi satysfakcję. Byłam dumna z tego, że samodzielnie zdołałam osiągnąć więcej niż z nimi.

– Byłoby fajnie – stwierdziłam.

Wahałam się jednak przed powrotem do Massachusetts.

Każdy mój dzień obracał się wokół jedzenia, a właściwie wokół niejedzenia. Ciągle zadawałam sobie pytanie: co mogę zjeść, żeby nie przytyć? Często odpowiedź brzmiała: nic. Próbowałam wszelkich sposobów okiełznania apetytu: woda, czarna kawa, ssanie lodu. Główną atrakcją całego dnia były posiłki. Nie chodzi o to, że byłam słaba albo miałam problem z dyscypliną czy samokontrolą. Czułam się po prostu niezadowolona, że jedzenie stanowiło najlepszą część mojego życia. Dostrzegałam wprawdzie drobną poprawę, ale nadal nie było jeszcze całkiem dobre.

Od czasu pobytu u Dużego Jima, czyli od dwóch lat, walczyłam z bulimią. Nie przyznałabym się do tego i nie nazwała problemu po imieniu, ale borykałam się z zaburzeniami pokarmowymi.

Kiedy w wieku 16 lat przeszłam do kategorii seniorów, walczyłam w limicie do 63 kilogramów. Cztery lata później nadal startowałam w tej samej kategorii, mimo że mierzyłam już nie 157, ale 167 centymetrów. Tymczasem waga pokazywała coraz więcej.

Doszło w końcu do tego, że moja prawdziwa waga wahała się w okolicach 72 kilogramów i przed każdymi zawodami musiałam zbijać prawie dziesięć kilo. Konieczność zrzucania tak dużej części mojej normalnej masy dokuczała mi fizycznie i psychicznie.

Nieważne jak ciężko trenowałam, robienie wagi stawało się coraz trudniejsze. Jedzenie i wymiotowanie to niestety bardzo częsta praktyka wśród ludzi zbijających i utrzymujących masę ciała, zwłaszcza zapaśników i zawodników sportów walki z niższych kategorii wagowych.

Moja strategia opierała się na głodowaniu i pozbywaniu się pokarmu z organizmu. Przed turniejem potrafiłam przez cały tydzień nie zjeść konkretnego posiłku. Byłam nieustannie zmęczona i senna. Dręczyły mnie myśli o jedzeniu. Bywało też tak, że jadłam i zmuszałam się do wymiotów. Nawet mimo tych wysiłków trudno było mi się zmieścić w kategorii do 63 kilogramów.

Ukrywałam to od czasu, kiedy opuściłam Dużego Jima. Miałam okresy, kiedy próbowałam nie wymiotować, ale ostatecznie wydawało się to najlepszym rozwiązaniem. Byłam po prostu zbyt głodna i wracałam na złą drogę.

Tym razem było jednak inaczej. Po powrocie do domu zaczęłam spotykać się z chłopakiem o imieniu Bob. (Tak naprawdę nazywał się inaczej, ale moja mama zawsze mówi na chłopaków swoich córek Bob. Jeżeli ktoś chce, żeby nazywała go prawdziwym imieniem, musi wżenić się w rodzinę. „Po co mam marnować czas na zapamiętywanie jego imienia, skoro nie zostanie z nami na dłużej?" – powtarza).

Pewnego dnia głodna i wykończona padłam na kanapę obok Boba. Nigdy nie rozmawialiśmy o moich problemach z jedzeniem, ale widział, co się dzieje. Zapytał, dlaczego nie skończę z odchudzaniem.

– To nie takie proste – broniłam się.

– Wystarczy tylko podjąć decyzję – stwierdził.

Następnie opowiedział mi historię o Bora-Bora i poczułam, jakby w mojej głowie coś się przełączyło. W tamtej chwili postanowiłam, że muszę przestać zmuszać się do wymiotów. Była to najlepsza decyzja dla mojego zdrowia, ale robienie wagi stało się jeszcze trudniejsze. Bez pozbywania się jedzenia z organizmu zejście do mojej wagi startowej było właściwie niewykonalne. Wiedziałam jednak, że mogę to zrobić.

W styczniu 2007 roku wróciłam do klubu Pedro. Wprowadziłam się do domu dla sportowców i czułam, że pasuję do tego miejsca. Byłam już starsza, a zawodnicy z Massachusetts podchodzili do sportu z większym zaangażowaniem niż ci od Jasona. Zostałam ciepło powitana, a Duży Jim, z którym podczas turniejów wymieniałam tylko przelotne pozdrowienia, wydawał się zadowolony, że miał mnie znowu u siebie. W domu mieszkała nas siódemka, z czego sześć osób – czterech chłopaków i dwie dziewczyny – uprawiało judo, a jedna przyjaźniła się z Mikeyem Pedro. Miałam własny pokój z prawdziwym łóżkiem. Mój status społeczny się poprawił.

Jeden z moich współlokatorów, Rick Hawn, pracował w Home Depot w ramach programu zatrudniania przez tę firmę młodych ludzi aspirujących do występu na olimpiadzie. Ja też tam wylądowałam.

Bob i ja próbowaliśmy utrzymać związek na odległość. Z rodziną rozstałam się w dobrej atmosferze. Po raz pierwszy od dawna wszystko szło świetnie. Byłam szczęśliwa.

Pod koniec stycznia poleciałam do Europy na kolejną serię turniejów.

Pierwszym z nich był British Open.

Ważenie na europejskich turniejach odbywało się chaotycznie. W przeciwieństwie do olimpiad czy mistrzostw świata, gdzie jednego dnia walczą sportowcy tylko z jednej albo dwóch kategorii wagowych, tam wszyscy zawodnicy wszystkich kategorii występują w tym samym terminie. Oznacza to, że dziesiątki wygłodniałych dziewczyn z każdej kategorii czekają równocześnie na ważenie. Nie istnieją wtedy dobre maniery. Stałam w dużym pomieszczeniu pełnym nagich dziewczyn zasłaniających się swoimi paszportami. Niektóre przygotowywały sobie napoje i jedzenie, które zamierzały zjeść tuż po ważeniu; wszystkie czekałyśmy, aż wreszcie się to zacznie.

Jedna z organizatorek ogłosiła rozpoczęcie ważenia. Wszystkie nagie laski rzuciły się w stronę wagi. Wszędzie widać było tylko cycki i paszporty.

Organizatorzy odbierali paszporty z morza rąk, które machały nimi w powietrzu, a następnie wyczytywali kolejne nazwiska. Dziewczyny popychały się nawzajem. Znajdowałam się w samym środku tej szarpaniny i w końcu dopchałam się naprzód.

Bardzo wstydziłam się nagości w miejscach publicznych, ale w tego typu sytuacjach człowiek szybko wyzbywa się wszelkiej nieśmiałości. Jeśli od tygodnia się głodzisz i jesteś kurewsko odwodniona, a jedyną rzeczą odgradzającą cię od butelki z wodą jest banda nagich suk, to będziesz rozpychać się wśród cycków całego świata, byle tylko wejść na wagę jako pierwsza.

Zważyłam się i natychmiast wypiłam mnóstwo wody i gatorade'a. Zimne płyny przyprawiły mnie o dreszcze i później, siedząc pod kocem z moim kolegą z drużyny, Justinem Floresem, nadal się trzęsłam.

Justin przebiegł kilka razy sprintem po macie, żeby się rozgrzać. Nagle się odwrócił i wybiegł za drzwi, pochylając się na zewnątrz.

– Co się stało? – zapytałam, kiedy wrócił.

– Ostro się zrzygałem – odparł. – Ale czuję się już lepiej. A ty?

Wymioty po ważeniu to częsta przypadłość, bo głodujący całymi dniami sportowcy jedzą i piją zbyt dużo albo zbyt szybko. Mnie jednak nigdy się to nie zdarzyło.

– W porządku, w porządku – odparłam, ciągle się trzęsąc.

– Bo wyglądasz do dupy – stwierdził Justin z uśmiechem.

Czułam się do dupy. Organizatorzy wyczytali jednak moje nazwisko, odsunęłam więc inne sprawy na bok. Wygrałam trzy pierwsze walki. Przed półfinałami miała być przerwa.

„Dzięki Bogu – pomyślałam. – Potrzebuję trochę czasu na odpoczynek". Kiedy jednak spojrzałam na harmonogram, zobaczyłam, że jeden półfinał przesunięto w taki sposób, by rozegrać go przed przerwą: był to mój półfinał. „Skurwysyny!"

Moją następną rywalką miała być ówczesna mistrzyni Europy, Brytyjka Sarah Clark. Nie było żadną tajemnicą, że robienie wagi zawsze mnie wykańczało i że przed tym turniejem miałam szczególne trudności ze zrzuceniem kilogramów. Organizatorzy British Open dostrzegli w tym szansę, aby zapewnić swojej dziewczynie przewagę.

W połowie walki półfinałowej padłyśmy na matę. Wylądowałam na brzuchu, a Clark na mnie. Poczułam, jakby ktoś skoczył mi na żołądek. Zanim zdążyłam zacisnąć usta, zwymiotowałam na matę. Bałam się, że zostanę zdyskwalifikowana, co zdarza się w takich przypadkach. Leżałam jednak twarzą w dół ze skrzyżowanymi rękoma i zdołałam wytrzeć wymiociny, zanim ktokolwiek je zobaczył.

Walka zakończyła się złotym punktem (tak zwaną „nagłą śmiercią") i zwyciężyłam. Zeszłam z maty, a Justin wyciągnął ręce, żeby mnie uścisnąć.

– Nie miałem pojęcia, że jesteś taka niesamowita – powiedział, przytulając mnie.

Zmarszczył nos i dodał:

– Śmierdzisz rzygami.

– Tak, zwymiotowałam – stwierdziłam głupkowato.

Wygrałam następną walkę i cały turniej, ale nie mogłam cieszyć się zwycięstwem, bo od razu musiałam robić wagę na odbywające się tydzień później zawody Belgian Open.

W ciągu następnych kilku dni przebiegłam łącznie długość kilku maratonów i to w plastikowych koszulkach, które wzmagają potliwość. Głodziłam się i odwadniałam. Siedziałam w saunie, obserwując płomyki skaczące po rozgrzanych kamieniach. Wybiegałam stamtąd, zaniepokojona pożarem, i dopiero wtedy docierało do mnie, że to tylko spowodowane udarem cieplnym halucynacje.

Zbiłam wagę na turniej w Belgii, ale nie zajęłam tam żadnego sensownego miejsca. Moje ciało nie wytrzymywało, ale nie chciałam się poddać.

Tydzień później w Paryżu odbywał się Super World Cup. Był to największy turniej z całej serii. Przyjechałam tam kilka dni przed zawodami, a przez cały wcześniejszy tydzień nie zjadłam ani jednego prawdziwego posiłku. Od paru dni żyłam na małych łykach wody. Weszłam na wagę, żeby sprawdzić, jak to wygląda. Wyświetliło się 66,6 kilogramów. Gapiłam się na tę liczbę całkowicie zszokowana.

Poszłam na górę, żeby wypełnić wannę gorącą wodą i wypocić się jeszcze trochę, ale w hotelu zabrakło ciepłej wody, ponieważ wszyscy zawodnicy z turnieju zbijali wagę.

Znalazłam siłownię z sauną, usiadłam na najwyższym stopniu, tak blisko grzejnika, jak to możliwe, i oparłam głowę o deski na ścianie. Czułam swąd palonych włosów, ale się nie pociłam.

Poddałam się. Zadzwoniłam do Jimmy'ego Pedro.

– Nie dam rady – powtórzyłam kilka razy. – Nie dam rady zrzucić wagi.

– Dasz radę – odparł. – Musisz to zrobić. Wracaj tam. Musisz spróbować jeszcze raz.

Był to jedyny przypadek w mojej karierze, kiedy powiedziałam, że nie zdołam osiągnąć odpowiedniej wagi. Nigdy nie przyznawałam się do problemów, z którymi borykałam się podczas tego procesu. Kiedy w końcu zdobyłam się na odwagę, żeby się odezwać, zostałam uciszona.

„Jebać to – pomyślałam. – Nie ma szans, żebym zrzuciła jeszcze ponad trzy i pół kilo".

Pożarłam wszystkie przekąski – owoce, mieszankę studencką, batoniki z muesli – które miałam zamiar zjeść po ważeniu. Następnie poszłam spotkać się z Bobem, który przyleciał do Europy, żeby zobaczyć, jak walczę. Zatrzymał się w paryskim mieszkaniu i zrobił duże zakupy, przygotowałam więc sobie kanapkę z serem, a potem opuściłam ważenie i cały turniej. Patrzyłam już jednak w przyszłość i nie cieszyłam się posiłkiem. Odczuwałam wstyd i zażenowanie z powodu swojej porażki, ale wierzyłam, że jeśli wygram kolejny turniej w Austrii, zostanie mi to wybaczone.

Do Linz dotarłam po południu. Od dziesięcioleci organizowano tam coroczne zawody Austrian World Cup; moja mama również w nich występowała. Zameldowałam się w hotelu. Miałam niecałe 24 godziny na zrzucenie ponad czterech kilogramów i przygotowanie się do turnieju.

Latając po świecie jako reprezentant USA w judo, samodzielnie prowadzisz swoje przygotowania i podróżujesz w pojedynkę, bez trenera. Czasami po kilku miesiącach USA Judo zwraca ci koszty wyjazdu, a czasem nie.

Zabukowałam pokój w hotelu, w którym w poprzednich latach nocowali wszyscy uczestnicy turnieju.

Na miejscu byłam wcześnie. Otworzyłam szklane drzwi i omiotłam wzrokiem recepcję, wypatrując kolorowych dresów innych reprezentacji, sportowych toreb z flagami i pozostałych zawodników. Recepcja była jednak prawie pusta.

„Świetnie, może uda mi się wcześniej zameldować" – pomyślałam.

Recepcjonistka zaprosiła mnie gestem do lady.

– Dzień dobry, witamy w Linz – powiedziała z wyraźnym austriackim akcentem, wymawiając „w" jak „f".

– Dzień dobry. Mam rezerwację na nazwisko Rousey.

Wpisała coś na klawiaturze.

– Tak jest, zatrzymuje się pani u nas na sześć dni.

– Przyjechałam na turniej – powiedziałam.

– To miło – odparła głosem, z którego wynikało, że nie ma pojęcia, o czym mówię.

„No cóż, nie każdy musi być fanem sportu" – pomyślałam.

Dziewczyna wręczyła mi klucz do pokoju.

– Czy mamy transport? – zapytałam.

– Transport? – Teraz wyglądała już na zdezorientowaną.

– Zwykle zawożą nas stąd na turniej.

– Nie bardzo rozumiem.

– Okej, a mogłaby zapytać pani kogoś innego?

Nieporozumienie wynikało najwyraźniej z jakiejś bariery językowej. Nie jadłam nic od 48 godzin i moja cierpliwość była na wykończeniu.

– Oczywiście – odparła dziewczyna z uśmiechem. Odwróciła się do drugiej recepcjonistki. Ich krótka rozmowa po niemiecku zakończyła się rozpoznawalnym na całym świecie wzruszeniem ramion w stylu: „nie mam pojęcia, o czym mówisz".

– Przykro mi – powiedziała recepcjonistka. – Nie wiemy, o jaki turniej chodzi.

Nagle ścisnął mi się żołądek. Coś było nie tak.

Dziewczyna podała mi klucz do pokoju.

– Mamy nadzieję, że miło spędzi pani u nas czas – stwierdziła radośnie, patrząc na mnie jak na psychicznie chorą.

W pokoju rzuciłam torby na ziemię, wyciągnęłam laptopa i wpisałam w Google: „Austria World Cup". Wyskoczyły same strony dotyczące piłki nożnej.

Wpisałam: „Austria World Cup judo". Kliknęłam w jedną ze stron i zaczęłam czytać. Turniej odbywał się w Wiedniu.

– Kuuuuurwaaaa! – krzyknęłam na cały głos.

Zaczęłam wrzeszczeć, a potem zadzwoniłam do mamy.

Miała zmęczony głos. Obudziłam ją, ale mimo to myślała bardzo jasno – czytała gdzieś, że w kategoriach powyżej mojej nie startuje w ten weekend żadna zawodniczka ze Stanów Zjednoczonych.

– Zrób tak – powiedziała. – Zadzwoń do Valerie Gotay. (Valerie też przyjechała na ten turniej i startowała w wadze lekkiej). Powiedz Valerie, żeby poszła na dzisiejsze spotkanie trenerów i przepisała cię do kategorii do 70 kilo. Linz nie jest tak daleko od Wiednia. Rano pojedź na lotnisko i kup bilet. Zdążysz na turniej i wszystko będzie dobrze.

– Ale one są większe niż ja – odparłam, nadal płacząc.

– Nie, wszystkie będą ważyć 70 kilogramów, czyli dokładnie tyle samo, ile ty teraz ważysz.

Nie wiedziałam, jak zareagować.

– To wszystko pewnie wydaje ci się okropne, ale być może zmiana wcale nie będzie taka zła – kontynuowała mama. – Od lat tkwiłaś w kategorii do 63 kilogramów i wszystkie dziewczyny z tej dywizji trenowały pod ciebie. W siedemdziesiątce nikt się ciebie nie spodziewa. Po prostu idź i walcz. Nikt niczego po tobie nie oczekuje.

Jej sposób rozumowania podziałał na mnie uspokajająco.

– I zjedz coś, bo tym robieniem wagi próbowałaś się wykończyć – dodała.

Rozłączyłam się i zjadłam całą zawartość minibaru. Wszystko było przepyszne.

Nagle cała presja zniknęła. Bardzo długo dręczyło mnie poczucie winy oraz przekonanie, że wszystkich zawiodłam i odniosłam porażkę. Teraz zrozumiałam, że zawsze miałam możliwość dokonania zmiany. Podjęcie tej decyzji zależało tylko ode mnie.

Następnego ranka zjadłam śniadanie, pojechałam do Wiednia i skierowałam się do ośrodka. Zważyłam się i wygrałam cały turniej. Były to jedne z najlepszych zawodów, w jakich kiedykolwiek uczestniczyłam.

Weszłam na matę i zaledwie kilka sekund po rozpoczęciu pierwszego pojedynku pomyślałam: „Te dziewczyny wcale nie są ode mnie silniejsze". Były siedem kilogramów cięższe od moich dotychczasowych rywalek, ale wcale nie mocniejsze. Dopiero wtedy uświadomiłam sobie, jak bardzo się osłabiałam, walcząc w niższej kategorii.

Ponadto po raz pierwszy od bardzo dawna cieszyłam się tym, co robię. Zrozumiałam, że robienie wagi przysłaniało mi cały turniej. Kiedy uwolniłam się od tego problemu, mogłam skupić się na wygrywaniu i czerpaniu z niego przyjemności. W dniu, kiedy wygrałam Austria World Cup, świetnie się bawiłam. Nie miałam żadnych oczekiwań w stosunku do siebie ani pozostałych zawodniczek. Nie czułam, że powinnam cokolwiek potwierdzać. Musiałam po prostu wypaść jak najlepiej.

Wcześniej zawsze powtarzałam, że „zmiany nie są łatwe".

Wystarczy jednak podjąć odpowiednią decyzję. Zawsze możesz coś postanowić. Jeśli to nie wypali, możesz postanowić coś innego.

KIEDY PRZEKROCZYSZ MAGICZNĄ BARIERĘ, KTÓRA POWSTRZYMUJE CIĘ PRZED SNUCIEM WIELKICH MARZEŃ?

W dzieciństwie słyszymy, że powinniśmy marzyć o wielkich rzeczach, bo wszystko jest możliwe. Wygram olimpiadę. Zostanę prezydentem. A potem dorastamy.

Ludzie mówią, że jestem arogancka. Nie zdają sobie sprawy, ile wysiłku włożyłam, aby znaleźć się tu, gdzie jestem. Bardzo ciężko pracowałam, aby zyskać o sobie dobre zdanie. Kiedy ludzie mówią: „Jesteś bardzo zarozumiała. Jesteś taka arogancka", czuję, że próbują uświadomić mi, jak wysokie mam o sobie mniemanie. Pytam ich: „Kim jesteście, żeby mówić mi, że powinnam gorzej o sobie myśleć?".

Ludzie przerzucają swoje kompleksy na innych, ale ja nie pozwalam, żeby robili to ze mną. Skoro sam nie uważasz się za najlepszego na świecie, to nie znaczy, że ja również mam pozbyć się przekonania, że stać mnie na wszystko.

Po powrocie z Wiednia byłam szczęśliwa. Nie musiałam się już głodzić. Wygrywałam turnieje. Miałam wspaniałego chłopaka. Mieszkałam z ludźmi, których lubiłam. Treningi były wykańczające, ale czasem również przyjemne.

Przez cały tydzień czekałam na czwartkowy trening, a kiedy ten dzień nadchodził, odliczałam godziny do rozpoczęcia zajęć. Mały Jimmy rzadziej bywał w klubie, odkąd przestał startować w zawodach, a ponieważ w czwartki Duży Jim pracował w straży, trening dla seniorów prowadził Rick Hawn. Pewnego razu Rick zaproponował, żebyśmy na koniec zajęć zrobili po rundzie grapplingu bez *gi* (praca w parterze bez góry od stroju, za którą zwykle można chwytać). Była to największa frajda, jaką wszyscy kiedykolwiek mieliśmy na treningu. Od tamtej pory w czwartki ćwiczyliśmy tylko grappling bez *gi*. Przychodziliśmy na salę, Rick włączał muzykę i kilkunastu zawodników uprawiało zapasy. Duży Jim wiedział, że w czwartki trenujemy bez *gi*, ale wiele chwytów, które wtedy wykorzystywaliśmy, pomagało nam podczas zawodów, więc dopóki w ogóle ćwiczyliśmy, nie miał nic przeciwko.

Po treningu szliśmy do Chili's. Ponieważ niedługo wcześniej skończyłam 21 lat, zamawiałam zawsze truskawkową margaritę i sączyłam ją powoli, ciesząc się chłodnym drinkiem oraz miłym towarzystwem.

Wkrótce po powrocie z Europy jeden z chłopaków z klubu zaprosił nas do domu na oglądanie walki. Podczas naszej nieobecności odbywała się duża gala MMA, którą specjalnie nagrał. Czasami spotykaliśmy się u kogoś w domu, żeby obejrzeć jakąś walkę i się zrelaksować. Tym razem mieliśmy piwo i pizzę, której kawałek zjadłam. Kiedy komentator zapowiedział pierwszą walkę, rozsiedliśmy się wszyscy w salonie. Pojedynek odbył się 10 lutego, tego samego dnia, kiedy opuściłam ważenie w Paryżu. Nie interesowałam się MMA, ale moi koledzy i koleżanki z judo je uwielbiali. Oprócz mnie i mojej współlokatorki, Asmy Sharif, były tam wtedy same chłopaki. Śmialiśmy się i odprężaliśmy.

Leciały walki z karty wstępnej. Fajnie się je oglądało, ale nie zapadały w pamięć. Potem do klatki weszły Gina Carano i Julie Kedzie. Byłam zszokowana: nie wiedziałam nawet, że kobiety walczą w MMA.

Kiedy pojedynek się zaczął, w pokoju zrobiło się cicho. Pochyliłam się w stronę telewizora. Publiczność szalała. Obserwowałam każdy ruch zawodniczek. Widziałam wszystkie błędy, które popełniały, i wszystkie stracone szanse – już wtedy, mimo że nigdy nie walczyłam w MMA, wiedziałam, że mogłabym je obydwie pokonać.

Tym, co uderzyło mnie jeszcze silniej niż sama walka tych dziewczyn, były reakcje chłopaków. Nie mogli wyjść z podziwu. Dziewczyny były śliczne, to prawda, ale moi koledzy nie mówili o nich tak, jak o ubranych w bikini i pokazujących numery rund dziewczynach ringowych, które porównywali do striptizerek. O wyglądzie zawodniczek wypowiadali się z podziwem. W ich oczach widziałam szacunek. Trenowałam i pociłam się z tymi chłopakami codziennie, ale nigdy nie wzbudziłam u nich takiej reakcji.

Po trzech rundach Gina Carano wygrała jednogłośną decyzją sędziów, a pod koniec walki wszyscy moi koledzy mówili o tym, jak twarde są obydwie zawodniczki. Rzeczywiście, zaprezentowały się świetnie, ale byłam też przekonana, że mogłabym je roznieść.

Nie odważyłam się powiedzieć tego na głos. Wiedziałam, że wszyscy by mnie wyśmiali. Zatrzymałam to więc dla siebie.

Przygotowywałam się do olimpiady w Pekinie. Nadal nie pogodziłam się z porażką w Atenach i tym razem zamierzałam przywieźć do domu złoto. Treningom poświęcałam 100 procent uwagi. Kiedy w głowie zaczęły pojawiać mi się myśli o MMA, po prostu je stamtąd wypchnęłam.

Pewnego ranka wiosną 2007 roku szłam w kierunku Home Depot w Wakefield. Zwykle zabierałam się z Rickiem, ale kiedy nasze zmiany się nie pokrywały, pokonywałam te dwa i pół kilometra spacerem, słuchając muzyki pop. Drzewa zaczynały wypuszczać już liście, ale nowoangielska zima jeszcze w pełni nie odpuściła. Mimo świecącego słońca powietrze było rześkie. Nasunęłam kaptur na głowę. Jasnopomarańczowy firmowy fartuch niosłam w ręce, bo nie chciałam zakładać go wcześniej niż to absolutnie konieczne.

Przechodząc pod wiaduktem I-95, poruszałam głową w rytm *Peanut Butter Jelly Time*. Wyobraziłam sobie tańczącego banana z wideo na YouTubie i wsłuchując się w płynące ze słuchawek słowa *It's Peanut Butter Jelly Time / Peanut Butter Jelly Time*, zaczęłam wymyślać swój zwycięski taniec MMA, choć nie zdawałam sobie z tego nawet sprawy. Moje ruchy nie różniły się zbytnio od podrygiwań pikselowatego banana. Nuciłam: *Where ya at? Where ya at?*

Samochody przejeżdżały nade mną, a ja szłam coraz szybciej, poruszając się w rytm piosenki. Czułam się dobrze. W judo nie można wykonywać tańca zwycięstwa, dopuszczalne jest tylko nieznaczne skinięcie głową. Broń Boże, gdyby po wygranej walce ktoś triumfalnie podniósł pięść. Gest triumfu przyprawiłby wszystkich zgromadzonych o zawał. W MMA było jednak inaczej. Ten sport wydawał się doceniać coś takiego jak dobry taniec zwycięstwa.

Wyobrażałam sobie, że walczę, zwyciężam i ściskam ludzi z mojego narożnika.

Znowu spróbowałam zapomnieć o tych niedorzecznych fantazjach. Skierowałam myśli na coś bardziej praktycznego, czyli na zwycięstwo w olimpiadzie. Skupiłam się na wejściu na podium ze złotym medalem na szyi.

Wyobraziłam sobie podniesienie amerykańskiej flagi i niesione echem po stadionie dźwięki *The Star Spangled Banner*. Docierając jednak do momentu, kiedy cymbały odegrały w mojej głowie *And the home of the brave*, nie mogłam się powstrzymać i poruszyłam się w rytm płynących ze słuchawek słów *Where ya at? Where ya at?*

Przestałam z tym walczyć i powróciłam myślami na środek oktagonu, gdzie stałam z uniesionymi rękami wśród wiwatujących tłumów. Wyobraziłam sobie, że moi koledzy z drużyny oglądają mnie w telewizji i cieszą się z mojego zwycięstwa.

Jeśli nie można marzyć o wielkich, wręcz niedorzecznych rzeczach, to po co marzyć w ogóle?

LUDZIE DOCENIAJĄ DOSKONAŁOŚĆ BEZ WZGLĘDU NA TO, KIM JESTEŚ

Gwizdano na mnie w 30 krajach. Gwizdano na mnie po zwycięstwach w UFC. Jestem bardziej przyzwyczajona do gwizdów niż do oklasków. Nigdy nie byłam ulubienicą fanów. Właściwie całą moją sportową karierę definiowali ludzie, którzy mieli nadzieję, że przegram.

W UFC przyjęłam rolę złoczyńcy. Nie unikam kontrowersji. Bez oporów mówię to, co myślę. Nie zawsze zyskuję w ten sposób fanów. W świecie, który uwielbia kibicować słabszym, zawsze jestem faworytką – i zawsze wygrywam.

Są jednak takie chwile, kiedy niezależnie od tego, kim jesteś i co reprezentujesz, ludzie będą tak bardzo zachwyceni tym, co widzą, że zapomną o wszystkim innym. Jeśli ktoś daje niesamowity występ, wszystko inne się nie liczy.

Moja mama twierdzi, że aby być najlepszym na świecie, trzeba umieć pokonać każdego dwukrotnie choćby w najgorszy dzień. Ma oczywiście rację. Czasami jest jednak tak, że budzisz się rano i po prostu wiesz, że nikt nie będzie leciał z tobą w chuja. Tak właśnie czułam się w Rio de Janeiro rankiem przed mistrzostwami świata w 2007 roku. Obudziłam się gotowa, żeby kogoś zabić.

Przylecieliśmy do Rio kilka dni wcześniej i zameldowaliśmy się w El Motel, brazylijskim odpowiedniku Super 8. Niektórzy moi koledzy z drużyny narzekali na pokoje, ale ja nie potrzebowałam niczego wyszukanego, zresztą w przeciwieństwie do większości turniejów tym razem USA Judo przynajmniej opłacało mi pobyt.

W dniu zawodów wstałam wcześnie, żeby na ważenie pojechać pierwszym podstawionym transportem. Sprawdziłam najpierw, ile ważę: dokładnie 70 kilogramów. Byłam blisko, ale zamierzałam zmieścić się w limicie bez żadnego problemu. W drodze do recepcji podbiegłam do Valerie Gotay. Valerie była lżejsza niż ja i już walczyła.

– Słyszałaś, co się stało? – zapytała.

Nie miałam pojęcia, o czym mówi.

– Jakiś chłopak z 66 biegał wieczorem, żeby zrobić wagę, i został dźgnięty nożem.

– O w mordę – odparłam. – A tak w ogóle to właśnie wychodzę na ważenie.

– Ale wiesz o wagach, nie?

Zmrużyłam oczy.

– O jakich wagach?

Podobne słowa przed ważeniem nie zwiastują niczego dobrego.

– Te, które tutaj mamy, pokazują za mało – stwierdziła, co oznaczało, że wagi reprezentacji USA wyświetlały wyniki niższe od rzeczywistych. Jeśli podczas oficjalnego ważenia przekroczysz swój limit, nie zostajesz dopuszczony do zawodów. Nie otrzymujesz drugiej szansy.

– Chyba sobie, kurwa, jaja robisz! – krzyknęłam, rzucając torbę na podłogę. Kilka stojących w recepcji osób spojrzało w moją stronę.

Ruszyłam z powrotem do swojego pokoju.

– Dokąd idziesz? – spytała Valerie.

– Do pokoju! – krzyknęłam przez ramię. – Wygląda na to, że przez tych niekompetentnych skurwieli z USA Judo na ważenie muszę się przebiec.

Wparowałam do pokoju i włożyłam na siebie dres wykonany z cienkiego plastiku. Taki strój zapobiega parowaniu potu, utrzymuje temperaturę ciała i sprawia, że pocisz się jeszcze bardziej. Na to założyłam mój normalny dres, nasunęłam kaptur na głowę i skierowałam się z powrotem do recepcji, a potem minęłam czekający na sportowców autobus i biegiem ruszyłam w stronę oddalonego o półtora kilometra miejsca ważenia.

Był wrzesień i w Rio słońce już grzało. Pot spływał mi po twarzy. Czułam, jak pod plastikowym strojem moja skóra robi się gorąca i wilgotna. Podczas szybkiego biegu uświadomiłam sobie, że to dokładnie ta sama trasa, na której poprzedniego wieczoru dźgnięto chłopaka z kategorii do 66 kilogramów.

„Jeśli ktokolwiek spróbuje mnie dźgnąć, zginie" – pomyślałam. Nie byłam w nastroju do cackania się z kimkolwiek.

Wybiegłam za róg i zobaczyłam hotel organizatorów oraz rozciągający się za nim ekskluzywny ośrodek wypoczynkowy.

– Ja pierdolę – powiedziałam na głos.

Był to hotel, w którym zatrzymali się również szefowie USA Judo. Podbiegłam długim i dobrze utrzymanym podjazdem do drzwi wejściowych. Kiedy boy hotelowy otworzył je przede mną, poczułam podmuch chłodnego powietrza. Sala, w której miało odbyć się ważenie, była jeszcze zamknięta, ale w pomieszczeniu naprzeciwko recepcji znajdowała się waga, z której mogli skorzystać zawodnicy. Weszłam do środka i zdjęłam dres oraz mokry strój z plastiku. Weszłam na wagę. 70,2.

Warknęłam. Nie ma nic gorszego niż zakładanie na siebie plastiku, w którym już się spociłeś. To jak ubieranie się w mokry worek na śmieci, z tą różnicą, że kapie z niego nie woda, ale pot. Na wierzch założyłam normalny dres, wyszłam z budynku na gorące tropikalne słońce i przebiegłam się raz jeszcze wzdłuż Shank Road, a następnie znowu wparowałam do hotelu.

Przechodząc przez recepcję, zobaczyłam wychodzącą z windy Japonkę z mojej kategorii wagowej. Drużyna Japonii nocowała tutaj, w hotelu Deluxe Riviera Ritz. Dziewczyna szła w towarzystwie dwóch trenerów, którzy z pewnością obejrzeli wiele godzin nagrań z walk jej przeciwniczek i prawdopodobnie omawiali z nią właśnie taktykę. Miała na sobie elegancki dres z nazwą sponsora i pasującą do niego torbę. Do istnej kurwicy doprowadził mnie jednak trzymany przez nią czajniczek nakryty futerałem z logo sponsora.

Myślałam, że zwariuję.

USA Judo ledwie zapewniło nam takie same dresy i raczej, kurwa, nie miałam pasującego do nich czajniczka. A nawet gdybym go miała, to nie trzymałabym go przy sobie, bo przecież mieszkałam w El Motel i musiałabym po to cholerstwo biegać. Podniosły mi się włosy na karku, napiął się każdy mięsień. Zorientowałam się, że zgrzytam zębami. Zaciskałam dłonie tak mocno, że paznokcie wbijały mi się w skórę.

„Jesteś moją pierwszą rywalką – powiedziałam do niej w myślach. – Policzę się z tobą".

Podeszłam do wagi i po raz drugi zdjęłam plastikowy dres: tym razem wyświetliło się 70 kilogramów. Musiałam teraz przejść do recepcji na oficjalne ważenie. Spojrzałam na stertę ubrań na podłodze. Nie było mowy, żebym założyła je z powrotem. Owinęłam się więc ręcznikiem i wmaszerowałam do recepcji. Pełno tam było sportowców, organizatorów turnieju, trenerów i sędziów, trafiło się nawet kilku turystów. Kiedy przechodziłam pomiędzy nimi, wszyscy odwracali się w moją stronę. Trzymałam ręcznik jedną ręką i patrzyłam prosto przed siebie. Gdybym wiedziała, że mogę przejść tamtędy z wyprostowanym środkowym palcem, nie naruszając w ten sposób żadnego przepisu regulaminu, na pewno bym to zrobiła.

Weszłam do pomieszczenia, gdzie odbywało się ważenie. Ponieważ były to mistrzostwa świata, organizatorzy ustawili wszystkich w kolejce. Stałam na samym końcu. Obserwowałam każdą dziewczynę, która przechodziła obok mnie po wejściu na wagę, i obiecywałam sobie w myślach, że kiedy rozpocznie się turniej, wszystkie je zniszczę. W końcu przyszła moja kolej. Zważyłam się, wypiłam trochę wody i pojechałam autobusem z powrotem do hotelu, żeby przygotować się do zawodów oraz do złojenia tyłków tym dziwkom.

Ulubiony żart w kręgach judo brzmi: Amerykanie zawsze trafiają na najgorszych rywali, bo inne reprezentacje wolą najpierw stoczyć łatwą walkę i się rozgrzać. Ludzie zawsze się śmieją, kiedy Amerykanin trafia w pierwszej rundzie na Japończyka. Judo narodziło się w Japonii i mieszkańcy tego kraju traktują je bardzo poważnie. Z kolei w Stanach Zjednoczonych wcale nie jest aż tak trudno zostać mistrzem judo. Aby być najlepszym w Japonii, trzeba naprawdę wymiatać. Japonia prawie zawsze dominuje na zawodach. Harmonogram walk przedstawiany jest podczas spotkania trenerów na dzień przed rozpoczęciem turnieju. Niektórzy ludzie analizują wszystkich swoich kolejnych przeciwników. Ja skupiam się zawsze tylko na najbliższym pojedynku i nigdy nie myślę o tym, z kim jeszcze przyjdzie mi się zmierzyć.

„I tak będę musiała wszystkie je pokonać" – tłumaczyłam sobie.

Moja walka z Japonką odbywała się wcześnie i hala była wypełniona zaledwie w jednej czwartej. Mimo wszystko dobrze słyszałam japońską część trybun. Ich wodzirej coś krzyczał, a Japończycy, jak zawsze, odpowiadali owacjami. Nigdy nie pozwalam, żeby widownia przeszkadzała mi w występie, ale często wpływa ona na sędziów. Zawsze wyczuwam atmosferę, żeby wiedzieć, co myślą sobie sędziowie, a potem odcinam się od zgiełku.

Spojrzałam na dziewczynę stojącą na drugim końcu maty.

„Pierdolę twój pokrowiec na czajniczek" – pomyślałam.

Zrobiłam z tej walki bijatykę, co dla japońskich zawodników sportów walki jest najgorszym możliwym scenariuszem. Ci ludzie są bardzo wierni tradycji i skupiają się na właściwej technice. Tarzałam się z rywalką po ziemi, pozbawiałam ją równowagi i rzucałam nią na prawo i lewo.

Dosłownie wytarłam nią matę, dwukrotnie ją przewracając i zwyciężając przez *waza-ari* (pół punktu) oraz *yuko* (około ćwierć punktu). Moja przeciwniczka nie zdobyła choćby punktu.

Następna w kolejności była Ylenia Scapin, dwukrotna medalistka olimpijska z Włoch. Nigdy wcześniej się nie spotkałyśmy, nie wiedziałam więc, czego się spodziewać. W chwili, kiedy chwytasz kogoś w walce, wiesz już, jak jest silny, i wtedy natychmiast zrozumiałam, że to najmocniejsza laska, z jaką kiedykolwiek się zmierzyłam. Walka z silnym zawodnikiem stawia przed tobą wiele dodatkowych wyzwań. Znacznie trudniej jest wyrwać się komuś takiemu z uchwytu. Obrona takich zawodników jest dużo lepsza.

Jeśli chodzi o ofensywę, to nie bałam się Scapin, miałam natomiast większe trudności z walką w zwarciu i z wykonywaniem rzutów. To, że przewaga siły fizycznej leży po stronie przeciwnika, niekoniecznie oznacza, że jest on bardziej niebezpieczny, na pewno jednak trudniej go kontrolować.

W pierwszej minucie walki zastosowałam *waza-ari*. Scapin też nie zdobyła ze mną ani jednego punktu.

Następnie trafiłam na Mayrę Aguiar z Brazylii, uważaną przez miejscowych za faworytkę ćwierćfinałów. Hala powoli wypełniała się widzami i była już prawie w trzech czwartych zajęta. Brazylijscy kibice stanowili całkowite przeciwieństwo Japończyków z ich wodzirejem. To było czyste szaleństwo. Brazylijczycy byli najbardziej zwariowaną i najbardziej zaangażowaną wi-

Skupiam się zawsze tylko na najbliższym pojedynku i nigdy nie zastanawiam się, z kim jeszcze przyjdzie mi się zmierzyć

downią, z jaką kiedykolwiek się zetknęłam. Dmuchali w trąbki i machali proporczykami. Jeden z sektorów na trybunach pokrywała trzymana przez fanów wielka flaga Brazylii.

Kibice wygwizdali mnie, kiedy wchodziłam na matę, i odśpiewali po portugalsku „Zaraz umrzesz". Odnotowałam tę wrzawę, domyślając się, w jaki sposób może ona wpłynąć na sędziów. Musiałam zwyciężyć bardzo wyraźnie. Wśród okrzyków tłumu rzuciłam rywalkę na matę i 30 sekund przed końcem pojedynku zwyciężyłam przez *ippon*. Kiedy schodziłam z maty, brazylijscy kibice ostro mnie wygwizdali.

Dotarłam do półfinału. Miałam zmierzyć się w nim z ówczesną mistrzynią świata, Edith Bosch. Była to 180-centymetrowa Holenderka z kaloryferem na brzuchu. Wyglądałam przy niej jak hobbit.

Bosch i ja po raz pierwszy walczyłyśmy przeciwko sobie podczas rozgrywanych miesiąc wcześniej zawodów German Open. Zwyciężyłam wtedy, bo zdyskwalifikowano ją za zastosowanie niedozwolonej dźwigni. Zwichnęła mi łokieć.

Jeśli w mojej karierze w kategorii do 70 kilogramów miałam swoją nemezis, to była nią właśnie Edith Bosch. Znacie te filmy, w których bohater walczy z pięcioma kolesiami i rzuca tekstami w stylu: „To wszystko, na co was stać?", a potem odwraca się i staje oko w oko z olbrzymem, któremu sięga do pasa? Edith Bosch to właśnie taki olbrzym.

Wiedziałam, że Bosch jest zadowolona z tego rewanżu. Myślała, że trafiła jej się łatwa rywalka. Miałam zamiar sprawić, aby był to ostatni raz, kiedy cieszy się z perspektywy walki ze mną.

Sędzia powiedział *hajime*, czyli „start". A co zrobiła Bosch? Wykonała dokładnie ten sam chwyt, za który zdyskwalifikowano ją w Niemczech. I dokładnie tak samo zwichnęła mi łokieć. Tyle że tym razem sędzia tego nie widział.

Spojrzałam na moją bezwładną rękę, a potem rzuciłam Bosch spojrzenie w rodzaju: „Robisz sobie, kurwa, jaja?". Nie mogłam uwierzyć, że po raz drugi odwaliła to samo. Nie mogłam uwierzyć, że ujdzie jej to na sucho. Spojrzałam na sędziego. Nic.

Chciałam krzyczeć. Wszczynanie kłótni nie miałoby jednak sensu. Przenikliwy ból szybko sprowadził mnie na ziemię. Nigdy w życiu nie poddałam walki i na pewno nie zamierzałam rezygnować w półfinale mistrzostw świata. Zebrałam się w sobie. Napięłam mięśnie i wzięłam głęboki wdech. Prawą ręką chwyciłam się za przedramię tuż pod zwichniętym łokciem i nacisnęłam z całej siły. Trzask! Staw wskoczył na swoje miejsce. Bolało to jak skurwysyn, ale kiedy tylko łokieć znalazł się tam, gdzie powinien, ból zelżał i stał się do zniesienia.

Spojrzałam na Bosch. Nie okazywała nawet najmniejszej skruchy, co spotęgowało tylko moją wściekłość. Patrząc na nią, potrząsnęłam ramieniem i pomyślałam: „Pierdol się, dziwko, walczę dalej".

Bosch zdobyła punkt mniej więcej w połowie pięciominutowego pojedynku i wyszła na prowadzenie. Przez kolejne dwie minuty próbowała uniknąć kontaktu w nadziei, że przetrzyma mnie do końca walki. Jej plan się sprawdzał.

Zostało mi 30 sekund. Odmówiłam jakieś 19 milionów modlitw. Spojrzałam do góry i odbyłam chyba bardzo długą rozmowę z Bogiem.

„Proszę, Boże, pomóż mi – błagałam. – Proszę, pomóż mi w tej jednej walce".

Zegar tykał.

29 sekund. „Proszę, Boże". Spróbowałam zastosować chwyt.

28. „Proszę, Boże". Bosch mnie odepchnęła.

27. „Proszę, Boże". Spróbowałam raz jeszcze.

26. „Proszę, Boże". Bosch poruszyła się, jakby chciała mnie przewrócić.

25. „Proszę, Boże". Nie było mowy, żeby mnie przewróciła.

24. „Proszę, Boże". Wykonałam ruch. Trafiłam w idealny moment.

23. „Proszę, Boże". Chwyciłam Bosch ręką, którą mi zwichnęła.

22. „Proszę, Boże". Odwróciłam się, podnosząc Bosch i przerzucając ją sobie nad głową. Frunęła w powietrzu, przed Bogiem i wszystkimi innymi.

21. „Proszę, Boże". Bam! Wylądowała na macie plecami, a ja zdobyłam *ippon*. Wygrałam.

20. „Dziękuję, Boże!"

Przez chwilę Bosch leżała na macie twarzą w dół, jakby nie mogła uwierzyć, że przegrała.

Na widowni zawrzało. Wszyscy obserwowali moją walkę i kiedy wygrałam jak Dawid w pojedynku z Goliatem, zaczęli odchodzić od zmysłów. Cała hala eksplodowała oklaskami.

Aplauz nie miał nic wspólnego z tym, kim byłam ani skąd pochodziłam. W tamtej chwili ludzi to nie interesowało – byli po prostu świadkami czegoś niesamowitego.

Jako zawodniczka judo tylko wtedy, po walce z Bosch, dostałam wiwaty. Był to najbardziej ekscytujący moment w mojej karierze w tym sporcie, ale radość nie trwała długo, ponieważ musiałam skupić się na finałowej walce i unieruchomieniu bolącego ramienia.

W pojedynku o mistrzostwo świata zmierzyłam się z Gévrise Émane i już w pierwszej minucie ukarano mnie idiotycznym upomnieniem, przez co moja rywalka natychmiast zyskała przewagę. Kilka sekund później zdobyła punkt rzutem, który był co najmniej wątpliwy, a tak naprawdę nawet niedozwolony.

W połowie walki zrewanżowałam się innym rzutem i zniwelowałam przewagę, ale tylko do momentu, kiedy sędziowie naradzili się i jednak uznali, że przyznają ten punkt Émane. Wiedząc, że zdecydowanie wygrywa na punkty, przez resztę pojedynku moja rywalka mnie unikała. Niecałą minutę przed końcem dostała upomnienie za unikanie walki, a w ostatnich sekundach już jawnie mi uciekała.

Mistrzostwo świata przeszło mi koło nosa. Za każdym razem, kiedy zamykałam oczy – nawet podczas zwykłego mrugania – widziałam Émane unoszącą ręce w geście zwycięstwa. Mogłam obwiniać tylko siebie. Pozwoliłam, żeby o wyniku walki rozstrzygnęły punkty. Przegrałam. Z trudem chwytałam powietrze.

Po zakończeniu tamtego dnia zawodów weszłam na trybuny, z których kilka godzin wcześniej tłum tak gorąco mnie dopingował. Musiałam zadzwonić do mamy, ale nie potrafiłam jeszcze tego zrobić. Wykonanie tego telefonu oznaczałoby konieczność wypowiedzenia słowa „przegrałam". Skręcało mnie w brzuchu.

Weszłam na szczyt trybuny. Hala była prawie pusta. Usiadłam w ostatnim rzędzie, w narożniku, podciągnęłam kolana do piersi i płakałam tak długo, jak jeszcze nigdy od czasu śmierci taty.

PORAŻKA TO PORAŻKA, ALE ZAWSZE LEPIEJ PRZEGRAĆ Z KLASĄ

Zawsze walczyłam do końca i do ostatniej chwili dawałam z siebie wszystko. Myśl o porażce po zachowawczej walce wydaje mi się przerażająca. Nie wyobrażam sobie po prostu, że podczas pojedynku miałabym starać się na pół gwizdka. Wolałabym podjąć duże ryzyko i wykonać jakiś desperacki rzut w nadziei, że to się uda, niż grać w ostatnich sekundach na czas i przegrać na punkty. Nie mogłabym żyć ze świadomością, że na koniec nie zrobiłam jednak czegoś szalonego. Nie ryzykuję powierzenia swojego losu werdyktowi sędziów. Kiedy zależy to ode mnie, stawiam wszystko na jedną kartę.

Nigdy nie pogodzę się z porażką, ale przegrywanie w taki sposób, którego później się żałuje, może odebrać ci dumę. Nigdy mi się to nie zdarzyło.

Po Rio skoncentrowałam się w 100 procentach na Pekinie. Do olimpiady pozostawał niecały rok. Kiedy nie trenowałam do igrzysk, myślałam o nich. Wiedziałam, że w mojej kategorii wagowej nie ma ani jednej zawodniczki, której nie mogłabym pokonać, ale jedne były bardziej wymagające od innych. Należała do nich na przykład Bosch. Wyzwanie stanowiły też zawsze Kubanki. Drużyna Kuby była liczna i do momentu ogłoszenia składów reprezentacji olimpijskich nie wiedziałam, z kim się zmierzę, ale wszystkie Kubanki z kategorii do 70 kilogramów były niesamowite. Kubańczycy znani byli z tego, że regularnie atakowali nogi rywali, próbując ich obalić. Ich zalety odsłaniały moje słabości. Poświęciłam się więc eliminowaniu swoich wad.

Od chwili wejścia na matę w Atenach przyświecał mi jeden cel: wygrać olimpiadę. Ta myśl mnie pochłaniała.

Od czasu mojego olimpijskiego debiutu wiele się zmieniło. Na fizyczne i psychiczne przygotowanie się do igrzysk w 2004 roku miałam około czterech miesięcy. Na arenie międzynarodowej byłam wtedy praktycznie nieznana. Do momentu, kiedy w kwietniu tamtego roku wygrałam mistrzostwa USA seniorów, uważano mnie za czarnego konia turnieju, a poza tym wciąż dochodziłam do siebie po operacji kolana. Do olimpiady w Pekinie przygotowywałam się z kolei cztery lata. Jako jedna z pięciu najlepszych zawodniczek w mojej kategorii na świecie nie byłam już anonimowa. Miałam na koncie imponującą listę zwycięstw w międzynarodowych zawodach i w historii amerykańskiego judo pod tym względem mogła dorównać mi tylko jedna kobieta – moja mama.

W 2004 roku ludzie zadawali sobie pytanie: „Czy Ronda wygra eliminacje olimpijskie?". W 2008 pytanie brzmiało już: „Czy Ronda wygra olimpiadę?". Od czasu, gdy w 1992 roku kobiece judo znalazło się oficjalnie w programie igrzysk, żadna Amerykanka nie zdobyła na nich medalu. Byłam największą nadzieją mojego kraju.

Pierwszą rzeczą, na którą zwróciłam uwagę po wyjściu z samolotu w Chinach, był smog. Powietrze wydawało się gęste, a pod koniec dnia na skórze czuło się niewidzialną warstwę brudu. Upał jeszcze to wszystko pogarszał.

Wszystkie stadiony i duże budynki były nowoczesne. W Atenach widać było, że organizatorzy w pewnym momencie musieli pójść na skróty: spłachetek ziemi w miejscu, gdzie miał być ogród, wykopany do połowy rów tam, gdzie zaplanowano sztuczną rzekę. Wioska olimpijska w Pekinie była natomiast nieskazitelna. Każda donica z kwiatami miała swoje miejsce. Mieszkania dla sportowców znajdowały się w imponujących, a jednocześnie przyjaznych wieżowcach i przypominały luksusowe apartamenty.

Momentami wydawało się to zbyt idealne, niemal sztuczne. Jeśli podczas spaceru po mieście zajrzałeś za jeden z dużych billboardów ustawionych w dziwnych miejscach, mogłeś zobaczyć, że za kolorowymi fasadami kryją się opuszczone i zaśmiecone działki.

Podczas ceremonii otwarcia było gorąco i wilgotno, a Komitet Olimpijski postanowił ubrać nas w bluzy, zapinane koszule z długim rękawem, spodnie, czapki z daszkiem i fulary. Kiedy ja i moje koleżanki z drużyny próbowałyśmy zdjąć chusty, przedstawicielka reprezentacji USA udzieliła nam reprymendy.

– Załóżcie je z powrotem, Ralph Lauren patrzy – syknęła, jakbyśmy były dziećmi, które właśnie wpadły w kłopoty.

– No dobra, ale czy projektując te stroje, nie wiedział, że będziemy je nosić w Chinach w środku lata? – zapytałam.

Kobieta posłała mi ostre spojrzenie. Nie przejmowałam się tym. Nie przyjechałam tam, żeby zdobywać przyjaciół ani dostawać pochwały od projektantów. Przyjechałam do Pekinu, żeby zdobyć olimpijskie złoto.

W pierwszym pojedynku zmierzyłam się z dziewczyną w Turkmenistanu. Nigdy o niej nie słyszałam, co mogło okazać się niebezpieczne. Kiedy stałyśmy w rzędzie z naszymi trenerami i osobami trzymającymi koszyki, odwrócił się do mnie Israel Hernández, czyli jedyny członek kadry trenerskiej USA Judo, którego szanowałam.

– *Todo es fé*, Ronda – powiedział. Nie znam zbyt dobrze hiszpańskiego, ale słyszałam to z jego ust już wiele razy: wiara jest wszystkim.

– Wiem – odparłam.

W początkowych sekundach walki rzuciłam przeciwniczkę na matę i w niecałą minutę zwyciężyłam przez *ippon*. Dopiero się rozgrzewałam.

W następnej rundzie trafiłam na Katarzynę Piłocik z Polski. Nie miałam zamiaru pozwolić, żeby stanęła mi na drodze.

Dwie minuty po rozpoczęciu walki Piłocik próbowała wykonać rzut, ale szybko opadła na kolana, żeby uniknąć kontrataku. Dostrzegłam w tym szansę i wskoczyłam na nią tak, że znajdowała się na macie na czworakach i ze mną na plecach. Sięgnęłam, żeby chwycić ją za lewe ramię. Widząc, co się dzieje, przycisnęła rękę do ciała.

Obróciłam ją na plecy. Dziewczyna opierała się, próbując wstać i się uwolnić, ale ja nie puszczałam. Obróciła się znowu twarzą do maty. Usiłowała się podnieść. Wsunęłam jej nogę pod klatkę piersiową. Przekręciła się, ale trzymałam mocno. Podjęła kolejną próbę uwolnienia się, ale odsunęłam jej nogę i raz jeszcze obróciłam ją na plecy. Wyczuwając, że koniec jest blisko, próbowała zablokować obydwie ręce. Jedną nogą oplatając jej szyję, a drugą pierś, pociągnęłam ją za lewe ramię. Ręce zaczęły jej się rozsuwać. Pociągnęłam mocniej. Rozerwałam jej ręce. Wyprostowałam się z jej ramieniem pomiędzy moimi nogami i zaczęłam wyginać kręgosłup. Szybko odklepała.

Dotarłam do ćwierćfinału.

Zeszłam z maty, żeby sprawdzić nazwisko mojej następnej rywalki. Było wypisane dużymi literami: Edith Bosch.

Od czasu naszej konfrontacji w Rio minęło 11 miesięcy.

„Znowu się spotykamy" – powiedziałam w myślach głosem złoczyńcy z filmu o Jamesie Bondzie.

Ledwie sędzia wypowiedział *hajime*, Bosch chwyciła mnie za kołnierz i jawnie uderzyła mnie w twarz. Zabolało, ale wiedziałam, jak przyjąć cios. Bosch udawała, że chce wykonać chwyt, ale zwyczajnie wyprowadziła prosty cios w moją twarz. A potem uderzyła mnie raz jeszcze. I jeszcze raz. Sędziowie nie zwrócili na to uwagi. Pozwolili jej na to. Bosch zaatakowała ponownie i chwyciłam ją za rękę, odsuwając ją od mojej głowy. Walka trwała. W ciągu kolejnych pięciu minut dałam z siebie wszystko. Atakowałam bez litości.

Po bezpunktowej walce rozpoczęłyśmy pięciominutową dogrywkę polegającą na tym, że zwycięża zdobywca pierwszego punktu. Jeżeli nikt nie zdobędzie takiego złotego punktu, o wyniku walki decydują sędziowie.

Zegar pokazywał, że została minuta z małym hakiem. Koniec walki był bliski. Nie wierzyłam, że sędziowie dadzą mi wygraną. Z tyłu głowy słyszałam słowa mamy, która powtarzała mi: „Jeśli walkę rozstrzygają sędziowie, to zasługujesz na przegraną, bo pozwoliłaś decydować o wyniku komuś innemu".

Miałyśmy czas na wykonanie jeszcze tylko jednej albo dwóch wymian. Zaatakowałam. Bosch zrobiła unik. Ruszyłam ponownie, tym razem próbując wykonać rzut.

Bosch usiłowała zaatakować z kontrataku.

Padłyśmy na matę.

Na widowni zawrzało. Przez chwilę sądziłam, że wszystko poszło po mojej myśli. Wtedy sędzia przyznał punkt dla Bosch. Ukłoniłyśmy się i odwróciłyśmy od siebie, żeby zejść z maty. Bosch uniosła pięść w geście zwycięstwa. Wykonałam kilka kroków, mając nadzieję, że nogi mnie utrzymają. Dotarłam do skraju maty i się zatrzymałam, nie wiedząc, czy dam radę iść dalej. Israel wyciągnął ręce w moją stronę. Zeszłam z maty i wpadłam mu w ramiona.

Wróciłam do sali przeznaczonej do rozgrzewki i się rozpłakałam, a ciepłe łzy popłynęły mi po twarzy. Czułam się tak, jakby ktoś wyrwał mi serce z piersi. A potem coś we mnie przeskoczyło i rozżalenie zamieniło się we wściekłość. Miałam wrażenie, że wszystkie komórki w moim ciele nagle się połączyły – wszystko się zmieniło.

Postanowiłam, że nie opuszczę tej pierdolonej hali z pustymi rękoma.

Walczyłam w repasażu. Moja pierwsza przeciwniczka pochodziła z Algierii. W poprzedniej walce przegrała z Bosch na punkty. Nie miałam zamiaru pozwolić, żeby nasza walka trwała tak długo. W pierwszej minucie rzuciłam rywalką, zdobywając *yuko*, czyli pół punktu. Wyprzedzałam ją, ale nie byłam zadowolona. Przyszłam tam, żeby wygrać. 30 sekund później przydusiłam ją do maty. Wiła się, próbując uciec, ale trzymałam ją płasko na plecach. Wierzgnęła jeszcze kilka razy nogami i znieruchomiała. Przez kolejne pięć sekund leżała przyciśnięta do maty, godząc się z porażką, która miała dopiero nadejść. Sędzia ogłosił w końcu *ippon*. Zwycięstwo nie uśmierzyło mojego bólu po przegranej z Bosch, ale dało mi siłę, abym mogła się skoncentrować.

Moim następnym pojedynkiem był półfinał o brązowy medal. Rzuciłam laską z Węgier tak mocno, że posiniaczyłam sobie wszystkie kłykcie. Rzuciłam nią tak, że moja mama słyszała uderzenie o matę z drugiego końca hali. Chciałam nie tylko wygrać przez *ippon*; chciałam, żeby ją bolało. Chciałam, żeby bolało ją tak bardzo, jak mnie bolała utrata szansy na brązowy medal.

Pomiędzy mną a brązem stała jeszcze jedna osoba: Niemka Annett Böhm. W Atenach Böhm zdobyła brązowy medal i bez wątpienia chciała powtórzyć to osiągnięcie. Ta walka mogła zakończyć się na dwa sposoby: moim wejściem na podium albo moją śmiercią na macie. Kiedy zbliżałam się do rywalki, byłam niczym robot zaprogramowany, aby niszczyć. Skupiłam swoją złość na Böhm. Sędzia powiedział *hajime*. Böhm i ja znałyśmy się już tak dobrze z różnych europejskich i międzynarodowych turniejów oraz obozów szkoleniowych, że nie musiałyśmy odstawiać na początku walki typowego zapoznawczego tańca. Od razu przeszłyśmy do rzeczy.

W 34. sekundzie walki przerzuciłam Böhm przez biodro, zdobywając *yuko*. Powinno to być przynajmniej *waza-ari*, bo wciąż byłam na nogach, ale do końca walki było jeszcze daleko. Jeśli kiedykolwiek nastała taka chwila, kiedy powinnam stać się zawodnikiem punktowym, to właśnie wtedy. Od medalu dzieliły mnie cztery minuty i 26 sekund, musiałam więc tylko skakać po macie i udawać, że usiłuję wykonywać jakieś żałosne rzuty, a potem padać na kolana. Wyjście na niewielkie prowadzenie i próba utrzymania przewagi stoi jednak w sprzeczności ze wszystkim, co kiedykolwiek robiłam. W drodze po medal straciłam cząstkę duszy, ale nie zamierzałam sprzedawać jej za trofeum. Przez kolejne cztery minuty i 20 sekund byłam tak samo nieustępliwa i agresywna, jak w początkowych sekundach walki. Utrzymałam prowadzenie na własnych zasadach. Kiedy do końca zostało siedem sekund, sędzia kazał nam się rozdzielić. Spojrzałam na zegar. Dokonałam w myślach obliczeń. Jeśli upadłabym na kolana i dostała upomnienie, zyskałabym wystarczająco dużo czasu, żeby wygrać. Gdybym poszła na wymianę, Böhm miałaby szansę na jakiś ostatni atak. Sędzia dał sygnał do wznowienia pojedynku.

Zaczęłam uciekać.

Mogę nie popierać strategii ukrywania się przez całą walkę za zasadami, ale nie jestem też głupia. Trzy sekundy przed końcem pojedynku dostałam upomnienie za unikanie walki. A potem czas dobiegł końca.

Rozległ się gong. Zalała mnie fala radości i ulgi. Upadłam na kolana. Nagle zaczęły docierać do mnie dźwięki z hali. Słyszałam wiwatowanie tłumów. Z trybun niosły się okrzyki „USA! USA!" wznoszone przez jakieś 11 osób, ale dla mnie i tak były ogłuszające. Hala wydawała się tak jasna, jakby ktoś włączył nagle dodatkowe światła.

Sędzina uniosła prawą rękę w moim kierunku. Böhm i ja uścisnęłyśmy sobie dłonie.

Kiedy moja rywalka schodziła z maty, uniosłam ręce w geście zwycięstwa. Następnie, uradowana, wpadłam Israelowi w ramiona.

Spojrzałam na trybuny, szukając wzrokiem mamy, i dostrzegłam ją po drugiej stronie hali, jak macha amerykańską flagą. Była tak duża, że mama ledwie dawała radę ją utrzymać.

Sztandar, który znalazł się na trumnie mojego taty podczas pogrzebu, po 13 latach został rozwinięty i kołysał się teraz w dłoniach mojej mamy.

Mój tata zawsze wierzył, że będę błyszczeć na największych arenach świata. Widząc, jak mama trzyma tę flagę, przez chwilę czułam, jakbyśmy wszyscy znowu byli razem.

Nie zdobyłam złotego medalu, ale ogarnęło mnie uczucie spełnienia, którego nigdy nie spodziewałabym się po zajęciu trzeciego miejsca. Spośród wszystkich trzecich miejsc, które zdobyłam w życiu, tylko brązowy medal na olimpiadzie dał mi poczucie satysfakcji.

Mimo wszystko czułam w sobie jakąś pustkę. Nie zdobyłam złota, o którym marzyłam.

Ta przegrana na olimpiadzie wciąż mnie dręczy. Zostanie ze mną na zawsze. Nie wstydzę się jednak tego, jak przegrałam. Nie zastanawiam się nad tym, co mogłam zrobić inaczej. Nie żałuję niczego, co stało się podczas tamtej walki. W końcówce musiałam pójść na całość. Podjęłam właściwą decyzję. Czasami jednak nawet właściwe decyzje nic nie zmienią.

TO MOJA CHWILA, ALE NIE MOJE ŻYCIE

Jeśli bardzo się czemuś poświęcasz, przychodzą takie chwile, kiedy twoje życie jest całkowicie do dupy i twój wysiłek wydaje się zupełnie bezowocny. Nie chodzi mi tylko o trudne czasy, ale także o te momenty, kiedy musisz przymknąć oko na dumę i ego. Mam na myśli sytuacje, które trafiają się innym ludziom, a ty dziękujesz Bogu, że nie przydarzyły się tobie. Czasami wiedziałam, że znajduję się w fatalnym położeniu, ale miałam też świadomość, że nie będzie to trwało wiecznie. To te chwile, kiedy musisz sobie przypomnieć, że choć to decydujący moment w życiu, wcale nie musi cię on definiować.

Stałam na podium i patrzyłam, jak na trzecie miejsce wciągana jest amerykańska flaga. Olimpiada się dla mnie skończyła, ale nie mogłam sobie z tym jeszcze poradzić.

Dzień po zdobyciu medalu byłam w moim pokoju w wiosce olimpijskiej. Był późny ranek i siedziałam na łóżku, a serce z jakiegoś powodu waliło mi w piersi. Nie mogłam złapać tchu. Ogarnął mnie niepokój i poczucie winy, ale nie miałam pojęcia dlaczego. Z niewiadomych względów ogarnęło mnie takie wrażenie, jakbym zrobiła coś strasznego. Uczucie paniki minęło, ale nie mogłam pozbyć się uczucia, że coś poszło bardzo, bardzo źle, a ja jestem idiotką.

Wróciłam z Pekinu z brązowym medalem, ale nie miałam domu, pracy i perspektyw. Szybko zrozumiałam, że nie mam już też chłopaka.

Przed olimpiadą Bob i ja zrobiliśmy sobie przerwę. To był jego pomysł; w ogóle się tego nie spodziewałam. Bob powiedział, że nasz związek na odległość się nie sprawdza i że powinniśmy wrócić do siebie, kiedy przeniosę się po olimpiadzie z powrotem do Los Angeles. Byłam zszokowana. Gdy wróciłam do domu, zadzwoniłam do niego, a on powiedział mi, że świętuje mój sukces ze swoją dziewczyną. Poczułam się, jakby ktoś spuścił ze mnie powietrze.

To było bardzo niesprawiedliwe.

Za zdobycie brązowego medalu dostałam od Komitetu Olimpijskiego USA dziesięć tysięcy dolarów, z czego po opodatkowaniu zostało mi około sześciu tysięcy. Wszystkie pieniądze przeznaczyłam na zakup używanej, złotej, czterodrzwiowej hondy accord, a i tak połowę auta musiałam sfinansować z innych środków. Mieszkałam u mamy i szukałam pracy.

W końcu zatrudniłam się jako barmanka w urządzonej w pirackim stylu knajpie The Redwood. Był to jakiś początek, ale zanim przepracowałam dwa tygodnie, stąpałam już po kruchym lodzie. Pewnego dnia się spóźniłam, więc skasowano mi zmiany z całego tygodnia. Następnie menedżer poprosił mnie, żebym przyszła w weekend. Przekaz był jasny: jeśli nie przyjdziesz, wylatujesz.

Problem polegał na tym, że facetowi prowadzącemu klub judo w Baldwin Park – ten, w którym zaczynałam przygodę z tym sportem – obiecałam, że w weekend wezmę udział w tamtejszej paradzie. Był to przyjaciel mojej mamy i wrobił mnie w tę sytuację.

Nie chciałam wylecieć z pracy, zwłaszcza przez paradę, w której miałam uczestniczyć z przymusu. Nie odezwałam się do jej organizatorów. Za każdym razem, kiedy na wyświetlaczu mojej komórki pojawiał się ich numer, odrzucałam połączenie. Miałam nadzieję, że sobie odpuszczą. Wtedy zadzwonił mój pierwszy trener judo, Blinky Elizalde. Wszystko mu wyjaśniłam. Blinky mnie rozumiał, ale pozostali nie.

Po sobotniej zmianie miałam sześć nieodebranych połączeń od mamy. Kiedy wsuwałam telefon do kieszeni, zadzwoniła po raz siódmy. Zawahałam się, ale ostatecznie odebrałam. Mama naskoczyła na mnie i zażądała wyjaśnień, dlaczego olałam paradę.

Żołądek zwinął mi się w supeł. Nie potrafiłam jej odpowiedzieć. Była totalnie wkurwiona. Tak bardzo, że nie chciałam wracać do domu. Pojechałam do Hollywood i weszłam do baru. Upiłam się w samotności i uświadomiłam sobie, że nie mogę wrócić do domu mamy. Nie wiedziałam jednak, gdzie indziej mogłabym pójść.

„Jestem bezdomną medalistką olimpijską" – pomyślałam.

Po kilku godzinach picia poszłam kupić sobie pizzę i zjadłam ją w samochodzie. Później zwinęłam się na tylnym siedzeniu. Następnego ranka auto śmierdziało pizzą, a mnie bolała szyja.

Było południe. Leżałam spocona na siedzeniu i patrzyłam w sufit.

Przemieszkałam w samochodzie kilka dni, do momentu kiedy dostałam wypłatę. Wpłaciłam pieniądze do banku i postanowiłam, że znajdę sobie jakąś miejscówkę pozbawioną kół. Pod koniec dnia podpisałam umowę wynajmu mieszkania.

Moje nowe lokum było lepsze od samochodu, ale tylko trochę. Znajdowało się na pierwszym piętrze i miało 13 metrów kwadratowych. Jedyna umywalka znajdowała się w łazience i ciągle odpadała od ściany.

Żeby związać koniec z końcem, podjęłam dwie dodatkowe prace, ale nawet wtedy było mi ciężko. Byłam kelnerką w The Cork w Crenshaw, gdzie w soboty pracowałam do wczesnych godzin porannych, a potem ucinałam sobie kilkugodzinną drzemkę przed rozpoczęciem zmiany na stanowisku barmanki w modnej restauracji Gladstones w Malibu.

Kilka razy nieczystości wybijały mi z toalety i z prysznica, więc kiedy wracałam z pracy, zastawałam mieszkanie pełne gówna.

Myślę, że nie mogłam wtedy upaść niżej. Czasami wchodziłam do domu, rozglądałam się dookoła i obiecywałam sobie, że to wszystko jest tylko tymczasowe, a potem powtarzałam w myślach, że stać mnie na więcej. Wiedziałam, że zrobię coś ze swoim życiem. Musiałam tylko postanowić co.

NIE MOŻESZ ZAKŁADAĆ, ŻE TYLKO JEDNA RZECZ DA CI SZCZĘŚCIE

Cztery lata po tym, jak Claudia Heill pokonała mnie podczas olimpiady w 2004 roku, nadal byłam na nią zła. Wmawiałam sobie, że gdybym zdobyła tamten medal, wszystko wyglądałoby lepiej.

Wiele lat później Claudia popełniła samobójstwo, skacząc z dachu. Jej śmierć bardzo mnie poruszyła. Czułam do niej złość, ponieważ miałam wrażenie, że ukradła mi nie tylko olimpijski medal, ale i szczęście. Kiedy przegrywam, czuję, że zwycięstwo i związana z nim radość jest teraz z osobą, która mi je zabrała. Claudia zdobyła jednak ten medal, a mimo to była wciąż nieszczęśliwa. Kiedy zmarła, miałam już własny medal olimpijski. I szybko zdałam sobie sprawę, jak niewiele dał mi radości.

Po powrocie z Pekinu postanowiłam, że zrobię sobie przerwę. Przez rok ze wszystkich sił starałam się zniweczyć całą pracę, którą włożyłam w rozwój ciała. Nie miałam pojęcia, czego dokładnie chcę, wiedziałam natomiast, że coś musi się zmienić. Praca nad moim ciałem i ściganie marzenia o olimpijskim złocie uczyniły mnie nieszczęśliwą. Chciałam mieć normalne życie. Chciałam mieć psa i mieszkanie, chciałam imprezować.

Od końca 2008 do blisko połowy 2009 roku nie przejawiałam żadnych ambicji. Mój plan opierał się na ostrym piciu, braku treningów i pożeraniu wszystkiego, czego odmawiałam sobie przez poprzednie lata. Miałam zamiar przez rok odpocząć od judo, obowiązków i odpowiedzialności. Dla odmiany chciałam robić coś, co j a chcę.

Chciałam między innymi psa. Marzyłam o dogu argentyńskim, nazywanym inaczej mastifem argentyńskim. To piękne potężne białe zwierzę, któremu na pewno nie zrobisz krzywdy, gdy nadepniesz na nie przypadkiem, idąc nocą do toalety. Nie miałam wielu wymagań – chciałam tylko, żeby to była suczka.

Małżeństwo hodowców z San Diego wysłało mi e-mail ze zdjęciami dwóch szczeniaków z ostatniego miotu; psy były zbyt duże, aby mogły uczestniczyć w pokazach, dlatego wystawiano je za niższą cenę. Kliknęłam w pierwszy załącznik.

– To on – powiedziałam. – To mój pies.

Nie spojrzałam nawet na drugie zdjęcie. Nie miałam najmniejszych wątpliwości. Po prostu to wiedziałam. Tego samego popołudnia kupiłam klatkę, legowisko, najlepszą karmę i kilka zabawek do gryzienia.

Trzy dni później pojechałam odebrać suczkę z San Diego. Hodowcy mieszkali w dzielnicy na obrzeżach miasta. Czekali na mnie w otwartym garażu razem z matką szczeniaka. Była pięknym zwierzęciem.

Następnie przynieśli moją psinę, a ja, nie zdając sobie nawet z tego sprawy, zaczęłam mówić do niej słodkim głosem. To była ona. Zdecydowanie był to mój pies.

– Może ją pani potrzymać – powiedział hodowca.

Wzięłam suczkę na ręce. Otworzyła zaspane oczy i przytknęła nos do mojej klatki piersiowej, układając się z powrotem do snu. Była dużym, tłustym i białym szczeniakiem.

– Nie jesteś zbyt duża – powiedziałam do niej. – Jesteś idealna.

Na cześć moich ulubionych lodów z polewą ryżową nazwałam ją Mochi i zgodnie ze swoim imieniem jest to najsłodszy pies na świecie, nie wspominając o jego oddaniu, miłości i poczuciu bezpieczeństwa, jakie mi zapewnia. Od pierwszej chwili zakochałam się w Mochi, ale do opieki nad żywą istotą trzeba się przyzwyczaić.

To była pierwsza noc, którą Mochi spędziła z dala od swojej mamy. Wyła do samego rana. Uległam i pozwoliłam jej spać w moim łóżku.

– Nie przyzwyczajaj się do tego, Mochi – powiedziałam.

Spała ze mną przez kolejne kilka tygodni. Pewnego ranka się obudziłam i przewróciłam na bok, otwierając oczy. Mochi leżała obok, opierając głowę na łapach.

– Jak się czuje moja psinka? – zapytałam dziecinnym głosem.

Kiedy zobaczyła, że się obudziłam, otworzyła pysk i zwymiotowała moją bieliznę, którą wyciągnęła z kosza na pranie i zjadła.

Sprawiłam sobie psa, kompletnie nie rozumiejąc, jak wielka to odpowiedzialność. Z każdej mojej wypłaty pierwsze 35 dolarów przeznaczałam jednak na opłacenie ośrodka opieki nad zwierzętami. Była to prawdopodobnie jedyna rozsądna decyzja, jaką podjęłam w tamtym roku.

Dzień zaczynałam od papierosa w drodze do pracy. Paliłam mentolowe camele. Po odprowadzeniu Mochi do ośrodka jechałam autostradą Pacific Coast Highway, dalej paląc. Docierałam do Gladstones, stawałam za barem i zaczynałam zmianę od mikstury, którą nazywałam Szalej Jak Fan Baracka. Niedawno wybrano Obamę na prezydenta, a mój drink przygotowywało się z czarnych i białych składników. Smakował jak przepyszna mrożona mokka z wódką. Siadałam i piłam to przez cały poranek.

SZALEJ JAK FAN BARACKA
2 kieliszki espresso
1 kieliszek (ewentualnie 2) wódki waniliowej Stoli
1 kieliszek likieru Kahlua
½ kieliszka likieru Baileys
1 łyżka stołowa kakao
2 kieliszki lodów śmietankowych (można użyć zamiast tego śmietanki i syropu)

Zmieszaj składniki z lodem. Wstrząśnij. Zmiksuj. Smacznego. (W przeciwieństwie do tego, co ja robiłam, ciesz się tym drinkiem odpowiedzialnie).

Porada barmańska: jak odmierzyć jeden kieliszek? Lejąc, policz do czterech.

W każdą niedzielę dwaj producenci hip-hopowi podjeżdżali do Gladstones na kolażówkach jak z Tour de France i zamawiali mięso z owocami morza oraz drinki Cadillac Margarita. Dawali mi 30-dolarowy napiwek i tyle marihuany, że mogłam być ujarana przez kilka dni. W tygodniu jeden z regularnych bywalców lokalu sprzedawał kelnerom vicodin i za to, że pośredniczyłam w tych wymianach, nie mówiąc o niczym szefowi, dawał mi ukradkiem jedną albo dwie tabletki.

Nawalona w południe whisky i vicodinem patrzyłam w ocean, obserwując delfiny pływające wśród fal. W telewizorze nad barem bez przerwy leciał kanał sportowy. Moją uwagę przykuwały głośne pojedynki w MMA.

– Spokojnie mogłabym to robić – mówiłam na głos.

Ludzie przy barze kiwali głowami, żeby nie robić mi przykrości. Było oczywiste, że nikt mi nie wierzy. Wszyscy wyraźnie widzieli, że nie robię absolutnie nic ze swoim życiem.

Tak wiele musiałam przecierpieć, by dostać się na olimpiadę. Po drodze tłumaczyłam sobie, że efekt będzie wspaniały i wart tego wszystkiego. W rzeczywistości jednak efekt był wprawdzie wspaniały, ale niewart tego wszystkiego. Ta świadomość mnie dobijała. Marzyłam o olimpiadzie od dziecka. Zdobyłam medal olimpijski, ale czułam się, jakbym wszystkich zawiodła.

Dręczyło mnie to rozczarowanie. Nie wiedziałam, jak sobie z nim poradzić. Próbowałam osiągnąć zadowolenie, nawalając się w trupa, ale wciąż nie byłam szczęśliwa i wciąż nie rozumiałam dlaczego. Zmarnowałam cały tamten rok. Brakowało mi czegoś, ale nie potrafiłam powiedzieć czego.

IGNORUJ NIEISTOTNE INFORMACJE

Kiedy walczę, mój mózg rejestruje jednocześnie milion informacji. Wielkość widowni. Jasność świateł. Temperatura na hali. Każdy ruch w klatce. Każdy rodzaj bólu w moim ciele. Słabszy zawodnik byłby tym wszystkim przytłoczony.

Rejestruję wszystkie informacje, ale przetwarzam tylko te, które mają znaczenie. Odległość pomiędzy moimi plecami a klatką. Każdy ruch mojej rywalki. Trudność, jaką sprawia jej oddychanie. Jej reakcja na uderzenie pięścią w twarz. Ignoruję to, co dzieje się wokół mnie i nie ma wpływu na moje zwycięstwo lub porażkę.

Wszystko na tym świecie jest informacją. To, które informacje przetwarzasz, a które ignorujesz, zależy tylko od ciebie. Możesz pozwolić, żeby zewnętrzne czynniki, na które nie masz wpływu, zaburzyły ci perspektywę. Możesz pozwolić, żeby powstrzymywał cię ból pleców. Możesz pozwolić, żeby krępowała cię cisza. Skupiając się tylko na istotnych informacjach, możesz odsunąć od siebie wszystko, co cię rozprasza, i osiągnąć dużo więcej.

Próbowałam zrobić coś ze swoim życiem. Chciałam cieszyć się z tego, że jestem barmanką, ale nalewanie drinków przez kolejne siedem dekad to na pewno nie było to.

Judo nie przyniosło mi radości. Ale gdy sobie odpuściłam, też nie byłam szczęśliwa. Martwiłam się, że nic nigdy mnie nie uszczęśliwi, że straciłam na to szansę. Próbowałam po prostu przeżyć każdy kolejny dzień. Kiedy przestałam uprawiać judo, szybko się dowiedziałam, kto jest moim prawdziwym przyjacielem. Jednym z nich był Manny Gamburyan. Ćwiczyliśmy judo, od kiedy skończyłam 11 lat; gdy przeszłam operację kolana, to właśnie on otwierał salę treningową, żeby ćwiczyć ze mną godzinami. Był dobry w judo, ale nie zrobił kariery w tej dyscyplinie. Zamiast tego zaczął walczyć w MMA. Po olimpiadzie czasami dzwonił do mnie, żeby zapytać, jak leci.

– Powinnaś wpaść i z nami poćwiczyć – powiedział kiedyś.
– Okej, wpadnę – odparłam. Potrzebowałam ruchu. Wyglądałam, jakby ktoś nadmuchał mnie za pomocą pompki do roweru.
– Spotkajmy się w Hayastan – zaproponował Manny. Był to ten sam klub, w którym kilka lat wcześniej doskonaliłam parter po operacji, tyle że teraz znajdował się w nowym miejscu. Mimo to, wchodząc do niego, doświadczyłam znajomego uczucia. Unosił się tam ten sam zapach co kiedyś: czułam pot i ocean wody kolońskiej. Miejsce było odnowione, ale rozpoznałam wiele twarzy. Kilku chłopaków, z którymi ćwiczyłam judo, trenowało teraz MMA. Dogryzali sobie nawzajem po ormiańsku. Położyłam torbę z boku i rozejrzałam się po sali. Kilkunastu chłopaków już trenowało. Nie było tam ani jednej dziewczyny.

– Ron, przyszłaś! – powiedział Manny i mnie uścisnął. – Jesteś gotowa?
– Urodziłam się gotowa – powiedziałam. Ćwiczyliśmy zapasy przez jakąś godzinę. Manny atakował bez taryfy ulgowej. Odpowiadałam z taką samą energią. Pod koniec treningu byłam cała spocona i miałam na skórze kilka powiększających się siniaków.

– Nieźle, Ron – stwierdził Manny. – Masz szczęście, że dawałem ci fory.
– Chciałbyś – odparłam ze śmiechem. Dobrze się poczułam, kiedy znów znalazłam się na macie.

Po pierwszym treningu postanowiłam, że będę ćwiczyć u Manny'ego regularnie. Kochałam to tak samo jak kiedyś.

Trenowałam we wtorki, ale pomiędzy pracą a wizytą w Hayastan w Hollywood wpadałam do ośrodka, odbierałam Mochi i zabierałam ją do parku dla psów.

Mochi miała teraz cztery miesiące i dopiero zaczęłam chodzić z nią do parku. Zazwyczaj spotykałam tam Przystojniaka z Parku dla Psów, ale nigdy z nim nie rozmawiałam. Był wysokim, wytatuowanym i przystojnym brunetem w typie surfera, który sprawiał, że w mojej głowie cienki głosik mówił z francuskim akcentem „Ulala!". Kiedy łapałam się na tym, że tępo się na niego gapię, natychmiast odwracałam wzrok i udawałam, że Mochi pochłania mnie w 100 procentach.

Pewnego dnia jego pies zbliżył się do Mochi i zaczął ją zaczepiać. Mochi schowała się za mną, a Przystojniak z Parku dla Psów nie miał wyjścia i musiał do mnie podejść. W myślach krzyczałam: „O mój Boże, Przystojniak z Parku dla Psów tu idzie!".

Zaczęliśmy rozmawiać o naszych psach i o głupotach, których później się nie pamięta. W końcu zaproponował, żebym pojechała z nim posurfować. Tak, był słodki, ale poza tym naprawdę chciałam nauczyć się surfingu. Była to jedna z rzeczy na mojej liście do zrobienia. Po tylu miesiącach palenia i picia pragnęłam jakiegoś fizycznego wyzwania, a ocean wydawał się wystarczająco silny, żeby mnie do tego skłonić.

– Fajnie – powiedział Przystojniak z Parku dla Psów. – Wyjeżdżamy o piątej rano.

Nie mogłam wydusić z siebie ani słowa: byłam zbyt przerażona. Miałam ochotę krzyknąć: „O piątej rano? Chyba, kurwa, żartujesz!".

– W porządku – stwierdziłam tylko, wykonując w myślach taniec radości.

Następnego ranka przyjechałam do jego domu przed świtem. Byłam zdenerwowana, ale i podekscytowana. Pojechaliśmy jego starym pathfinderem na północ Pacific Coast Highway. Przez popękane szyby wpadało chłodne i wilgotne powietrze. Jechaliśmy w zupełnej ciszy.

Wiedział, że nie mam pojęcia o surfowaniu, ale kiedy dotarliśmy na plażę, wręczył mi deskę oraz kombinezon i powiedział:

– No to działaj.

I tyle; po tych słowach skierował się do wody. Patrzyłam, jak wiosłuje rękoma po powierzchni oceanu, a następnie zaciągnęłam deskę po piasku do cholernie zimnej wody.

Bam. Fala zwaliła mnie z nóg. Próbowałam z powrotem wejść na deskę. Kiedy tylko się na niej położyłam – bam! Lodowata słona woda wpadła mi do nosa, a ja zaczęłam kasłać i chwytać powietrze. Kolejna fala. Bam!

Czułam się, jakbym znalazła się w pralce z przywiązaną do nogi deską surfingową.

Przez ponad godzinę ocean kopał mi dupsko. W końcu Przystojniak z Parku dla Psów złapał ostatnią falę i skierował się na brzeg. Odczekałam minutę albo dwie, żeby nie wyglądało, jakbym bardzo chciała wyjść już z wody, a następnie niezdarnie powlekłam się z deską na brzeg.

Załadowaliśmy sprzęt z powrotem na samochód i wróciliśmy do domu w przyjemnej ciszy. Nie miałam pojęcia, czy chłopak jest mną zainteresowany. Wiedziałam natomiast, że ja jestem zainteresowana nim i że chcę nauczyć się surfować. Umówiliśmy się na kolejny wypad za dwa dni.

Nadal nie potrafiłam powiedzieć, co chcę zrobić ze swoim życiem, ale palenia i picia miałam już dość. „W kwietniu planuję znowu zacząć trenować" – przypominałam sobie. Zamiast motywacji, jaką powinna dawać mi decyzja o powrocie do sportu, któremu poświęciłam życie, odczuwałam jedynie zniechęcenie. Mimo wszystko uznałam, że pora wrócić do formy.

Po kilku spędzonych w milczeniu randkach surfingowych zaproponowałam PPP, żeby pobiegał ze mną po wzgórzach. Zgodził się, ale nie dotarł na umówione miejsce. Czekałam na niego prawie godzinę, sprawdzając telefon i wmawiając sobie, że utknął w korku. Przez chwilę miałam wrażenie, że zaraz zacznę się nad sobą użalać, ale zamiast tego zadzwoniłam do innego chłopaka, który ostatnio dał mi swój numer, i umówiłam się z nim na randkę w weekend, a potem zaczęłam biec. Z każdym kolejnym wzniesieniem zalewały mnie nowe emocje.

Wzniesienie numer 1: Zaprzeczenie. „Na pewno w końcu przyjedzie. Po prostu się spóźnia. Może zepsuł mu się samochód".

Wzniesienie numer 2: Smutek. „Naprawdę go lubiłam. Nie wierzę, że się nie pojawił".

Wzniesienie numer 3: Niepewność. „Czy to możliwe, że źle zinterpretowałam jego zachowanie? Czy uważał mnie tylko za koleżankę? Czy powiedziałam coś nie tak?"

Wzniesienie numer 4: Odrzucenie. „Nie lubi mnie. Byłam głupia, skoro myślałam, że jest inaczej".

Wzniesienie numer 5: Złość. „Wiecie co? Pierdolę tego gościa".

Wzniesienie numer 6: Apatia. „Nieważne. Zapomnę o tym".

Kiedy kończyłam trening, PPP podjechał na szczyt wzgórza. Jego samochód załadowany był białymi workami na śmieci, które wyglądały, jakby ktoś naprędce wepchnął do nich cały dobytek. Pomiędzy worki wcisnął się jego pies, Roxie. PPP nie widział nic we wstecznym lusterku. Byłam w połowie wzgórza, kiedy wysiadł z auta, żeby na mnie poczekać. Dotarłam na szczyt i oparłam ręce na biodrach, oddychając ciężko.

– Zostałem wyrzucony z mieszkania – stwierdził. Nie były to przeprosiny, ale zwykłe wyjaśnienie.

Następnie PPP rozpłynął się w powietrzu. Dwa tygodnie później spotkałam go w parku dla psów. Kiedy spojrzał w moją stronę, udałam, że go nie widzę. Mimo to do mnie podszedł.

– Chcę cię przeprosić. Przechodzę teraz przez prawdziwe gówno.

– Mhm – mruknęłam chłodno.

– Nadal chciałabyś się ze mną widywać?

Chciałam. Nic nie mogłam na to poradzić. Coś mnie do niego ciągnęło. Umówiliśmy się więc na randkę i tak już zostało. Zaczęliśmy spędzać ze sobą czas. Nigdy nie oddzwoniłam do tamtego chłopaka, z którym umówiłam się na weekend. Nie wyjaśniłam mu nawet, co się stało.

PPP i ja wznowiliśmy nasze surfingowe randki, ale tym razem nie było już między nami ciszy. Kiedy jechałam do domu, w którym mieszkał razem z kolegą, przez całą drogę się uśmiechałam, tak bardzo się cieszyłam, że go zobaczę. Jadąc na wybrzeże i z powrotem, rozmawialiśmy i słuchaliśmy muzyki. Zabierał mnie na organizowane przez jego znajomych domówki, gdzie oglądaliśmy czasami walki MMA. Zawsze interesowały go moje spostrzeżenia. Zadawał mi pytania i z szacunkiem podchodził do moich uwag. Pewnego razu wspomniałam, że zamierzam zająć się MMA.

– Jasne, dziewczyno, działaj. Powinnaś to zrobić.

Chodził do sklepu Trader Joe's i kupował jedzenie, które mogliśmy przyrządzać w domu. Zabieraliśmy Mochi i Roxie do parków dla psów w całym mieście, a potem wracaliśmy do domu, gdzie obydwa padały z wycieńczenia. Najczęściej zamykaliśmy się jednak w jego małym pokoju, który nazywał „pieczarą", i leżeliśmy w łóżku, rozmawiając. Dyskutowaliśmy o zespołach i o filmach. Mieliśmy podobne poczucie humoru i potrafiliśmy śmiać się godzinami. Rozmawialiśmy o życiu. Powiedział mi o swoim synu. Ja opowiedziałam mu o śmierci mojego taty. On wyjawił mi, że wyszedł z nałogu heroinowego i jest czysty już od pięciu lat. Ja podzieliłam się z nim historią o wstrząsie, jaki przeżyłam z powodu porażki na olimpiadzie. Czułam, że mnie rozumie.

Pewnego dnia obudziłam się obok PPP, spojrzałam w jego piwne oczy, które zdążyłam już pokochać, i zrozumiałam, że nie potrafię się od niego oderwać. Zadzwoniłam do baru i powiedziałam, że jestem chora. Zasady panujące w Gladstones określały, że jeśli zgłaszasz chorobę w ciągu weekendu, musisz przedstawić zaświadczenie lekarskie. Kiedy pojawiłam się bez tego dokumentu, usłyszałam, że nie mogę zacząć pracy, dopóki go nie przedstawię. Nigdy tam nie wróciłam.

Poprzedni rok spędziłam na poszukiwaniach czegoś, co mogłoby mnie uszczęśliwić, i w końcu to znalazłam. Mijały kolejne dni i tygodnie, a ja i PPP byliśmy tak szczęśliwi, że nawet sobie tego nie uświadamialiśmy. Zapomnieliśmy o całym świecie.

RELACJE, KTÓRE ŁATWO SIĘ ROZPADAJĄ, NIE SĄ WIELE WARTE

Oczekuję, że jeśli ktoś sprawuje pieczę nad tak bezcenną i istotną częścią mojego życia jak moja kariera, to powinnam choć trochę go obchodzić.

Potrzebujesz szkoleniowca, któremu zależy na tobie, a nie tylko na jego własnych statystykach. Wiele osób znajduje trenerów, którzy świetnie wykonują swoją pracę, ale nie opiekują się nimi jako ludźmi. Kiedy osoby, które o ciebie nie dbają, podejmują decyzje dotyczące twojego życia, to decyzje te z reguły okazują się błędne.

Im dłużej pozostajesz w relacji z trenerem albo z kimkolwiek innym, tym trudniej jest ci ją zakończyć. Wiele osób zatrzymuje się zbyt długo w jednym miejscu, ponieważ nie chce przeprowadzać trudnych rozmów, które mogłyby popsuć ich stosunki z kimś innym. Ale jeśli otaczający cię ludzie nie chcą zaakceptować tego, co dla ciebie najlepsze, to twoja relacja z nimi nie jest tak ważna, jak ci się wydawało. Naprawdę cenna więź przetrwa coś takiego.

Postanowiłam, że wrócę do judo, ale na własnych warunkach. Mówiłam wszystkim, że robię sobie przerwę tylko na rok, i ten rok już się kończył. Nie martwiłam się utratą pracy w Gladstones, bo wracałam do sportu. Pieniądze, które w ten sposób bym zarabiała, mogłyby nawet umożliwić mi trenowanie MMA.

Przez cztery miesiące odbyłam wiele podróży, które były związane z moim powrotem do treningów. Podczas pobytu w Japonii usiadłam pewnego dnia w mieszkaniu dla sportowców i uderzyła mnie nagła myśl: jestem nieszczęśliwa i przygotowując się przez następne trzy lata do olimpiady, nadal będę nieszczęśliwa.

Przypomniałam sobie o moim brązowym medalu i o tym, jak bardzo ulotna okazała się ekscytacja związana z jego zdobyciem. Nie wierzyłam, że złoto da mi dużo więcej radości. Nie chciałam już być nieszczęśliwa. Skróciłam pobyt w Japonii i wróciłam do domu.

Po powrocie rozpisałam sobie zwariowany i nietypowy dla judo czy MMA harmonogram, który pozwolił mi zmienić to, co robiłam każdego dnia. Opierał się on na dwutygodniowych cyklach, dzięki czemu mogłam ćwiczyć kompleksowo, a jednocześnie wprowadzać pewne zmiany. W każdym okresie wykonywałam na przykład osiem treningów judo, cztery treningi bokserskie, cztery treningi zapasów, dwie sesje siłowe i kondycyjne oraz kilka treningów ogólnych, takich jak bieganie po plaży albo surfing. Jeśli któregoś dnia nie chciało mi się ćwiczyć judo, mogłam zrobić coś innego. Jeśli miałam ochotę surfować, mogłam iść surfować. Nie miało znaczenia, czy zrobię osiem treningów judo z rzędu, czy będę wykonywać je co drugi dzień – ważne było, żeby w danym cyklu zaliczyć ich tyle, ile zaplanowałam. Po raz pierwszy w życiu to, jak trenowałam, zależało tylko ode mnie.

Rok przerwy mnie zmienił. Spędziłam ten czas, żyjąc na własną rękę i próbując samodzielnie dojść do pewnych wniosków. To ja dokonywałam wyborów – nie zawsze okazywały się właściwe, ale przynajmniej byłam samodzielna. A teraz postanowiłam, że nie wrócę już do tego, co było.

W maju 2010 roku poleciałam do Myrtle Beach na seniorskie mistrzostwa USA w judo. Był to mój pierwszy duży turniej od czasu olimpiady, ale nie miałam wątpliwości, że go wygram. Wszyscy byli podekscytowani moim powrotem i przewidywali, że wystąpię na olimpiadzie w 2012 roku.

Mały Jimmy i ja staliśmy obok siebie na macie do rozgrzewki. Jimmy pomagał mi w treningach, od kiedy skończyłam 16 lat. Przez większość mojego życia był dla mnie idolem, kolegą z drużyny olimpijskiej i trenerem. Teraz miałam 23 lata i chciałam, żeby Mały Jimmy przygotowywał mnie do MMA. Powiedziałam mu o moim planie przejścia do mieszanych sztuk walki. Długo milczał. Zaserwowałam mu więc przygotowane wcześniej małe przemówienie.

– USA Judo zyska znacznie więcej, jeśli ktoś ze świata judo zostanie mistrzem MMA i udowodni, że ten sport jest prawdziwą sztuką samoobrony – powiedziałam. – Nic, nawet złoty medal olimpijski, nie jest w stanie bardziej wypromować tej dyscypliny.

Jimmy pokiwał głową, mrużąc oczy. Wiedziałam, że mówię szybko, ale bałam się, że załamie mi się głos (albo opuści mnie pewność siebie). Powiedziałam mu, że nie chcę wracać do Bostonu. Dodałam, że zamierzam trenować według własnego harmonogramu.

– Chcę trenować judo, ale również MMA – oświadczyłam.

Kiedy skończyłam, Jimmy spoglądał na mnie w taki sposób, jakby zastanawiał się, czy zareagować gniewem, czy histerycznym śmiechem.

– Co chcesz ode mnie usłyszeć? Że cię popieram? Nie popieram. Chcesz, bym powiedział, że pomogę ci w realizacji tego absurdalnego planu? Nie, nie pomogę. Marnujesz swój talent. Jeśli nie chcesz uprawiać judo, to go nie uprawiaj. Przestań marnować czas innych ludzi. Jeśli nie zamierzasz być w stu procentach oddana tej dyscyplinie, nie będziesz otrzymywać dofinansowania. Osobiście o to zadbam. Powodzenia – dodał lekceważącym tonem. – Będziesz go potrzebować, bo twój plan nie ma szans się powieść.

Po tych słowach odwrócił się do mnie plecami i odszedł. Potraktował mnie jak kompletne zero.

Oszołomiona patrzyłam, jak się oddala. Gdzieś z tyłu mojej głowy zaczęła rosnąć wściekłość, ale zanim zdążyła wykipieć, przysłoniła ją wyraźna myśl: „Pożałujesz tego, co dzisiaj powiedziałeś. Zostanę taką zawodniczką, że do końca życia będziesz żałował, że mnie straciłeś".

Byłam gotowa odejść od Jimmy'ego, ale nie od judo – jeszcze nie. W maju wyjechałam do Tunezji na zawody Grand Prix. Pierwszą walkę wygrałam przez *ippon*, ale w drugiej poniosłam porażkę. Wróciłam do domu, mając w planach turniej w Brazylii. Zostawiłam paszport w konsulacie, żeby wyrobić sobie wizę, ale kiedy jechałam do domu, zrozumiałam, że perspektywa udziału w tych zawodach napawa mnie strachem. Zanim dotarłam na miejsce, podjęłam decyzję, że odwołuję wyjazd.

Zerwałam z judo, tak samo jak z Małym Jimmym.

KTOŚ MUSI BYĆ NAJLEPSZY NA ŚWIECIE. DLACZEGO NIE TY?

„Ktoś musi być najlepszy na świecie. Dlaczego nie ty?"
Moja mama powtarzała mi to codziennie.
– Dlaczego nie ty? – pytała. – Poważnie, dlaczego? Ktoś musi być najlepszy. Na olimpiadzie rozdaje się medale. Dosłownie się je rozdaje. Dlaczego nie miałabyś dostać jednego z nich?

To było pytanie retoryczne. Wiedziała, jak wiele kosztuje osiągnięcie dominacji w danej dyscyplinie. Sama była mistrzynią świata. Bycie najlepszym jest trudne, ale jak najbardziej osiągalne – pod warunkiem że wkładasz w to wiele wysiłku. Moja mama nauczyła mnie, że mogę być najlepsza.

– Cholera, Ronda, gdybyś trenowała MMA, rozwaliłabyś tam wszystkie laski – stwierdził Manny. Siedzieliśmy na macie podczas przerwy w treningu walki w parterze.

Dzięki swoim umiejętnościom zdobyłam szacunek wśród chłopaków z klubu. Nie byłam dobra jak na dziewczynę, byłam lepsza od prawie wszystkich naszych zawodników. Manny powiedział po prostu na głos to, co sama wiedziałam od czasu, kiedy kilka lat wcześniej obejrzałam walkę Giny

Carano i Julie Kedzie. Fakt, że ludzie wokół mnie też to zauważyli, rozbił zaporę, o której istnieniu nawet nie wiedziałam.

– Wiesz, myślę, że masz rację – odparłam wtedy, jakby coś podobnego nigdy nie przeszło mi przez myśl. – Wydaje mi się, że mogłabym pokonać te dziewczyny.

– Bez wątpienia – przytaknął Manny.

Zapytałam o zdanie kilku chłopaków, którzy akurat stali w pobliżu. Ich odpowiedzi były jednoznaczne: żadna dziewczyna nie miałaby ze mną szans w MMA.

Niedługo później zaczęłam pytać znajomych:

– Myślisz, że powinnam walczyć? Myślisz, że naprawdę powinnam to zrobić?

Wszyscy odpowiadali, że nie. Uważali, że mogłabym to zrobić, ale że nie powinnam. Ludzie byli przekonani, że to ślepa uliczka. Sądzili, że w mieszanych sztukach walki nigdy nie będzie miejsca dla dziewczyn. Kobiety w MMA nie miały szans na prawdziwy szacunek i prawdziwą karierę.

– Ale dlaczego właściwie chciałabyś to robić? – zapytał mnie Manny. – Wiesz, że jesteś najlepsza na świecie, a udowodnienie tego nic ci nie da.

Miał rację, a jednocześnie się mylił. Wiedziałam, że jestem najlepsza na świecie, i rozumiałam, że nawet jeśli będę dominowała w kobiecym MMA, nie dam rady w ten sposób zarobić na życie, jeśli ten sport radykalnie się nie zmieni. Nie zgadzaliśmy się natomiast co do jednej rzeczy: ja uważałam, że mogę zmienić świat MMA, a Manny sądził, że to niemożliwe.

– Ktoś może to zrobić – stwierdziłam. – Nie mów mi, że to niemożliwe. Kto na całym pierdolonym świecie nadaje się do tego lepiej niż ja?

Manny wzruszył ramionami.

Następnym krokiem było załatwienie jakichś walk. Potrzebowałam menedżera. Zapytałam głównego trenera z Hayastan, Gokora Cziwiczjana, czy zna jakichś menedżerów MMA, a on polecił mi Darina Harveya, który wynajmował w Hayastan niewielkie biuro i próbował wybrać dla siebie w klubie zawodników. Darin miał ponad 40 lat i był zwyczajnym kolesiem z bogatej rodziny, który uprawiał sporty walki w ramach hobby, a potem postanowił, że zostanie menedżerem. Twierdził, że miał udział w sukcesach takich zawodników, jak były mistrz wagi ciężkiej UFC Bas Rutten. Zapytałam Darina, czy chciałby być moim menedżerem, a on się zgodził.

Kolejne elementy układanki pojawiały się na odpowiednich miejscach, ale została mi jeszcze jedna rzecz do zrobienia – musiałam powiedzieć o tym mamie. Krążyłam wokół tej sprawy przez kilka tygodni, próbując się przygotować. Bałam się jednak rozmawiać z nią o moim pomyśle. Potrzebowałam jej błogosławieństwa. Nie chciałam po raz kolejny uciekać i robić czegoś, czego nie akceptuje. Bardzo ciężko pracowałam, żeby naprawić nasze relacje, i nie chciałam tego zaprzepaścić.

Kilka dni później się zdecydowałam.

Mama siedziała na kanapie w salonie. Zajęłam miejsce dwa metry od niej, niedaleko kuchni. Był to maksymalny dystans, przy którym mogłam zachować z mamą kontakt wzrokowy. Stojąc pomiędzy stołem a piekarnikiem, zdałam sobie sprawę, że w razie złego obrotu spraw mama znajduje się pomiędzy mną a jedynym wyjściem z domu.

Przez kilka sekund patrzyłyśmy na siebie. W końcu odwróciłam wzrok. Mama nie wiedziała, co zamierzam powiedzieć, ale było dla mnie jasne, że to skrytykuje. Przestępowałam z nogi na nogę, czekając, aż to ona przełamie pierwsze lody, ale mama nie zamierzała mi tego ułatwiać.

– Mamo – zaczęłam i zamilkłam.

– Nie – odparła.

– Ale przecież jeszcze nic nie powiedziałam.

– Wiem, ale jest oczywiste, że to będzie coś, czemu się sprzeciwiam – stwierdziła.

„Jak ona to robi?"

Zorientowałam się, że wstrzymuję oddech, i zaczerpnęłam powietrza.

– Mamo, wiem, że nie najlepiej to brzmi. Ale zawsze pytasz mnie o plany na przyszłość. Chyba już je znam, choć wiem, że będziesz przeciwna. Chcę spróbować mieszanych sztuk walki. Jeśli po roku to nie wypali, wstąpię do straży przybrzeżnej, pójdę do college'u albo zrobię cokolwiek, co tylko będziesz chciała. Czuję jednak, że naprawdę mam szansę coś w tym osiągnąć. Jeśli mi się nie uda, z pełnym przekonaniem potwierdzę, że miałaś rację, i zacznę być odpowiedzialnym dorosłym człowiekiem. Daj mi tylko rok.

Mama nic nie powiedziała. Przez chwilę siedziała w milczeniu. Na jej twarzy nie dostrzegałam wściekłości; miała nieprzeniknioną minę.

– Kurwa, to najgłupszy pomysł, o jakim w życiu słyszałam – stwierdziła, a potem, by to jeszcze podkreślić, powtórzyła: – Kurwa, najgłupszy pomysł, o jakim w życiu słyszałam.

Miała opanowany głos, co było jeszcze gorsze od krzyku.

– A jeśli mówię, że to najgorszy pomysł, to już coś znaczy, bo miałaś w życiu wiele naprawdę debilnych pomysłów.

– Ale, mamo, to moje marzenie – powiedziałam. – Ja...

Przerwała mi:

– Pomagaliśmy ci podczas przygotowań do dwóch olimpiad. Dotrzymałam mojej części umowy. Zrobiłam, co mogłam, żeby cię wesprzeć. Przez osiem lat wszyscy członkowie twojej rodziny poświęcali się dla ciebie. Przyszła więc pora, żeby wreszcie wziąć się w garść, znaleźć pracę i dorosnąć. To już nie jest czas na teksty w stylu: „Marzę o MMA". Nie zamierzam być jednym z tych rodziców, którzy trzymają w domu i karmią trzydziestoletnie dzieci, bo te o czymś marzą. Ja też o czymś marzę. Marzę o tym, żeby kiedyś przejść na emeryturę, a jestem już starą kobietą. Nie zamierzam wspierać dorosłych i zdolnych do pracy ludzi. To głupi pomysł. Powinnaś iść do college'u, zdobyć prawdziwą pracę i skończyć z tymi idiotyzmami.

Przerwała na chwilę, żeby wziąć oddech. Otworzyłam usta, chcąc jej odpowiedzieć, ale jeszcze nie skończyła.

– Nie wspominając już o tym, że to wyjątkowo głupie, ponieważ nie istnieje coś takiego, jak zawodowe MMA kobiet – stwierdziła. – Tak, wiem, że są mężczyźni, którzy zarabiają w ten sposób na życie, ale z tego co się orientuję, wszyscy walczą dla UFC, a organizacja ta nie zatrudnia kobiet ani nie zamierza zatrudniać ich w przyszłości.

– Nie proszę cię o wsparcie finansowe. Potrzebuję tylko twojego błogosławieństwa.

– No to go nie dostaniesz. Jestem jednak pewna, że i tak będziesz próbowała zrealizować to nierealne marzenie, bo udowodniłaś już, że masz w dupie, czy się z tobą zgadzam.

Nie rozmawiałam z mamą przez dwa tygodnie. Zostawiła mi kilka wiadomości, ale nie odbierałam od niej telefonów.

Sprawdziłam pocztę głosową. "Ronda, tu twoja matka. Wiem, że celowo nie odbierasz moich telefonów. Jeśli liczysz na to, że zmieniłam zdanie i nie uważam już tego MMA za głupi pomysł, to nie, nie zmieniłam. Ale oddzwoń, tak czy inaczej".

Nie dało się jej przeczekać. Zaprosiłam ją na kolację z Darinem i Leo Frincu, moim trenerem od siły i wytrzymałości, żeby udowodnić jej, że moje ambicje dotyczące MMA to coś więcej niż tylko mrzonki.

Spotkaliśmy się w Enterprise Fish Company. Darin, Leo i ja czekaliśmy przy stoliku.

– To prawdziwy zaszczyt panią poznać – oznajmił Darin, kiedy moja mama się pojawiła. – Ronda dużo o pani opowiadała.

– Nie wątpię.

Darin posłał mi uśmiech mówiący: "Nie martw się, dopiero się rozkręcam". Ja spojrzałam na niego wzrokiem: "Nie znasz mojej mamy".

– Ronda ma potencjał, by zostać gwiazdą – stwierdził Darin.

Mama przewróciła oczami.

– Nie wierzy mi pani?

– Jestem w tym względzie sceptyczna – odparła stanowczym głosem.

Kelnerka podeszła, żeby odebrać zamówienie. Rozmowa przy stole nagle się urwała. Kiedy moja mama przeglądała menu, błagalnie spojrzałam na Leo.

– Ronda to niezwykła zawodniczka – zaczął Leo, jak tylko kelnerka odeszła od stolika. – Jest jednym z najlepszych sportowców, z jakimi kiedykolwiek pracowałem, a tak naprawdę dopiero zaczęliśmy. Ma niesamowity potencjał. Wiem, ile kosztuje bycie najlepszym w sporcie – dodał. – Byłem mistrzem świata w zapasach.

– Naprawdę? – Na twarzy mojej mamy pojawił się cień szacunku.

– Tak, w 1994 roku, startowałem w reprezentacji Rumunii.

Mama skinęła głową.

– Ronda nie osiągnęła jeszcze szczytu swoich możliwości – stwierdził Leo. – Wciąż jest młoda. Dopiero dojdzie do swojego maksimum. Może być najlepsza na świecie.

– Nie twierdzę, że nie – odparła mama. – Moje pytanie brzmi jednak: "No dobra, a co potem?". Z tego co wiem, w MMA nie ma miejsca dla kobiet. Mylę się?

Leo się zawahał. W tym momencie wtrącił się Darin:

– Na razie nie istnieje, ale zamierzamy to zmienić. Ronda będzie wielka. Chcemy załatwić jej kilka walk, a potem wszystko zacznie układać się w całość. Jestem naprawdę bardzo dobrej myśli. Od tej dziewczyny bije niesamowita energia.

– Zajmuję się statystyką, dlatego bardziej niż energia interesują mnie fakty i rzeczywiste dane. Mam nadzieję, że rozumiecie, dlaczego pozostaję sceptyczna.

– Jak najbardziej – potwierdził Darin nieco zbyt skwapliwie.

Kelnerka przyniosła nam przystawki. Mama wypytywała Darina o jego kwalifikacje, zawodników i doświadczenie.

Nie polepszał naszej sytuacji i gdy mówił, mama wzdychała lekceważąco. Darin próbował wymieniać jakieś gwiazdy *reality show* i kilka podrzędnych nazwisk. Szybko się pogrążał.

– Ale to nie są zawodnicy – zauważyła mama.

– No... nie są.

– Rozumie pan więc, dlaczego jestem sceptyczna? – zapytała po raz kolejny.

– Rozumiem – wymamrotał Darin. – Ale mamy plan. Wszystko już wymyśliliśmy. To się nie stanie z dnia na dzień. Myślę jednak, że przy odpowiednim wsparciu za cztery lata...

Przerwał i spojrzał na moją mamę, oczekując, że ta okaże wsparcie, o którym mówił. Mama patrzyła na niego z mieszaniną obrzydzenia i niedowierzania.

– Moment, twierdzi pan, że powinniśmy wesprzeć ją finansowo? – zapytała ze śmiechem.

– Sama mogę o siebie zadbać – wtrąciłam.

– Wykładam na jej karierę dużo pieniędzy – stwierdził Darin.

– To wspaniale – powiedziała moja mama lekceważącym tonem.

Miałam ochotę wejść pod stół albo wybiec z restauracji.

– Nie kwestionuję umiejętności Rondy jako sportsmenki – kontynuowała mama. – Kwestionuję całe to gadanie: „Ona będzie gwiazdą i zarobi mnóstwo pieniędzy, mimo że w MMA nie ma w ogóle miejsca na kobiety".

Darin milczał.

– Rozumiecie więc, dlaczego jestem sceptyczna? – zapytała po raz kolejny.

Darin skinął głową.

– A co pan będzie z tego miał?

– Chcę po prostu, żeby Ronda odniosła sukces.

– Podpisaliście kontrakt?

– Tak, podpisaliśmy – potwierdził. – Ale wycofam się, jeśli Ronda nie będzie ze mnie zadowolona.

Mama zmrużyła oczy.

– Nie chodzi o interesy – oświadczył Darin. – Ronda jest dla mnie jak rodzina.

– W interesach zawsze chodzi o interesy – stwierdziła mama, a następnie odwróciła się w moją stronę. – Zrozumiałam też, że jedyni ludzie, którzy są dla nas jak rodzina, to właśnie nasza prawdziwa rodzina. Słuchaj, jeśli naprawdę chcesz to robić, spróbuj, ale musisz być samodzielna. Dam ci rok. To wszystko. Rok.

Zalała mnie fala szczęścia. W myślach wykonałam taniec radości. Na nic więcej nie mogłam liczyć. Nie była to oczywiście całkowita zgoda, ale musiała mi wystarczyć.

Kiedy skończyliśmy jeść, Darin odstawił wielkie przedstawienie z płaceniem rachunku.

– Miło było cię poznać, Leo – stwierdziła mama, a potem powiedziała do mnie. – Rok.

Posłała Darinowi znaczące spojrzenie i nie odezwała się do niego.

Zadzwoniła do mnie tego samego dnia wieczorem.

– Cześć, mamo, co tam?

– Rok – oznajmiła, pomijając formalności. – I nie ufam temu całemu Darinowi.

„To się naprawdę dzieje" – pomyślałam.

Było to moje marzenie, a mama dawała mi szansę na jego realizację, choć nie wierzyła, że może mi się udać. Rozumiałam to.

Jeśli ludzie nie wierzą w to, co mówisz, musisz ich przekonać, że masz rację. Obiecałam mamie, że udowodnię, jak bardzo się myli.

SZUKANIE TRENERA PRZYPOMINA SZUKANIE CHŁOPAKA

Kiedy szukam trenera, rozglądam się wokół. W dużej mierze przypomina to randkowanie. Czasami możesz poznać świetnego faceta, który jednak po prostu do ciebie nie pasuje. Trafiając na odpowiedniego szkoleniowca, masz wrażenie, jakby coś właśnie zaskoczyło. Czujesz, że to właśnie to. Jeśli nie masz takiego wrażenia, to znaczy, że nie jest to odpowiedni trener.

Zawodnicy muszą szukać trenerów z potencjałem, tak samo jak trenerzy muszą szukać zawodników z potencjałem. W końcu chodzi tu o długofalową relację.

Uważam, że nie należy zbyt kombinować, tylko przez całą karierę konsekwentnie trzymać się obranej metody treningowej. Z czasem wypracowuje się porozumienie i formę komunikacji. W szkoleniu chodzi właśnie o komunikację i umiejętność szybkiego przekazywania informacji. Jeśli znajdziesz wszystkie te cechy w jednej osobie, możesz żyć z nią długo i szczęśliwie.

Kiedy przeszłam do MMA, wiedziałam, że mogę poddać każdą osobę na tej planecie. Z uderzaniem to już inna historia. Jestem pewna, że podobnie wygląda każda zmiana w karierze. Masz pewne zdolności, ale trzeba rozwinąć inne. Aby poprawić swoje umiejętności, musiałam znaleźć trenera od walki w stójce. Odwiedziłam kilka różnych klubów, ale ani razu nie poczułam, żeby coś „zaskoczyło".

Pamiętałam poradę udzieloną mi przez mamę, kiedy szukałam trenera judo, który mógłby pomóc mi wejść na kolejny poziom: „Nie istnieje ktoś taki jak najlepszy trener, ale istnieje najlepszy trener dla ciebie".

Na początku roku kilku chłopaków, z którymi ćwiczyłam w Hayastan, trenowało też w należącym do Edmonda Tarverdyana Glendale Fighting Club (GFC). Edmond był młodszy od większości trenerów – nie miał nawet trzydziestki – ale prowadził własny klub i trenował zawodników, od kiedy skończył 16 lat. Chłopaki z Hayastan mówiły o nim dobre rzeczy, poszłam więc zobaczyć to miejsce.

Kiedy po raz pierwszy weszłam do GFC, w klubie pełno było rozmawiających po ormiańsku kolesi, który spojrzeli na mnie, jakbym przyleciała właśnie z innej planety. Nie rozumiałam ich, ale dobrze wiedziałam, co sobie myślą: „Kim, u diabła, jest ta dziewczyna i co robi w naszym klubie?". Wiedzieli, że Edmond „nie trenuje i nigdy nie będzie trenował kobiet".

Mimo wszystko Manny mnie przedstawił. Tak przynajmniej mi się wydaje, bo jego rozmowa z Edmondem brzmiała następująco: „[Coś po ormiańsku], Ronda. [Znowu coś po ormiańsku]".

Edmond nie spojrzał nawet w moim kierunku.

W klubie znajdowało się wtedy około dziesięciu, może 15 facetów, którzy uderzali w worki, powtarzali kombinacje ciosów, jeździli na rowerach stacjonarnych, ćwiczyli z Edmondem w ringu na tarczach oraz sparowali. Byłam też ja, blondynka, która nie miała pojęcia o wyprowadzaniu ciosów. Manny zaczął się rozgrzewać, a ja stałam sama, słuchając szumu roweru stacjonarnego, odgłosów uderzania w tarcze i płynącej z głośników ormiańskiej muzyki. Nikt się do mnie nie odzywał – ani po ormiańsku, ani po angielsku.

Założyłam rękawice i zaczęłam uderzać w worek. Wiedziałam, że moja technika jest do dupy, ale nikt nie miał czasu, żeby ją poprawić. Czułam się idiotycznie i wyglądałam idiotycznie, ale zabrałam się do pracy. Trenując, obserwowałam Edmonda, który instruował Manny'ego w ringu. Mimo że dawał mu instrukcje na drugim końcu sali treningowej, i to w obcym języku, rozumiałam go lepiej, niż wcześniej rozumiałam jakiegokolwiek innego trenera. Patrzyłam, jak korygował ruchy Manny'ego i analogicznie korygowałam własne.

Wróciłam następnego dnia. I dzień później. Treningi w GFC stały się nieodłączną częścią mojego dnia, a wszystko inne kręciło się wokół nich.

Pewnego razu przyjechałam do klubu pomiędzy 8:30 a 9:00, co dla Ormian jest dość wczesną porą. Drzwi były zamknięte. Nie miałam klucza.

Zatelefonowałam do Manny'ego, który powiedział mi, żebym zadzwoniła do Romana, a ten dał mi numer Edmonda i kazał dryndnąć do niego.

– Cześć, czy ktoś otworzy klub? – zapytałam, kiedy Edmond odebrał.

– Tak, ktoś przyjdzie – odparł rozdrażniony. – Sevak niedługo tam będzie.

Usiadłam na swojej torbie przy tylnych drzwiach klubu i czekałam. Na parking podjechał sedan Sevaka. Wstałam i zaczęłam przestępować z nogi na nogę.

– Cześć – powiedziałam radośnie, kiedy otwierał klub.

Sevak przytrzymał mi drzwi. Miał dwadzieścia kilka lat i był młodszy ode mnie, ale trenował u Edmonda od 14. roku życia i od kilku lat sam prowadził zajęcia w GFC. W stosunku do mnie zachowywał się praktycznie tak samo jak Edmond, ale przynajmniej mnie dostrzegał.

Włączył światła i usiadł za biurkiem. Sala była nieskazitelna, bo Edmond miał obsesję na punkcie czystości. Weszłam do środka, po prawej mijając ring bokserski, za którym duży mural przedstawiał Muhammada Alego i Edmonda w pozycjach bokserskich oraz duży czerwony napis: „Nie ma rzeczy niemożliwych".

Owinęłam sobie dłonie, kręcąc głową, bo wiedziałam, że idzie mi to nieudolnie. Zrobiłam to najlepiej, jak potrafiłam, a następnie zaczęłam ćwiczyć na worku. Kolejni zawodnicy wchodzili do klubu, a sala powoli wracała do życia.

Edmond pojawił się pomiędzy 10:00 a 11:00. Powiedział coś po ormiańsku do Sevaka i krzyknął do zawodnika, który miał ćwiczyć z nim jako pierwszy, a następnie wskoczył do ringu i wziął się do roboty.

Po zakończeniu pierwszej sesji treningowej wyskoczył z ringu i podszedł do swojej torby. Ruszyłam za nim.

– Edmond, wziąłbyś mnie na tarcze? – zapytałam po raz nie wiadomo już który.

– Nie, jestem zajęty – odparł, nie podnosząc nawet wzroku.

– To może mógłbyś dać mi kilka wskazówek technicznych? Bardzo mi się podobał ten trening pracy nóg, który zrobiliśmy kilka dni temu.

– Idź i poćwicz na worku – powiedział Edmond, odpędzając mnie gestem. Podeszłam do worka i zaczęłam uderzać. Czułam się jak idiotka. Usłyszałam śmiech dwóch chłopaków z drugiego końca sali i poczułam, że czerwieni mi się kark. Wiedziałam, że moja technika jest żałosna. Uderzałam coraz mocniej i mocniej. Chciałam, aby Edmond zobaczył, że robię, co mi kazał. W trakcie treningu spoglądałam na niego, próbując coś podpatrzeć, ale trudno było robić te dwie rzeczy równocześnie.

Kiedy Edmond wszedł do ringu, żeby poćwiczyć z następnym chłopakiem, Artiomem Howhannisjanem, zrobiłam sobie przerwę i zaczęłam kołysać się na jednej z opon leżących naprzeciw ringu.

Edmond i jego zawodnik poruszali się pomiędzy linami. Bam. Bam. Bam. Odgłos uderzeń w tarcze niósł się po całej sali. Bam. Bam. Edmond zszedł na lewą stronę. Patrzyłam, jak Artiom wykonuje kolejną serię ciosów. Bam. Bam. Bam. Edmond uchylił się i odskoczył. Artiom zaatakował raz jeszcze, a wtedy Edmond kazał mu przestać. Zaczął mówić coś szybko po ormiańsku, a Artiom słuchał i kiwał głową. Następnie Edmond wyprowadził w powietrze kilka ciosów, wciąż szybko dając wskazówki. Artiom odpowiedział po ormiańsku, a Edmond pokręcił głową, jakby chciał powiedzieć: „Nie, nie tak". Wykonał ruch ponownie, po czym Artiom powiedział coś jeszcze, a wtedy Edmond skinął głową. Następnie znowu zaczęli chodzić po ringu. BAM. BAM. BAM. Uderzenia w tarcze były teraz wyraźnie głośniejsze. Artiom zaatakował ponownie. BAM. BAM.

– *Shot lava*! – krzyknął Edmond, co, jak sądziłam, musiało oznaczać: „Tak, właśnie tak!".

Wystarczyło kilka wyprowadzonych w powietrze ciosów, żebym zapamiętała zaobserwowane właśnie kombinacje i mogła wypróbować je później na worku.

Uczyłam się też rozpoznawać język ciała. Edmond mógł odmawiać mi prywatnych lekcji, ale obserwując jego pracę z pozostałymi zawodnikami, przyswajałam wiedzę o zachowaniu na ringu. Utkwiłam wzrok w Edmondzie i zmrużyłam oczy, jakbym samą siłą woli mogła nakłonić go do pracy ze mną.

Trwało to dobre trzy miesiące. Codziennie pojawiałam się w klubie, a Edmond pozwalał mi przychodzić tam za darmo. To, że nie miałam kasy, jeszcze bardziej mnie motywowało. Byłam zdeterminowana, żeby trenować ciężej niż inni. Zaczęłam uczęszczać do klubu Alberto Crane'a w Valley, gdzie rano, przed udaniem się do Glendale, uczestniczyłam w sparingach MMA. Wychodziłam z treningu tuż przed końcem, żeby zdążyć do GFC.

I tak jako pierwsza pojawiałam się w klubie, co oznaczało codzienne telefony do Edmonda z pytaniem, czy ktoś przyjedzie otworzyć salę treningową.

Powtarzało się to tak często, że Edmond w końcu się zdenerwował i dał mi klucz. Nie chciał mnie trenować, ale miałam klucz! To wtedy zrozumiałam, że najłatwiej dostać od Edmonda to, czego się chce, gdy się go rozzłości. Postanowiłam, że będę go denerwować, dopóki się nie złamie.

Obserwowałam, jak trenuje innych zawodników, i wciąż go pytałam, czy mógłby wziąć mnie na tarcze. Prosiłam o to codziennie, a on codziennie odmawiał.

Rankiem 16 lipca 2010 roku otworzyłam salę w GFC. Uczęszczałam do klubu od czterech miesięcy, a Edmond wciąż udawał, że nie istnieję. Na miejscu zaczęli pojawiać się kolejni zawodnicy, a klub ożywał. Kiedy siedziałam za biurkiem, owijając sobie dłonie, na salę wszedł Edmond i Artiom, który robił wagę przed zaplanowaną na ten sam dzień walką, o czym nie wiedziałam. Artiom bez słowa rozgrzał się na maszynie eliptycznej i zaczął ćwiczyć.

– Edmond, mógłbyś wziąć mnie dzisiaj na tarcze? – zapytałam.

Edmond nawet na mnie nie spojrzał.

– Nie. Nie chcę się spocić w tej koszuli – powiedział tylko, mijając mnie.

Opadła mi szczęka. Ogarnęła mnie wściekłość i pomyślałam: „Co? Nie chcesz spocić się w swojej koszuli? Tak jak ja codziennie się pocę, próbując ci zaimponować? Tak jak pociłam się w klubie, w którym trenowałam przed przyjazdem tutaj i błaganiem cię o chwilę czasu? Poza tym jesteśmy na sali treningowej. A ty możesz zmienić tę cholerną koszulę". Nie powiedziałam tego, ale nagle wypłynęła ze mnie cała złość.

– KURWA, TO JAKIEŚ ŻARTY! – krzyknęłam na środku sali. Nagle zrobiło się cicho.

Edmond się odwrócił, kompletnie zszokowany. Odezwał się opanowanym głosem:

– Nie waż się kląć na mnie w moim klubie.

Wściekła chwyciłam torbę i wyszłam. Powstrzymywałam łzy. Wiedziałam, że nigdy nie zdobędę szacunku Edmonda ciężką pracą. Poddałam się. Byłam wykończona ćwiczeniem w miejscu, gdzie mnie nie akceptowano. Musiałam znaleźć sposób na trenowanie w pojedynkę.

Odjechałam stamtąd. Niecały kilometr dalej uświadomiłam sobie, że zapomniałam zabrać z klubu rękawic. Nie stać mnie było na drugą parę.

„Kurwa!"

Zadzwonił mój telefon. To był Edmond. Zawahałam się, ale odebrałam.

– Tak?

– Ronda, tu Edmond. Wróć tutaj i zawieź mnie do banku. Porozmawiamy.

Zawróciłam w niedozwolonym miejscu i skierowałam się z powrotem do klubu. Nie wiedziałam, czego się spodziewać, ale zamierzałam przynajmniej zabrać rękawice.

Nie zdawałam sobie natomiast sprawy z tego, w jaki sposób Edmond zareaguje na stan mojego auta. Kojarzycie te reklamy odświeżaczy powietrza, w których zasypują samochód śmieciami i wystawiają go na słońce, a potem wsadzają do środka ludzi z zawiązanymi oczyma, żeby udowodnić, jak działa dany produkt? Mój samochód wyglądał właśnie tak, tylko nie miał odświeżacza. Wyobraźcie sobie kosz na pranie przepełniony brudnymi ciuchami z sali treningowej. A potem dodajcie do tego zapach hodowli psów. A teraz wyobraźcie sobie, że to samo auto ma w środku poprzyklejane w różnych miejscach plastikowe zabawki – po części dlatego, żeby nadać mu charakteru, a po części dlatego, żeby odwrócić uwagę od śmietniska na tylnym siedzeniu. Nie myłam swojego samochodu od roku. Opuszczała się w nim tylko jedna szyba i nie miałam klimatyzacji. Było wtedy lato, a temperatura w Glendale wynosiła prawie 38 stopni.

Wystraszona wjechałam na parking przed klubem. Edmond wyszedł, ale kiedy spojrzał na mój samochód, zawahał się, zanim chwycił za klamkę, a na jego twarzy pojawił się cień odrazy. Jakimś cudem zdołał wślizgnąć się do środka, niczego nie dotykając – wyglądał, jakby unosił się nad siedzeniem.

– Jedź prosto, a potem w lewo – odezwał się niechętnie.

Skinęłam głową. Wszystko, co miałam do powiedzenia, powiedziałam na sali.

– Kiedy do mnie podeszłaś, myślami byłem przy Arcie – wyjaśnił Edmond ze swoim ormiańskim akcentem. – Powiedziałem, że nie chcę się spocić, bo chciałem pomóc mu zrobić wagę. Nie zastanawiałem się nad tym, co mówię.

Edmond wytłumaczył mi, że Artiom jest chory i musi pić wodę, przez co waży więcej, niż powinien. Przyszedł na salę, żeby się wypocić i zrobić wagę. Jeśli ktokolwiek miał się pocić, Edmond chciał, żeby to był Artiom. Dodał też, że nie chodziło mu o koszulę, tylko chciał po prostu wyglądać jakoś na ważeniu, a nie miał ubrania na zmianę.

– Nie chciałem powiedzieć tego w taki sposób – stwierdził.

Były to przeprosiny bardzo w jego stylu. Nie mógł po prostu przeprosić za to, że mnie olał. Tak właściwie nie były to nawet przeprosiny. Edmond nie powiedział też, że nie chce, bym odchodziła. Poinformował mnie po prostu, że miał rację, nie trenując ze mną tego dnia.

Podjechaliśmy do banku. Edmond wysiadł z samochodu, a ja patrzyłam przed siebie. Przeszedł kilka kroków, a potem zawrócił i pochylił się do otwartego okna po stronie pasażera.

– Nie zostawiaj mnie, okej? – powiedział. – Zaraz wracam. Nie odjeżdżaj, okej?

Zamilkł, bo nie był pewien, czy odjadę, czy nie. Nie mogłam się powstrzymać i lekko się uśmiechnęłam.

– Będę czekać.

Kilka minut później Edmond wyłonił się z budynku i wsiadł z powrotem do auta.

– Słuchaj, Ronda, widziałem, że ćwiczysz – powiedział. – Wiem, że bardzo ostro trenujesz.

Skinęłam głową.

– Może rzeczywiście z tobą nie pracowałem – kontynuował.

– Tak – musiałam zebrać całą swoją wewnętrzną siłę, żeby nie puścić żadnego sarkastycznego komentarza.

– Poświęcę ci jednak więcej czasu – stwierdził.

– Tak? – Było to jedyne słowo, jakie zdołałam z siebie wykrztusić, bo musiałam powstrzymywać się, żeby nie powiedzieć: „To nie będzie bardzo trudne, zważywszy na fakt, że na razie nie poświęciłeś mi go ani trochę".

– Może wezmę cię na tarcze – oznajmił.
– Byłoby super – odparłam.
– Masz niedługo walkę?
– Amatorski debiut, za miesiąc.
– Okej, zadbam o to, żebyś była gotowa – obiecał.

Wróciliśmy do klubu. Edmond otworzył drzwi i wyskoczył na zewnątrz, odsuwając się możliwie jak najdalej od mojego tonącego w sierści wraku przypominającego samochód.

– Okej, do zobaczenia w poniedziałek – powiedział.
– Do poniedziałku – odparłam.

Kiedy ruszałam spod klubu, na twarzy miałam szeroki uśmiech. W połowie drogi do domu przypomniałam sobie, że zostawiłam na sali rękawice. Uznałam, że odbiorę je w poniedziałek.

Jadąc w poniedziałek do klubu, przez całą drogę się uśmiechałam. Nie mogłam opanować ekscytacji. To był ten dzień.

– Cześć, Edmond, powiedziałeś, że weźmiesz mnie dzisiaj na tarcze – to nie było pytanie.

– Tak, tak – odparł. – Jak poćwiczę z kilkoma chłopakami.

Jeśli Edmondowi zależało na wyszkoleniu danego zawodnika, sesja treningowa z tarczami mogła trwać godzinę, ale czasami kończyła się po niecałej rundzie (w zawodowym boksie rundy są trzyminutowe). Wszystko zależało od jego samopoczucia i tego, czy lubił danego zawodnika. Nie wiedziałam, ilu chłopaków chce najpierw przeszkolić, ale nie obchodziło mnie to. Zamierzałam zostać tak długo, aż weźmie mnie na tarcze.

Przez następną godzinę czekałam, rozgrzewałam się i chodziłam w kółko. Chciałam być gibka, żeby móc wskoczyć do ringu, kiedy tylko Edmond zawoła: „Okej, Ronda, teraz ty". W końcu wypowiedział moje imię.

Wchodząc do ringu, próbowałam nie sprawiać wrażenia zbytnio podekscytowanej. Chciałam, by wiedział, że jestem poważna i skupiona. Nie odezwałam się ani słowem. Duży Jim nauczył mnie, że trenerzy lubią, kiedy siedzisz cicho i robisz, co każą.

Przez kilka minut ćwiczyliśmy pracę nóg. Następnie Edmond kazał mi wyprowadzić lewy prosty.

Uderzyłam. Próbowałam się rozluźnić, bo w przeciwnym razie ciosy są gówniane, ale i tak byłam spięta, bo tak bardzo się podekscytowałam, no i lewy prosty wyszedł do dupy. Edmond kazał mi zadać jeszcze kilka ciosów prostych, a kiedy czułam, że zaczynam się rozluźniać i uderzać właściwie, oznajmił:

– Okej, wystarczy.

Byliśmy w ringu niecałe 20 minut.

Kilka lat później słyszałam, jak w jakimś wywiadzie Edmond powiedział, że tamten poranek, kiedy na niego nakrzyczałam, okazał się momentem przełomowym, bo zrozumiał wtedy, że mam jaja, by się odezwać. Pojął wtedy, jak bardzo chcę trenować, i uznał, że warto się mną zająć. W tamtej chwili znalazłam swojego trenera.

MUSISZ PRZEJŚĆ TEST

Przegrywałam na turniejach. Traciłam przyjaciół. Straciłam ojca. Wiem, że jestem w stanie poradzić sobie ze złymi doświadczeniami. Kiedy wszystko się sypie, potrafię to przeczekać. Nie boję się utraty pieniędzy i zaprzepaszczenia kariery, bo wiem, że jestem w stanie mieszkać w samochodzie i odbijać się od dna. Kiedy doświadczyłeś najgorszych rzeczy, które mogły ci się przytrafić, nie masz powodu, aby bać się nieznanego. Jesteś nieustraszony.

Moja kariera w MMA ruszyła z miejsca, ale potrzebowałam pracy, która pozwoliłaby mi przetrwać do momentu, kiedy będę mogła opłacić rachunki za gaże z walk. Próbowałam znaleźć jakieś zajęcie. Moja siostra Maria zadzwoniła do koleżanki ze szkoły i załatwiła mi pracę na nockę w całodobowym klubie fitness. Robota była gówniana, ale za każdym razem, kiedy miałam jej dość, wyobrażałam sobie tylne siedzenie mojej hondy służące za sypialnię.

Kilka tygodni później znalazłam drugą pracę na stanowisku trenera judo w klubie położonym w zachodniej części Los Angeles. Podjęłam też trzecią pracę jako asystentka weterynarza w klinice dla zwierząt. Pracowałam na niepełny etat, ale wystarczało mi przynajmniej na opłacenie (większości) rachunków. Poza tym byłam tak bardzo zakochana w PPP, że dopóki stanowiliśmy parę, nic innego się nie liczyło.

W bańce mydlanej można jednak żyć tylko do momentu, aż ta pęknie.

Przez prawie rok byliśmy właściwie nierozłączni, a potem PPP zadzwonił do mnie, kiedy wychodziłam z treningu zapasów.

– Musimy się spotkać – powiedział.

Kiedy do niego przyjechałam, siedział zgarbiony na łóżku. Roxie ukrywała się w rogu pokoju, przestraszona jak nigdy. Położyłam torebkę na szafce przy drzwiach.

– Napiłem się – powiedział.

Nie wiedziałam, co powiedzieć.

– To jeszcze nie koniec świata. Napiłeś się dzisiaj. To jeden stracony dzień. Poradzimy sobie. Tylko mów mi o wszystkim, co się dzieje.

Przed moim przyjazdem wypił litr mocnego piwa malt liquor, a potem wyciągnął jeszcze sześciopak i pił w mojej obecności. „Dzisiaj będzie pił – pomyślałam. – Niech się teraz wyżyje, a od jutra zaczniemy sobie z tym radzić".

Minęło kilka godzin. Odpłynął już gdzieś daleko. Źrenice miał tak rozszerzone, że całe jego oczy wydawały się czarne. Nie mogłam go zmusić, żeby się na mnie skoncentrował.

– Muszę wyruszyć w podróż – powiedział. Miał beznamiętny głos.

– O czym ty mówisz?

Jako barmanka byłam przyzwyczajona do rozmów z ludźmi, którzy przesadzili z alkoholem, ale czegoś takiego jeszcze nigdy nie widziałam. Zaczynał mnie przerażać.

– Muszę wyruszyć w podróż.

– Rozmawiaj ze mną. Jestem tutaj.

On był jednak gdzie indziej. Gapił się w jeden punkt, a potem wstał, żeby wyjść.

– Zapomnij, że wyjdziesz z tego jebanego pokoju. – Nie podniosłam głosu, ale stanęłam mu na drodze.

Patrząc ponad moim ramieniem, próbował przesunąć mnie, jakbym była jakimś krzesłem, które stało mu na drodze. Położyłam ręce na jego piersi i popchnęłam go na łóżko. Próbował wstać. Pchnęłam znowu i uderzył głową o ścianę. Żołądek podszedł mi do gardła. Myślałam, że zrobiłam mu krzywdę. On pozostawał jednak niewzruszony i spróbował wstać raz jeszcze. Popchnęłam go po raz trzeci, tym razem ostrożniej. Nie walczył ze mną. Siedział przez kilka sekund, a potem znowu chciał się podnieść, jakby zapomniał, co właśnie się wydarzyło. Musieliśmy odstawić ten dziwny taniec jakieś kilkanaście razy. Za każdym razem, kiedy próbował wstać, z napiętymi mięśniami przygotowywałam się na kolejną rundę. Serce coraz bardziej podchodziło mi do gardła. PPP odsuwał się ode mnie coraz dalej, a ja nie mogłam przyciągnąć go z powrotem. W końcu usiadł na łóżku.

Pobiegłam do kuchni, znalazłam jego klucze na blacie i schowałam je w szafce, a potem wróciłam biegiem do pokoju na wypadek, gdybym musiała powstrzymać go po raz kolejny.

Zmęczona i smutna usiadłam obok niego. Chwilę później podniósł się, żeby pójść do łazienki, i nagle rzucił się w kierunku drzwi wyjściowych.

Wyprzedziłam go i przez kolejną godzinę pilnowałam jedynego wyjścia z mieszkania.

– Przepraszam – powiedział w końcu. – Przepraszam. Połóżmy się. Po prostu się połóżmy.

Byłam wykończona. Pilnowałam go przez wiele godzin, do trzeciej nad ranem. W milczeniu poszliśmy do łóżka. Spojrzałam mu w oczy: chyba był już przytomny. Wyglądał, jakby wreszcie zaczął trzeźwieć. Leżeliśmy razem, a on trzymał mnie w swoich wytatuowanych ramionach. Powoli odprężyłam się i w końcu zasnęłam.

Rano obudziłam się sama. Zawartość mojej torebki była rozrzucona na podłodze. PPP zniknął razem z moim samochodem.

Zadzwoniłam do niego, ale nie odbierał.

Zadzwoniłam do wszystkich osób, które przychodziły mi do głowy. Do jego przyjaciela Mike'a. Do jego przyjaciela Luke'a. Do jego przyjaciela Jacka. Do jego mamy. Do mojej mamy. Wszyscy mówili mi to samo. Zadzwoń na policję i zgłoś kradzież samochodu. Policjanci poszukają auta i znajdą również jego.

Czułam się chora, a kiedy wybierałam 911, trzęsły mi się ręce. Dyspozytor wcale mnie nie pocieszył.

– Wie pani, że jeśli zgłosi pani kradzież auta, a sprawca będzie stawiał opór, to funkcjonariusze mają prawo otworzyć do niego ogień? – stwierdził. – Chce pani tego?

– Nie! – odparłam przerażona. – Nie chcę, żebyście strzelali do mojego chłopaka!

Przysłali do mnie radiowóz. Jeden z funkcjonariuszy był o głowę wyższy od drugiego. Zaprosiłam ich do środka. Byli bardzo uprzejmi. Ten wyższy posłał mi wymuszony uśmiech, a jego partner otworzył notatnik. Opowiedziałam im wszystko, a z ich spojrzeń wynikało, że nie raz słyszeli już taką historię.

– Naprawdę będziecie do niego strzelać? – zapytałam.

Policjanci wyglądali na lekko zaskoczonych.

– Nie – odparł ten niższy. – Zamierzamy sprawdzić parkingi przy motelach. Spróbujemy go dla pani odnaleźć.

Jego partner posłał mi pełne współczucia spojrzenie.

– Może się pani z nami skontaktować pod tym numerem – powiedział, podając mi wizytówkę. Następnie wyszli szukać mojego chłopaka.

Siedziałam w salonie PPP, opierając się o ścianę. Jego pies Roxie leżał u moich stóp.

– W co ty się, kurwa, wpakowałaś? – zapytałam sama siebie.

Nie miałam pojęcia, co robić. Ciągle sprawdzałam telefon, który obracałam w dłoniach. Chciałam, żeby zadzwonił. W końcu tak się stało. Dzwoniła jego mama. Widywałyśmy się czasami, ale nie miałyśmy bliskiego kontaktu.

– Co dokładnie się wydarzyło? – zapytała.

Zrelacjonowałam wydarzenia poprzedniego wieczoru.

– Pozwoliłaś pić nałogowcowi? – powiedziała mama oskarżycielskim tonem. – Jak mogłaś to zrobić?

– Ja... Ja... – zaczęłam się jąkać. – Myślałam, że ma problem z heroiną, a nie z alkoholem.

– Niewiarygodne. Przecież to wszystko się ze sobą łączy. Wiem, że nie chcesz tego słuchać, ale to twoja wina. Zachęciłaś go do tego. Daj mi znać, jeśli się do ciebie odezwie – dodała i się rozłączyła. Po 15 minutach zadzwoniła ponownie, ale poczekałam, aż włączy się poczta głosowa.

Godzinę później usłyszałam kogoś przy drzwiach. Podskoczyłam. Roxie zaczęła szczekać jak szalona. Drzwi się otworzyły. To była jego mama.

– Nadal ani słowa? – zapytała. Wydawało mi się, że nie jest już na mnie taka zła.

Pokręciłam głową.

– Właśnie dlatego nie powinnaś wiązać się z nałogowcem – powiedziała.

Wyjęła telefon i zaczęła wybierać kolejne numery. Wstrząśnięta siedziałam w kuchni. Ona poszła do sypialni i zaczęła wrzucać ubrania do torby. Zadzwonił telefon. Obydwie podskoczyłyśmy.

– To nie on – powiedziała, spoglądając na wyświetlacz.

Późnym popołudniem PPP wrócił do domu. Poczułam olbrzymią ulgę. Wyglądał jak gówno, ale był cały i zdrowy. Rzucił się na łóżko i zaczął płakać.

– Przepraszam – powiedział, łkając. Nigdy wcześniej nie widziałam, żeby płakał. Przyznał się, że wziął mój samochód, żeby pojechać do centrum i zdobyć heroinę. Znalazł tylko crack. Rano wziął więc crack, a potem jeździł po mieście. Kiedy zaczął trzeźwieć, wszystko nagle zwaliło mu się na głowę. Był w fatalnej kondycji. Jeszcze go takiego nie widziałam. Nie potrafił nawet spojrzeć mi w oczy.

Wszystko było tak chujowe, że nie wiedziałam, jak to przetrawić. Kontrolę nad sytuacją przejęła jego mama, była niesamowicie zorganizowana: nie po raz pierwszy znajdowała się w takiej sytuacji.

– Wsiadaj do samochodu – powiedziała do niego stanowczym głosem. – Wracasz na odwyk.

Wstał powoli, ale nie protestował. Mama poprowadziła go do luksusowego sedana. Ruszyłam za nimi, a Roxie za mną. PPP wsunął się na tylne siedzenie, ja usiadłam obok niego. Roxie położyła się u jego stóp. Do ośrodka odwykowego jechaliśmy 45 minut i przez całą drogę w aucie panowała cisza.

– Przepraszam – powiedział PPP, kiedy wysiedliśmy z samochodu.

Próbowałam zmusić się do uśmiechu, który miałby pokazać mu, że wszystko będzie dobrze, ale nie byłam w stanie unieść kącików ust.

Roztrzęsioną ręką mój chłopak podpisał oświadczenie o przyjęciu do ośrodka.

– Przepraszam – powiedział raz jeszcze. – Bardzo przepraszam.

Jego mama i ja wsiadłyśmy do auta. Musiałam wrócić do jego domu po samochód. Kobieta wyglądała na zmęczoną i zmartwioną. Wjechałyśmy na autostradę.

– Nie mogę uwierzyć, że pozwoliłaś mu się napić.

Nie odpowiedziałam.

– Kto pozwala pić nałogowcowi? – Nie patrzyła nawet w moim kierunku. Przez kilka kolejnych kilometrów milczała.

– Kiedy cię poznałam, od razu wiedziałam, że znowu tu trafi, ale nie mogę uwierzyć, że po raz kolejny przez to przechodzimy. – Tym razem nie zwracała się do mnie. Zaciskała dłonie na kierownicy tak mocno, że pobielały jej knykcie. Spojrzałam na Roxie, która wciąż leżała na wycieraczce przed tylnym siedzeniem.

Jechałyśmy dalej.

– Musisz od niego odejść – powiedziała jego matka, przerywając ciszę. – Nie nadaje się dla ciebie, a ty nie nadajesz się dla niego. Nie możesz być z kimś, kto odwala takie rzeczy.

Kontynuowała te krótkie monologi przez całą drogę do domu. Ani razu nie oderwała wzroku od drogi, a ja ani razu się nie odezwałam.

Zostawiła mnie pod domem i odjechała bez słowa. Stałam tam z Roxie, która spoglądała na mnie, wystraszona i samotna. Czułam się dokładnie tak samo. Nachyliłam się i podrapałam ją po grzbiecie.

– Chodź, psinko – powiedziałam.

Roxie ruszyła za mną w stronę samochodu. Otworzyłam tylne drzwi i rzuciłam torebkę na wycieraczkę. Próbowałam wepchnąć Roxie do auta, ale wpadła w panikę i pobiegła ulicą. Zatrzasnęłam drzwi i ruszyłam za nią, doganiając ją w połowie przecznicy. Trzymając ją mocno na smyczy, wróciłam do samochodu i spróbowałam otworzyć drzwi. Były zamknięte. Nie wytrzymałam i wybuchłam śmiechem. Trudno było sobie wyobrazić, co gorszego mogłoby się jeszcze wydarzyć tego dnia. Zadzwoniłam po pomoc drogową i usiadłam na krawężniku, żeby na nich poczekać. Roxie nie chciała się uspokoić i pociągnęłam ją mocno za smycz.

– Roxie, uspokój się – powiedziałam stanowczo.

Jakiś nieznajomy facet przechodził ulicą w moją stronę.

– Chciałabyś, żeby ktoś tak szarpał cię za szyję? – zapytał.

– Ty skurwielu, nie masz pojęcia, co dzisiaj przeżyłam. Odpierdol się! – warknęłam. Facet spojrzał na mnie jak na wariatkę i odszedł.

Pomoc drogowa przyjechała po ponad czterech godzinach. Spóźniłam się już z odbiorem Mochi z ośrodka. Nie wiedziałam, z czego zapłacę za dwie pełne doby jej pobytu. Kiedy w końcu wróciłam do domu, w mieszkaniu było zimno. Miałam problemy z pieniędzmi, dlatego uznałam, że potrzebuję tylko wody i prądu, a gazu do ogrzewania niekoniecznie.

W pokoju było ciemno i weszłam prosto do łóżka. Nie miałam pościeli (jej zakup wymagał pieniędzy, a byłam spłukana), tylko śpiwór. Było bardzo zimno. Roxie wskoczyła mi do łóżka. Przykryłam ją śpiworem i przytuliłam. Przez całą noc leżałyśmy tak, wtulone na łyżeczkę z powodu smutku i zimna. Łzy płynęły mi po twarzy.

W trakcie odwyku PPP pisał do mnie odręcznie długie listy pełne przeprosin i deklaracji miłości. Leżałam w moim łóżku bez pościeli, czytając je, przytulając jego psa, płacząc i myśląc: „On mnie kocha, tylko to się liczy".

Bardzo za nim tęskniłam. Od wielu miesięcy spędzałam z nim każdy dzień. Zaczęłam robić coś z myślą o mojej karierze w MMA, a on był jedyną osobą, która naprawdę we mnie wierzyła. Chciałam mieć go z powrotem.

Pojechałam zobaczyć się z nim w dzień odwiedzin jakieś dwa tygodnie później. Wyglądał milion razy lepiej niż wtedy, kiedy odwoziłyśmy go na odwyk. W oczach znowu miał blask. Siedzieliśmy na niewielkiej kanapie w sali odwiedzin i trzymaliśmy się za ręce, a potem oprowadził mnie po idealnie utrzymanym ośrodku. Było mu wstyd, że widzę go w takim miejscu, ale cieszył się, że przyjechałam. Po godzinie musiałam opuścić ośrodek. Wychodząc stamtąd, uświadomiłam sobie, że nie jestem na to gotowa. Nie byłam gotowa na to, żeby go zostawić.

Kilka godzin później wjechałam na parking całodobowego klubu fitness w North Torrance. Siedziałam w aucie, próbując zebrać siły na wejście do środka. Przeżyłam wykańczający emocjonalnie dzień, a ze wszystkich prac, które wtedy wykonywałam, ta była najgorsza i najbardziej niewdzięczna. Zamknęłam oczy.

„Tylko poczekaj – powiedziałam sobie w myślach, rozpoczynając w ten sposób wewnętrzną gadkę motywacyjną, którą stosowałam, kiedy potrzebowałam podniesienia na duchu. – Pewnego dnia osiągniesz sukces i napiszesz książkę. To będzie zarąbista autobiografia. W książkach tak właśnie się dzieje. To po prostu fragment, w którym bohater przechodzi trudny okres. To nieprzyjemna część całej historii. Przeczekaj tylko kilka stron, a wszystko skończy się wspaniale".

Wzięłam głęboki wdech, wysiadłam z samochodu i weszłam do budynku klubu. Zajęłam miejsce za ladą i przez kolejne kilka godzin podrywałam głowę, usiłując nie zasnąć.

– Mam nadzieję, że zdechniesz – warknęła na mnie Eileen, wybudzając mnie z półsnu.
– Hę? – Potrząsnęłam głową, wracając do rzeczywistości.
– Mam nadzieję, że zdechniesz – powtórzyła Eileen.

„To tylko ta nieprzyjemna część książki"– tłumaczyłam sobie. „A ty jesteś jednym z jej złych bohaterów"– dodałam, spoglądając na Eileen.

Ta mieszkająca w samochodzie alkoholiczka była ostatnią osobą, którą miałam ochotę się zajmować. Cuchnęła wódką, a jej brudne blond włosy wyglądały, jakby nigdy nie widziały grzebienia. Eileen miała worki pod oczami i mnóstwo pryszczy na brodzie. Patrzyła na mnie groźnie i choć miała pewnie dopiero trzydzieści kilka lat, wyglądała na jakieś 50.

Do końca zmiany pozostawała mi niecała godzina. Każdego dnia o piątej nad ranem klimatyzacja włączała się na pełną moc i teraz wręcz zamarzałam. Chciałam tylko doczekać do końca zmiany.

Eileen życzyła mi śmierci co tydzień, kiedy przysuwała do skanera sam czubek palca, a jej linie papilarne z oczywistych względów nie zostawały rozpoznane. Puk. Puk. Puk. Słyszałam wściekłe stukanie jej paznokcia o ekran skanera.

Eileen gapiła się na mnie.
– Nie działa! – krzyczała. – Nie działa! Wpuść mnie.

Zawsze się ze mną kłóciła. Wrzeszczała, że jestem głupia, a ja spokojnie tłumaczyłam jej, że musi przyłożyć do urządzenia cały palec, ale tym razem po prostu nie miałam siły znowu przechodzić przez cały ten proces.

Eileen nadal uderzała paznokciem w skaner. W końcu przypadkiem położyła palec właściwie i maszyna odczytała jej linie papilarne.

– Proszę bardzo – powiedziałam przesadnie uprzejmym głosem. – Życzę udanego treningu.

Eileen wparowała na salę.

Kiedy na zegarze 5:59 zmieniła się w 6:00, chwyciłam klucze i wyszłam na chłodne listopadowe powietrze, kierując się do samochodu.

– Cholera!

Bak był prawie pusty. Zaskoczyło mnie to – jakimś cudem zawsze mnie to zaskakiwało – ale pusty bak był elementem pewnej strategii. Najtańszą benzynę w Los Angeles sprzedawano na stacji przy wjeździe na autostradę

405, niedaleko klubu, w którym pracowałam. Jeździłam więc w taki sposób, żeby w dniu mojej zmiany zbiornik był absolutnie pusty. „Będzie dobrze" – powiedziałam sobie, bo stacja znajdowała się niedaleko.

Przez całą drogę pochylałam się jednak, modląc się, żeby moja mała honda dotoczyła się dzięki temu do stacji benzynowej ARCO.

Kiedy nalewałam paliwo, byłam tak zmęczona i wyziębiona, że trzęsły mi się ręce.

Wydałam na benzynę całą wypłatę z tego dnia i czułam się fatalnie. Po całonocnej pracy nie został mi ani cent. Chciałam zwinąć się w kulkę i zasnąć tak na parkingu przed stacją. „Nie poddawaj się – mówiłam sobie w myślach. – Za dwadzieścia minut będziesz we własnym łóżku". W poniedziałki miałam treningi siłowo-wytrzymałościowe i następny zaczynał się za kilka godzin. Na sen zostały mi jakieś trzy godziny. Wsiadłam do auta i włączyłam ogrzewanie na pełną moc.

Wjechałam na autostradę, żeby popędzić do domu. Czekał na mnie korek. Na całej drodze przede mną widać było unieruchomione samochody. Zapomniałam, że to świąteczny weekend. Wszyscy próbowali uniknąć niedzielnych korków i wracali do Los Angeles w poniedziałek o świcie.

Poruszaliśmy się bardzo wolno. Ogrzewanie było włączone. Byłam bardzo zmęczona. W moim aucie było tak wygodnie...

BAM!

Ocknęłam się, kiedy uderzyłam twarzą w kierownicę. Otworzyłam oczy. Stłuczka nie pozbawiła mnie przytomności, przeciwnie – pozwoliła mi ją odzyskać.

Uderzyłam w zderzak srebrnej toyoty solary.

Zjechałam na pobocze. Kiedy dotknęłam ręką twarzy, okazało się, że krwawię. Znajdowałam się na skraju histerii. Oddychałam gwałtownie. Z oczu ciekły mi łzy. Nie mogłam myśleć. Nie wiedziałam, co robić. Zadzwoniłam do mamy.

– Właśnie miałam stłuczkę na autostradzie i nie wiem, gdzie zadzwonić. Na 911?

Mama stanowczo odparła, że tak.

Samochody mijały mnie w żółwim tempie i widziałam przyglądających mi się pasażerów. Obydwa auta doznały tylko drobnych uszkodzeń, ale sprawa musiała przejść przez agencję ubezpieczeniową. Znowu zaczęłam martwić się o pieniądze. Wiedziałam, że moja składka ubezpieczeniowa wzrośnie, i obawiałam się, że nie będę miała pieniędzy na wynajem.

Kobieta z toyoty podeszła do mnie, a na mój widok krew odpłynęła jej z twarzy. Co chwilę pytała mnie, czy dobrze się czuję.

Na miejscu pojawili się ratownicy medyczni. Facet zbadał mnie i powiedział:

– Ma pani złamany nos i być może lekkie wstrząśnienie mózgu. Kiepsko to wygląda. Proszę jechać do domu.

Być może użył trochę bardziej fachowych określeń, ale mniej więcej o to chodziło.

Kiedy zasnęłam w samochodzie, uderzyłam w kierownicę i pękła mi przegroda nosowa; to dlatego dzisiaj mój nos jest trochę zdeformowany. To jeden z powodów, dla których po przyjęciu ciosu na twarz nos mi się rozpłaszcza. Spoglądając na mój profil, zobaczycie, że nie odstaje zbytnio od twarzy.

Ponieważ obydwa auta były sprawne, funkcjonariusz patrolujący autostradę powiedział nam, że możemy jechać. Ratownicy opuścili miejsce zdarzenia. Policja również. Kobieta kierująca solarą odjechała. Ja przez kilka sekund siedziałam w moim samochodzie. Nie wiem, na co czekałam. Po prostu czekałam. Chciałam zamknąć oczy i obudzić się w innym miejscu. Chciałam obudzić się we własnym łóżku, wypoczęta po raz pierwszy od nie wiem jak dawna. I nie wyglądać, jakbym dostała właśnie w twarz kijem bejsbolowym.

Czułam się poobijana. Bolała mnie twarz. Byłam wstrząśnięta po całym tym zdarzeniu. Czułam, że jestem już na granicy wytrzymałości i ledwie daję radę. Wszystko wydawało się rozpadać.

To ta część książki, o której chciałabym powiedzieć, że sięgnęłam w głąb siebie i krzyknęłam. Że był to pierwotny, oczyszczający wrzask w rodzaju: „To wszystko, na co cię stać?". Że ponad horyzontem pojawiło się słońce, a ja dostrzegłam piękno natury. Może nawet po niebie symbolicznie przeleciał ptak. Mogłabym wtedy powiedzieć, że od tamtego momentu wiedziałam, że wszystko będzie dobrze. Ale tak się nie stało.

Zamiast tego zaniosłam się płaczem. W gardle czułam słone łzy i metaliczny posmak krwi. W lusterku wstecznym widziałam mieszaninę zasychającej krwi i śliskich smarków poprzecinaną płynącymi z oczu łzami. Nie chciało mi się nawet tego wycierać.

– Jestem tak kurewsko zmęczona – powiedziałam na głos, czując, że krew kapie mi z brody. Samochody mijały mnie, a ja nie zwracałam na nie uwagi.

Drżącymi rękoma raz jeszcze wybrałam numer mojej mamy.

– Halo... – Słysząc jej głos, zaszlochałam jeszcze bardziej i gwałtownie chwytając powietrze (a jednocześnie wprawiając ją w zakłopotanie), wykrztusiłam z siebie: – Nienawidzę tej pierdolonej części książki.

Przechodziłam test i w głębi serca wiedziałam, że mi się uda, a jednak w tamtej chwili czułam po prostu, że lecę głową w dół.

MISTRZOWIE ZAWSZE ROBIĄ WIĘCEJ

Za każdym razem, kiedy wchodzę do klatki, jestem absolutnie przekonana, że wygram. Jestem nie tylko lepszą zawodniczką. Nie tylko bardziej pragnę zwycięstwa. Pracowałam też ciężej niż moja rywalka. To właśnie odróżnia mnie od innych.

Kiedy dorastałam, mama wbijała mi do głowy, że mistrzowie pracują o wiele ciężej od innych. Jeśli narzekałam na to, że muszę iść na trening albo włączałam drzemkę w budziku, zamiast wstać i wyjść pobiegać, mówiła spokojnym głosem:

– Założę się, że [tu wymieniała nazwisko osoby będącej w danym momencie moim największym rywalem] właśnie teraz trenuje.

Po treningach kazała mi zostawać na sali i ćwiczyć dalej. Kiedy protestowałam, mówiąc, że inne mamy nie wymagają tego od swoich córek, odpowiadała po prostu:

– Mistrzowie zawsze robią więcej.

Wykończona jęczałam wtedy:

– Mamo, jestem już piętnaście minut dłużej. Wszyscy już poszli. Zrobiłam już więcej niż inni.

Mama stwierdzała:

– Mistrzowie robią więcej niż ludzie, którzy myślą, że zrobili więcej.

Najtrudniejszym dniem tygodnia był wtorek.
W soboty i niedziele pracowałam na nockę w klubie fitness, a w poniedziałek rano, w zależności od tego jak bardzo byłam zmęczona, wracałam do domu, żeby przespać się kilka godzin, albo jechałam bezpośrednio na trening wytrzymałościowo-siłowy z Leo. Leo pracował w Sherman Oaks, czyli po drugiej stronie Los Angeles w stosunku do mojego domu i klubu fitness.

Ćwiczyłam z Leo, podnosiłam ciężary i robiłam obwody, a potem brałam prysznic na siłowni (była tam darmowa klimatyzacja!). Po ćwiczeniach Leo pozwalał mi przespać się kilka godzin u siebie w domu na kanapie, a następnie jechaliśmy na trening zapasów. Uwielbiałam te spokojne chwile, kiedy nie musiałam pędzić z miejsca na miejsce i mogłam odpocząć. Zapasy uprawialiśmy wspólnie w klubie SK Golden Boys, czyli przerobionym garażu, gdzie treningi prowadził Martin Berberyan. Ciasne miejsce do ćwiczeń rekompensował poziom prezentowany przez zawodników. Walczyłam ze wszystkimi chłopakami i jeśli ich nie pokonywałam, to przynajmniej sama nie dawałam im się pokonać. Garaż zbudowano z myślą o przechowywaniu samochodów, a nie prowadzeniu treningów, i z powodu kiepskiej wentylacji było tam potwornie gorąco. W środku panowała wilgoć i śmierdziało potem. Kąpałam się w dobudowanej łazience, ale gdy tylko wyszłam spod prysznica, natychmiast znowu pociłam się przez temperaturę. Około ósmej wracaliśmy do Leo, a potem mniej więcej godzinę zajmował mi powrót do domu PPP, gdzie spędzałam prawie każdą noc. Mój chłopak nie pracował, więc pilnował w tym czasie Mochi. Po dwóch nieprzespanych nocach i podwójnym treningu padałam na łóżko bez sił.

We wtorek PPP i ja wstawaliśmy o 7:30 i jechaliśmy do kawiarni Coffee Bean w centrum biznesowym w Santa Monica. Uwielbiałam stać w kolejce, zamknięta w jego objęciach.

Następnie udawałam się z Mochi do Glendale na trening. Jechałam autostradą 405 North w stronę drogi 134, zadowolona, że unikam korków tworzących się w przeciwnym kierunku. Klimatyzacja w moim aucie była wciąż zepsuta i otwierało się w nim tylko jedno okno. Na tylnym siedzeniu miałam dwa kosze na pranie – w jednym znajdowały się czyste, a w drugim brudne ubrania. Mochi lubiła wyciągać te brudne i się w nich tarzać. Smród niepranych ciuchów, potu i psiej śliny wręcz obezwładniał. Byłam pewna, że na moim tylnym siedzeniu tworzy się jakiś nowy rodzaj superbakterii, a kiedy Mochi dostała wysypki, uznałam, że to dowód na prawdziwość mojej teorii.

Do GFC docierałam przed Sevakiem, około dziewiątej rano, i wchodziłam do środka. Mochi miała zostawać na betonowej płycie przy drzwiach, ale nie słuchała mnie i kładła się w narożniku ringu. Rozgrzewałam się, dopóki nie przyjechał Edmond. Kiedy wchodził na salę i widział psa w ringu, nie ukrywał oburzenia, ale dopiero po kilku miesiącach poprosił mnie, żebym przestała przyprowadzać Mochi do klubu.

– Co mam dzisiaj robić? – pytałam Edmonda.

Następnie wykonywałam ćwiczenia, które mi polecił.

Trening na gruszce, na ciężkim worku, na gruszce szybkościowej. Walka z cieniem. Skakanka. Skoki na oponie. Praca z piłką lekarską. Powtarzanie ciosów. Chodzenie pod linami, ćwiczenie zwinności. Robiłam setki różnych rzeczy.

Wykonywałam dane ćwiczenie do momentu, kiedy dochodziłam do wniosku, że Edmond o mnie zapomniał i że robię to znacznie dłużej, niż powinnam. Zawsze wkładałam w trening maksimum wysiłku. Następnie Edmond mówił mi, że mam robić coś innego.

Spędzałam w GFC trzy godziny dziennie, a czasami, jeśli miał dobry humor, Edmond brał mnie na tarcze, nigdy nie na dłużej niż 20 minut. Wykorzystywałam wtedy każdą sekundę.

Za każdym razem, kiedy wołał mnie po imieniu, przechodziłam pomiędzy linami i wskakiwałam na ring, gdzie kazał mi wyprowadzać lewy prosty. Lewe proste to szybkie, ostre ciosy, które nie są na tyle potężne, aby jednym z nich można było znokautować przeciwnika. Całymi miesiącami na każdym treningu były tylko lewe proste, lewe proste, lewe proste. Czasami zdarzał się podwójny lewy prosty. Przez bardzo długi czas było to jedyne uderzenie, które Edmond ćwiczył ze mną w ringu.

Uczyliśmy się wyprowadzania lewych prostych i obrony przed nimi. Edmond tysiące razy uderzał mnie prostymi, pokazując mi, w jaki sposób je blokować. Jeśli wyglądałam na zmęczoną, bił mocniej. Pewnego razu uderzył mnie w korpus z taką siłą, że zabrakło mi powietrza w płucach. Odsunęłam się, żeby przyklęknąć i złapać oddech, a wtedy chwycił mnie jedną ręką i pociągnął do góry.

– Nie klękaj – powiedział. – Jeśli uklękniesz, będę dalej cię uderzał. Nie możesz sobie wybrać, kiedy dostaniesz cios, a kiedy nie. Masz tylko jedno wyjście. Możesz wstać i przyjąć cios albo przyjąć go na kolanach.

To był ostatni raz, kiedy uklękłam.

Zawsze wkładam w trening maksimum wysiłku

Edmond wyprowadzał kolejne uderzenia. Opuściłam ręce, jakbym chciała powiedzieć: „Uderz mnie w twarz. Potrafię przyjąć cios".

Edmond spojrzał mi w oczy i uderzył mnie ciosem prostym na korpus. Próbowałam nie zgiąć się wpół.

– Nie jestem, kurwa, głupi – powiedział. – Odsłaniasz głowę i chcesz, żebym cię w nią uderzył. Ale nie, będę bił w korpus.

Nauczyłam się wtedy, aby nigdy nie oczekiwać, że przeciwnik zrobi to, czego chcesz. Wiedziałam, że będę musiała ich do tego zmuszać.

Po treningach w GFC musiałam pędzić do kliniki weterynaryjnej, gdzie pracowałam jako asystentka. Spocona po trzygodzinnym treningu wsiadałam do samochodu, żeby w największym słońcu przedzierać się z powrotem przez Los Angeles. Z Mochi na tylnym siedzeniu pokonywałam 45-minutową drogę do domu, słuchając głośno muzyki indie dance, podśpiewując i kołysząc się do rytmu.

Zatrzymywałam się pod domem i biegłam wziąć prysznic. Ciśnienie wody było tam tak żałośnie słabe, że ze słuchawki właściwie tylko kapało. PPP mieszkał przy tej samej ulicy, przy której znajdowała się klinika – jakieś 15 minut od mojego mieszkania – po drodze zostawiałam więc u niego Mochi.

– Bądź grzeczna – mówiłam, zostawiając mojego psa, aby zajmować się cudzymi. Dawałam PPP dużego całusa, a on klepał mnie w tyłek, po czym biegłam do pracy.

Przez kolejne kilka godzin wprowadzałam psy do basenów, gdzie chodziły na podwodnych bieżniach, i podtrzymywałam je podczas fizjoterapii oraz akupunktury. Obserwowałam, jak okaleczone zwierzęta dochodzą do siebie, a stare podupadają na zdrowiu; próbowałam zachować do tego wszystkiego dystans, ale nigdy mi się to nie udawało. Pomiędzy wizytami rozmawiałam z klientami o treningach w MMA, aż w końcu moi szefowie mieli już dość odpowiadania ludziom na pytania o moje walki i zakazali mi rozmawiać z nimi w pracy o innych rzeczach niż o psach.

Późnym popołudniem miałam przerwę obiadową i jechałam do PPP, gdzie czekał już na mnie ciepły posiłek: warzywa z grillowanym kurczakiem i moim ulubionym sosem z lokalnej restauracji kubańskiej Versailles. Szybko pałaszowałam jedzenie, żeby przed powrotem do pracy spędzić jeszcze trochę czasu z moim chłopakiem. Następnie kończyłam zmianę w klinice, ale mój dzień jeszcze się nie kończył.

Po kolejnych 30 minutach w korku uczyłam judo w zachodniej części Los Angeles. Powtarzałam kolejne chwyty, ale czułam, że dziwnie oddaliłam się od tego sportu. Po treningu zostawałam jeszcze na zajęciach z brazylijskiego jiu-jitsu. Kiedy wracałam do domu, PPP przygotowywał moją ulubioną przekąskę – tuńczyka z majonezem, parmezanem i octem balsamicznym – którą jedliśmy z tostami albo z nachosami.

Przed pójściem do łóżka ściągałam z siebie kolejne przepocone ubrania i brałam prysznic. Moje ciało robiło się zauważalnie szczuplejsze, a mięśnie rosły. Pokrywały mnie siniaki, otarcia od maty i psie zadrapania. Nieustannie towarzyszył mi ból. To nie tak, że kiedyś mnie nie bolało, a potem zaczęło boleć. Ból był dla mnie tak samo naturalny jak mój kolor włosów.

Wchodziłam pod prysznic i pozwalałam, żeby woda spływała mi po skórze. Następnie stawałam w pozycji bokserskiej i wykonywałam w kabinie walkę z cieniem, uderzając w krople wody.

Wycierałam się ręcznikiem i waliłam się na łóżko.

Dni upływały pod znakiem bólu, potu, smrodu w samochodzie i nieustannie mokrych włosów. Nie przeszkadzało mi to. Walczyłam o swoją szansę i rozumiałam, że aby odnieść sukces, muszę to robić. Musiałam ćwiczyć dłużej niż ktokolwiek inny na tej planecie. Musiałam być sprytniejsza, silniejsza i bardziej wytrzymała. Musiałam trenować w czasie, kiedy inni nawet nie myśleli o treningu. Musiałam przekraczać to, co inni uważali za granice rozsądku, a potem iść jeszcze dalej. Każdy przepracowany w ten sposób dzień przybliżał mnie do celu.

W nocy sypiałam twardo, absolutnie przekonana, że nie mogłam zrobić więcej.

ZAPLANUJ PIERWSZĄ WYMIANĘ

Ludzie ciągle pytają mnie o moją strategię dotyczącą danej rywalki. Nigdy nie mam dokładnej taktyki. Planuję pierwszą wymianę, a potem improwizuję w oparciu o to, co dzieje się w klatce. Wtedy też opracowuję różne możliwe scenariusze. Jeśli przeciwniczka zaatakuje, przerzucę ją do przodu. Jeśli zacznie się wycofywać, rzucę ją w tył.

Musisz być elastyczny. Musisz być gotów na wszystko. Zawsze planuj jednak pierwszą wymianę. Wykonując pierwszy ruch, kontroluję otwierającą akcję, która wywołuje wszystkie kolejne reakcje.

Najpierw nie miał mnie kto trenować, a potem nie miał kto ze mną walczyć. Gdy zaczynałam karierę w MMA, najtrudniejsze było zorganizowanie walk. Darin dzwonił do mnie i mówił, że ustawił mi pojedynek. Kilka dni później odzywał się znowu i dowiadywałam się, że trener tej drugiej dziewczyny uznał ją za niewystarczająco przygotowaną albo stwierdził, że nie jestem dla niej właściwą rywalką.

Na początku byłam tym rozczarowana. Za piątym razem już się wkurzyłam. Te dziewczyny chciały niby walczyć, ale odrzucały pojedynki, które nie dawały im absolutnej pewności, że zwyciężą. Miałam wrażenie, że nikt nigdy nie zdecyduje się ze mną zmierzyć.

Wyładowywałam frustrację na worku treningowym, który bez końca wściekle obijałam.

Chciałam walczyć.

Chciałam wygrywać.

Chciałam kogoś pobić.

Tłumaczyłam sobie, że to tylko kwestia czasu i że kiedy nadejdzie ten moment, będę gotowa. W końcu te dziewczyny będą musiały się ze mną zmierzyć, a ja zadbam o to, aby pożałowały, że dały mi tyle czasu na doskonalenie umiejętności.

Darin zadzwonił ponownie. Zaplanował kolejną walkę.

– Jest tylko jeden szkopuł – stwierdził. – Dziewczyna zgodzi się wyłącznie na limit 67,5.

Ważyłam wtedy w okolicach 65 kilogramów.

– Powiedz jej, że się zgadzamy – odparłam.

Do walki pozostawały dwa tygodnie. Z każdym dniem byłam coraz bardziej podekscytowana, ale bałam się też, że zawiodę się tak samo jak już tyle razy przedtem.

Dzień przed walką Edmond wziął mnie na tarcze w GFC. Nie podchodził entuzjastycznie do treningów ze mną, ale dotrzymywał słowa i pomagał mi w przygotowaniach.

– Coraz lepiej – powiedział.

Kiwnęłam głową.

– Jesteś gotowa?

– Urodziłam się gotowa – odparłam, uderzając w tarcze.

Popatrzył na mnie trochę zagubiony, nie rozumiejąc, co mówię. Od kiedy zaczął mnie trenować, jego angielski bardzo się poprawił, ale podobnie jak moim uderzeniom wciąż dużo mu jeszcze brakowało.

– Nie idź na wymianę – powiedział. – Walcz za pomocą judo. Wykorzystaj judo, aby pokonać tę dziewczynę.

Poczułam przypływ adrenaliny.

– Myślisz, że wygram? – zapytałam. Byłam pewna, że wygram, ale poczułabym się dumna, wiedząc, że Edmond we mnie wierzy.

– Walka z dziewczynami? To nie takie trudne – odparł, wzruszając ramionami.

Edmond wypowiadał się na mój temat niezobowiązująco. Darin powiedział, że do niego zadzwoni.

Darin i ja opuściliśmy Los Angeles późnym rankiem 6 sierpnia 2010 roku i po godzinie jazdy dotarliśmy do Oxnard. Edmond też zgodził się przyjechać, ale miał dotrzeć na miejsce później.

Podczas jazdy Darin próbował mnie zagadywać, ale wolałam wyciszyć się przed walką. Przez całą drogę przygotowywałam się psychicznie do pojedynku.

Wjechaliśmy na parking przed salą treningową, gdzie miała odbyć się walka. Był to jakiś zwyczajny klub w Oxnard. Ponieważ pojedynek odbywał się na poziomie amatorskim, ważenie zorganizowano tego samego dnia. Zarejestrowaliśmy się i czekaliśmy. Moja rywalka jeszcze nie przyjechała.

„Po prostu bądź gotowa" – powtarzałam sobie.

Wtedy na salę weszła Hayden Munoz. Ważenie przed walkami amatorskimi odbywa się bez zbędnych ceremonii, dlatego po prostu kazano nam wskoczyć na wagę. Ona weszła pierwsza.

– 69 kilogramów 300 gramów – powiedział organizator.

Wszyscy spojrzeli na mnie. W tym momencie wszystko zależało ode mnie. Mogłam nie rezygnować z walki albo ona przegrałaby z powodu niedotrzymania limitu wagowego. Spodziewałam się, że będzie zawiedziona, ale w jej oczach dostrzegłam ulgę. Nie miała trwać długo.

– Będę walczyć – stwierdziłam.

Nigdy nie byłam na nic tak bardzo gotowa jak wtedy. Przebrałam się w szatni i poszłam na miejsce przeznaczone na rozgrzewkę; było po prostu wydzieloną częścią sali z położonymi na podłodze matami. Inni zawodnicy rozgrzewali się, rozciągali i zaczynali lekkie sparingi. Ja położyłam się i zamknęłam oczy. W klubie pojawiały się kolejne osoby, najczęściej przyjaciele lub krewni zawodników. Gdy tak odpoczywałam, podszedł Gokor, który zgodził się stanąć w moim narożniku. Nigdzie nie widziałam Edmonda.

Po sali przechadzało się kilku chłopaków z Hayastan. Pochlebiało mi to. Przyjechali też moja mama, Jennifer i mój dawny trener Blinky. Mama się upewniła, że ją zauważyłam, ale trzymała się na dystans, bo wiedziała, jak to jest w dniu walki. Edmonda wciąż nie było. Pogodziłam się z tym, że może nie dotrzeć. Nie potrzebowałam go tam. Dziewczyna mogła mieć nade mną 20 kilogramów przewagi, ale i tak zamierzałam ją pokonać. W końcu, jakąś godzinę przed walką, na sali pojawił się Edmond.

Poczułam przypływ radości. Edmondowi zależało na mnie na tyle, że przyjechał tam, by stanąć w moim narożniku. Niechętnie brał mnie na tarcze, a i trenował ze mną bez specjalnego entuzjazmu, ale widział we mnie coś, co skłoniło go do poświęcenia czasu na przyjazd.

– Rozgrzałaś się? – zapytał.

Wzruszyłam ramionami. Nie musiałam się rozgrzewać. Mogłam być gotowa w każdej chwili.

Edmond zaprowadził mnie w narożnik strefy do rozgrzewki, gdzie owinął mi dłonie i kazał uderzać ciosy proste.

Moja ciało przepełniała energia. Byłam podekscytowana i spokojna.

– Rozluźnij się – powiedział Edmond.

Chciałam ćwiczyć dalej.

– Posłuchaj, ta dziewczyna to kickbokserka – tłumaczył Edmond. – Będzie próbowała trzymać cię na dystans kopnięciami. Skróć dystans, złap ją za nogę i sprowadź do parteru. Wykorzystaj swoje judo, nic więcej. Tylko judo.

Skinęłam głową.

– Munoz, Rousey, jesteście następne – wywołali nas organizatorzy.

Weszłam do klatki. Poczułam, jakby coś się we mnie przełączyło, a świat za siatką zniknął. Skupiłam się na rywalce.

Tupnęłam, podskoczyłam i poklepałam się po ramionach. Sędzia spojrzał na Hayden.

– Gotowa? – zapytał. Dziewczyna skinęła głową. Sędzia przeniósł wzrok na mnie.

– Gotowa? – zapytał raz jeszcze. Potwierdziłam kiwnięciem.

Dał sygnał do walki.

Zbliżyłyśmy się do siebie na środku klatki. Hayden wyprowadziła kopnięcie. Złapałam jej nogę i sprowadziłam ją do parteru. Rzuciłam się na nią i chwyciłam za ramię. Próbowała mi się wyrwać, ale nie miała szans. Obróciłam się, trzymając ją za rękę. Odklepała. Cała walka trwała 23 sekundy.

Sędzia krzyknął: „Stop!" i nagle cały świat wrócił na swoje miejsce. Tylko że był to już lepszy świat. Tłum wiwatował, krzyczał i gwizdał, a cały ten doping przeznaczony był dla mnie. Uniosłam pięść w powietrze, wykonując zwycięskie okrążenie wokół klatki.

Poczułam przypływ radości, jakiego nie doświadczyłam nigdy wcześniej. Nie chodziło tylko o zwycięstwo; to uczucie płynęło z jakiegoś głębszego miejsca i było związane z faktem, że to dopiero początek.

W drodze do domu słuchałam na pełen regulator *Don't Slow Down* Matt and Kim.

Dwie kolejne walki amatorskie, które stoczyłam, odbywały się w ramach dobrze zorganizowanej imprezy o nazwie Tuff-N-Uff. Miały miejsce w hotelu Orleans w Las Vegas, około półtora kilometra od Strip. Moje pojedynki były tak mało znaczące, że nie wspomniano o nich nawet w promującej całe wydarzenie ulotce. Patrząc na nią, pomyślałam: „Pewnego dnia będzie tutaj moje nazwisko". Żaden z tych dwóch pojedynków nie trwał pełnej minuty.

Pięć miesięcy po moim amatorskim debiucie, posiadając bilans walk 3:0, ogłosiłam przejście na zawodowstwo. Ponieważ miałam już za sobą karierę amatorską, byłam o krok bliżej mojego celu, czyli zdobycia mistrzostwa świata. Właśnie zaczynał się następny etap podróży.

Ludzie często pytają mnie, czy wchodząc tamtego wieczoru do klatki po raz pierwszy w życiu, wyobrażałam sobie, że wszystko to osiągnę. Wiele osób się dziwi, że odpowiedź na to pytanie brzmi: zdecydowanie tak. Wszystko, co wydarzyło się później, miałam już dokładnie zaplanowane podczas pierwszej wymiany ciosów.

NIC NIGDY NIE BĘDZIE IDEALNE

Możesz spędzić całe życie, czekając na ideały. Na idealną pracę. Na idealnego partnera. Na idealnego rywala. Możesz też pogodzić się z faktem, że zawsze czekają na ciebie lepszy czas, lepsze miejsce albo lepsza okazja, i nie pozwolić, żeby powstrzymywało cię to przed staraniami, aby uczynić bieżący moment idealnym.

Jestem niepokonana nie dlatego, że przed każdą walką miałam idealne warunki do jej stoczenia. Jestem niepokonana, ponieważ wygrywam niezależnie od okoliczności.

Wskoczyłam w szeregi zawodowców, ale poza tym że mój bilans walk się wyzerował, niewiele się zmieniło. Nadal pracowałam w trzech miejscach. Nadal mieszkałam w zdezelowanym lokum znalezionym w serwisie Craigslist (choć teraz był to pokój w na poły zrujnowanym domu). Walki nadal nie dochodziły do skutku.

Darin zorganizował mi zawodowy debiut przeciwko Ediane Gomes. Zgodnie z umową miał opłacić jej przelot (co w przypadku mało znaczących pojedynków nie jest standardem). Walkę zaplanowano na 27 marca 2011 roku w klubie sportowym w pobliskiej Tarzanie. Za udział w pojedynku każda zawodniczka miała otrzymać czterysta dolarów, a zwyciężczyni dodatkowo drugie tyle.

Zdobyłam wszystkie możliwe informacje na jej temat i nagrania z jej dotychczasowych walk. Miała bilans 6:1 i niszczyła swoje rywalki. „Będzie dobrze" – pomyślałam.

Ponieważ moje walki ciągle nie dochodziły do skutku, Edmond pracował ze mną regularnie, ale skupialiśmy się raczej na budowaniu moich umiejętności niż na przygotowywaniu się pod konkretną rywalkę.

– Nieważne, z kim walczysz – mówił mi. – Możesz dowiedzieć się o pojedynku nawet z jednodniowym wyprzedzeniem, a i tak wygrasz.

Kiwałam wtedy głową.

Na tydzień przed konfrontacją uwierzyłam, że tym razem się uda. Nie mogłam się już doczekać.

– Jaki utwór chcesz usłyszeć, gdy będziesz wychodziła na walkę? – zapytał mnie Darin kilka dni przed galą.

– *Sex and Violence* The Exploited – odparłam. Tekst piosenki składa się z powtarzanych w kółko słów „seks" i „przemoc".

Dwa dni przed walką leżałam w moim pokoju, wyobrażając sobie, jak rozniosę tę dziewczynę, kiedy usłyszałam jakieś zamieszanie w salonie. Mochi bawiła się z psem mojej współlokatorki. Nagle zwierzęta zaczęły ze sobą walczyć.

Schabowy, 27-kilogramowy pitbull, leżał na grzbiecie, a Mochi, która ważyła już teraz 36 kilogramów, trzymała go za gardło. Wyglądała, jakby chciała go zagryźć. Bez zastanowienia posłałam jej kopniaka w żebra. Mochi odskoczyła, puszczając Schabowego. Pozostając w bojowym nastroju, Schabowy ugryzł mnie dwukrotnie: raz w stopę i raz w goleń. Czułam jego ostre zęby przebijające mi skórę i zagłębiające się w mięsień.

Zanim moje ciało zdążyło zarejestrować ból, zaczęłam martwić się tym, jak taki uraz wpłynie na moją walkę.

Usiadłam na podłodze w salonie i zdjęłam skarpetę. W mojej stopie ziała dziura. U podstawy palców zwisał strzęp mięsa. Ułamek sekundy później krew pojawiła się w ranie i zaczęła spływać na dywan. Chwyciłam telefon z podłogi, na którą upadł podczas zamieszania, i zadzwoniłam do Darina. Musiałam pojechać do lekarza, ale tak żeby nikt się o tym nie dowiedział.

Czekając, aż Darin znajdzie mi jakiegoś lekarza, podźwignęłam się z podłogi. Stopa zaczęła już puchnąć. Pokuśtykałam do kuchni na jednej nodze, zostawiając za sobą krwawy ślad. W zamrażarce nie było lodu, ale znalazłam kilka paczek mrożonych warzyw. Skacząc, skierowałam się do łazienki i obłożyłam sobie stopę mrożonkami, a potem owinęłam wszystko bandażem.

W salonie zadzwonił mój telefon. Pokuśtykałam z powrotem, rozrzucając dookoła mrożony groszek i marchew.

– Weź długopis – powiedział Darin.

Jego przyjaciel, modny chirurg plastyczny z Beverly Hills, zgodził się przyjąć mnie poza kolejką.

Zadzwoniłam do PPP.

– Potrzebuję cię – powiedziałam.

– Już jadę – odparł, zanim zdążyłam wyjaśnić mu dokładnie, o co chodzi.

Przeniosłam się do kuchni, bo z kafelków łatwiej było zetrzeć krew.

15 minut później usłyszałam, jak do domu wpada PPP.

– Gdzie jesteś? – zawołał.

– Idź tropem krwi i marchewki! – krzyknęłam.

Wszedł do kuchni z wyrazem zatroskania na twarzy. Bez słowa wziął mnie na ręce i zaniósł do samochodu.

Położyłam stopę na desce rozdzielczej i patrzyłam na krew przesączającą się przez bandaż. PPP trzymał jedną rękę na kierownicy, a drugą ściskałam mu ja. Łzy płynęły mi po policzkach.

– Będzie okej – powiedział.

W poczekalni, urządzonej jak salon spa, pełno było kobiet zamierzających wstrzyknąć sobie botoks albo zrobić cycki. Wszystkie na mnie spojrzały, za to dziewczyna za ladą wydawała się niewzruszona.

PPP zaprowadził mnie do gabinetu. Lekarz spojrzał na zakrwawiony bandaż i rozmrożone warzywa.

– Pozwoli pani, że to zdejmę – powiedział.

Odwinął bandaż.

– No, nie wygląda to najlepiej. Będzie trzeba założyć szwy.

Zaczęłam chlipać. Byłam przerażona, że nie będę mogła wziąć udziału w walce.

„Nie – pomyślałam. – Nie poddam się tak łatwo".

Otarłam łzy i spojrzałam na lekarza.

– Muszę wiedzieć, czy jeśli stanę do walki z takim urazem, to skończy się to jakąś trwałą kontuzją.

Mężczyzna milczał przez chwilę, lekko zaskoczony.

– Nie. To znaczy, zerwie pani szwy i rana będzie goić się dłużej, ale nie doprowadzi to do żadnego trwałego urazu.

Wzięłam głęboki oddech i powiedziałam:

– Okej, to proszę mnie zszyć.

Spojrzał na mnie, jakby nie wiedział, czy powinien być pod wrażeniem, czy raczej próbować mnie od tego odwieść, a potem odparł powoli:

– Mogę to zrobić, ale rozerwie je sobie pani w pierwszej rundzie. Będzie pani mocno krwawić i wszyscy się zorientują.

– W porządku – stwierdziłam. – Będę po prostu musiała wygrać szybciej.

Lekarz wyjął narzędzia. Podniósł igłę.

– Chce pani, żeby supeł był na zewnątrz? – zapytał. – Jeśli zszyję od środka, blizna będzie mniejsza. Jeśli zszyję od zewnątrz, szew będzie mocniejszy.

– Jebać bliznę. Niech pan zrobi ten mocniejszy.

Lekarz skończył mnie zszywać. Założył mi trzy szwy na boku stopy i sześć na górze.

– Tyle mogłem zrobić – powiedział, patrząc na swoje dzieło. – Ale lepiej niech pani wygra szybko.

– Tak zrobię – obiecałam.

PPP zaniósł mnie z powrotem do auta.

Następnego ranka stopa bolała mnie jeszcze bardziej. Na noc obłożyłam ją sobie lodem i wzięłam advil oraz przepisane przez lekarza antybiotyki, ale i tak powstał duży obrzęk.

Mimo to wciąż nie miałam żadnych wątpliwości, że pokonam tę dziewczynę. Prawdziwym wyzwaniem było jednak przejście przez ważenie i kontrolę lekarską. Jeśli masz szwy, nie możesz walczyć.

Wejście na ważenie w taki sposób, aby nie kuleć, wymagało ode mnie olbrzymiego wysiłku.

Lekarz przeprowadził powierzchowne badanie.

– Proszę podskoczyć na jednej nodze – powiedział.

Podskoczyłam na prawej.

– Teraz druga.

Przeniosłam ciężar ciała na lewą nogę i podskoczyłam ze stoicką miną. Czułam, jak szwy napinają się pod moim ciężarem.

– Wszystko w porządku – stwierdził lekarz.

„Nawet nie masz pojęcia" – pomyślałam. Teraz musiałam tylko przejść przez ważenie.

Wtedy przedstawiciel komisji sportowej zrzucił na mnie bombę.

– Tylko spodenki i bielizna – oznajmił. – Żadnych koszulek, butów i skarpet, proszę to wszystko zdjąć.

Bez skarpet? Tętno natychmiast mi podskoczyło.

Jedyną rzeczą, która pracowała szybciej niż moje serce, była moja głowa.

I wpadłam na pewien pomysł.

Z robieniem wagi wiąże się następująca kwestia. Jeśli do limitu masz trochę zapasu, możesz wejść na wagę w bieliźnie albo w spodenkach do walki. Jeśli jednak wiesz, że jesteś na granicy, możesz wejść nago. W takich wypadkach członkowie twojego zespołu trzymają wokół ciebie ręczniki, żeby nie dawać publiczności darmowego przedstawienia.

– Chyba wypiłam za dużo wody – oświadczyłam głośno, żeby usłyszeli mnie wszyscy w pobliżu.

– Panicznie się boję, że nie zmieszczę się w limicie – powiedziałam Darinowi. – Zważę się nago.

– Co? – zdziwił się, jakbym postradała zmysły. – Ale czemu? Przecież ona ma nadwagę. Nie musisz tego robić.

Moja rywalka nie zmieściła się w limicie wagowym i w ogóle się z tym nie kryła. Ja głodziłam się, żeby nie przekroczyć 65 kilogramów.

– Wchodzę nago – burknęłam.

Zaczęłam ściągać z siebie ubranie, a ludzie z mojego zespołu rozglądali się za ręcznikami, którymi mogliby mnie zasłonić. Wszyscy byli skonsternowani i w całym tym zamieszaniu nikt nie zwrócił uwagi, że wskoczyłam na wagę plecami do sali, a skarpety zdjęłam dopiero na samym końcu. Ważyłam 65,5 kilograma, czyli ponad półtora kilograma mniej od mojej przeciwniczki, i podczas gdy wszyscy byli zajęci dociekaniem, dlaczego nagle postanowiłam zważyć się nago, założyłam skarpety, zanim ktokolwiek zdążył dostrzec moją pokiereszowaną stopę. Kiedy wkładałam bieliznę, wiedziałam już, że następnego dnia będę walczyć.

Przed pojedynkiem rozwinęłam mój ściągacz na kostkę w taki sposób, żeby zakrywał mi szwy. Stopa bolała mnie tak bardzo, że musiałam oszczędzać się podczas rozgrzewki.

– Lepiej załatw to szybko – powiedział Edmond.
– Wiem.
– Jesteś stuknięta.

Uśmiechnęłam się. Pewnie miał rację.

Patrzyłam, jak Gomes wchodzi do klatki przy dudniących w całym obiekcie dźwiękach hip-hopowego kawałka. Zatańczyła wokół klatki.

„Kiedy z tobą skończę, nie będziesz tak tańczyć" – pomyślałam.

Z głośników popłynęły perkusyjne bity *Sex and Violence*. Wyszłam na salę, a ból nagle stał się nieistotny.

Sędzia klasnął w dłonie i rozbrzmiał gong.

Zaatakowałam ciosem prostym i lewym sierpem, po czym wpadłyśmy w klincz. Próbowałam przewrócić ją do przodu, ale się nie dała. Instynktownie zmieniłam kierunek i przerzuciłam ją chwytem judo o nazwie *kouchi-gari*, przestawiając jej lewą nogę. Kiedy szwy na mojej stopie zetknęły się z jej piętą, przeszyła mnie fala bólu. Zignorowałam to. Gomes uderzyła o matę, a ja natychmiast znalazłam się na niej. Kilka razy uderzyłam ją w twarz, ale nie po to żeby ją obić, tylko żeby zmusić ją do reakcji. Obróciła się na bok – to było to! Wykonałam moją ulubioną dźwignię na rękę, *juji gatame*, a ona odklepała. Ledwie przestał rozbrzmiewać pierwszy gong. Cała walka trwała 25 sekund.

Uniosłam ręce nad głowę. Wygrałam. Przez ułamek sekundy czułam się wspaniale.

Radość z pierwszego zawodowego zwycięstwa szybko przytłumiły jednak receptory bólu, które przekazały do mojego mózgu informację, że napierdalała mnie stopa.

Mój bilans walk wynosił 1:0, a ja byłam niecierpliwa. Tydzień po zwycięstwie wzięłam obcinacz do paznokci i wyciągnęłam sobie szwy ze stopy. Lekarz miał rację: blizna była widoczna. Moim zdaniem wyglądała kozacko. Byłam gotowa do następnego pojedynku.

Darin powiedział, że zorganizował mi walkę w Calgary, gdzie miałam zmierzyć się z Charmaine Tweet. Dziewczyna nie chciała zgodzić się na limit niższy niż 67,5 kilograma, ale bardzo zależało mi na kolejnym pojedynku. Zabukowaliśmy bilety na samolot. Wracałam do Kanady. Od początku mieliśmy jednak pecha. Powiedziałam Edmondowi, kiedy odbędzie się walka, a on zmarszczył brwi, bo mniej więcej w tym samym czasie miał urodzić mu się syn. Później, dwa tygodnie przed walką, kiedy byłam akurat z Jennifer w aptece Rite Aid, zadzwonił Darin.

– Mam nowe wieści – powiedział. – Dzwonili ludzie ze Strikeforce. Chcieliby podpisać z tobą kontrakt na walkę.

Strikeforce było najbardziej prestiżową organizacją MMA posiadającą dywizję kobiet. Jej szefowie chcieli, żebym zmierzyła się z Sarah D'Alelio, ponieważ Gina Carano, która tym pojedynkiem miała wrócić do sportu po dwóch latach przerwy, wycofała się z przyczyn zdrowotnych.

Była to dla mnie okazja, żeby przejść do wyższej ligi. Strikeforce płaciło znacznie więcej niż małe organizacje. Oznaczało to, że mogłabym zrezygnować z moich trzech prac i w końcu utrzymywać się z walk.

Poczułam, jakby niebo otworzyło się nade mną przy dźwiękach śpiewających aniołów. Na mojej twarzy pojawił się szeroki uśmiech. Zapiszczałam z radości i zaczęłam poruszać stopami w górę i w dół, wykonując taniec szczęścia.

– Co się stało? – zapytała szeptem Jennifer.

– Jedyny problem polega na tym, że pojedynek zaplanowano na osiemnastego czerwca – stwierdził Darin.

Zatrzymałam się.

– Dzień wcześniej mam walkę w Kanadzie – stwierdziłam.

– Nie martw się tym. Wycofamy cię z niej.

Uściskałam Jennifer, która nie przepada za tego rodzaju czułościami.

– Jestem w Strikeforce, Jen – powiedziałam.

– Super – odparła głosem, z którego wynikało, że jeśli kiedykolwiek będzie czymś bardzo podekscytowana, to właśnie czymś takim. – Nie wiem, co to znaczy, ale gratuluję.

Zaczęłam wkładać do koszyka przypadkowe rzeczy. Elektryczną szczoteczkę. Drogą wybielającą pastę do zębów. Kredkę do oczu. Lakier do paznokci. Nie umiałam nawet malować sobie paznokci, ale wrzucałam tam wszystko. Zdjęłam z półki dobry, miękki papier toaletowy. Wkrótce miałam zarobić pieniądze na takie drobne luksusy.

Wyszłyśmy z apteki, a kiedy stałyśmy na parkingu, Darin zadzwonił ponownie.

– Mam złe wieści – oznajmił. – Ta dziewczyna nie pozwoli ci wycofać się z pojedynku.

Opadły mi ręce. Czułam, jakby uszło ze mnie powietrze. Wsiadłam z Jen do samochodu, a kiedy obejrzałam się do tyłu, żeby wycofać, zobaczyłam na siedzeniu białą torbę z Rite Aid.

– Kurwa, nie stać mnie na te gówna – uświadomiłam sobie na głos.

– Ronda, musisz się uspokoić – mówił Darin. – Strikeforce cię chciało i obiecuję ci, że jeśli pokonasz tę dziewczynę, zgłosi się do ciebie ponownie. Nie trzeba się tym denerwować. Kogo innego mieliby wziąć? Potrzebujesz tylko dwóch, trzech walk. Jesteś najlepszą zawodniczką, o jakiej słyszeli. Na pewno do ciebie zadzwonią. Obiecuję ci, że po tej walce będziesz już w Strikeforce.

Przez następne dwa tygodnie trenowałam z jedną myślą: chciałam sprawić, żeby Charmaine Tweet za to zapłaciła.

Darin, Edmond i ja mieliśmy lecieć do Calgary 16 czerwca. Dzień przed wylotem zadzwonił do mnie Edmond. Jego żona rodziła.

– I tak się tam pojawię – stwierdził. – Muszę tylko przebukować bilet i spotkam się z wami później na miejscu.

– Gratuluję – powiedziałam.

– Dziękuję.

Następnego ranka Darin odebrał mnie o świcie i pojechaliśmy na lotnisko. Kiedy staliśmy w kolejce, spojrzałam na zegarek.

– Jesteśmy bardzo wcześnie. – Byłam przyzwyczajona do wpadania na lotnisko w ostatniej chwili.

– To niby tylko Kanada, ale lot jest międzynarodowy – stwierdził Darin.

Kolejka przesunęła się do przodu, a w moim ciele napiął się nagle każdy mięsień.

– Czy żeby polecieć do Kanady, trzeba mieć paszport? – zapytałam cicho.

– Słucham?

– Czy trzeba mieć paszport, żeby polecieć do Kanady?

– Tak. A dlaczego? Zapomniałaś go zabrać?

Gorączkowo próbowałam przypomnieć sobie, gdzie trzymam w domu paszport.

„Kiedy ostatni raz go widziałam?" – zapytałam samą siebie w myślach.

Poczułam, jak krew odpływa mi z twarzy.

– Mój paszport jest w konsulacie Brazylii – powiedziałam. Zostawiłam go tam, żeby dostać wizę przed turniejem judo, na który nie poleciałam. Zastanawiałam się, czy to możliwe, że od tego czasu minął już rok.

Wyszliśmy z kolejki. Darin spojrzał na zegarek. Konsulat Brazylii był jeszcze zamknięty. Darin do kogoś zadzwonił. Ja stałam tylko, nie wiedząc, co mogłabym zrobić.

– Ktoś spotka się z nami w konsulacie i otworzy go dla nas – oznajmił Darin. Rozmawiał już też z promotorami. Dowiedział się od nich, że mogę zważyć się w hotelu niezależnie od tego, kiedy przylecimy. Następnie przebukował nasze bilety na późniejszy lot, wskoczyliśmy do auta i pojechaliśmy do konsulatu. Kiedy 45 minut później dotarliśmy na miejsce, czekał już tam na nas jeden z pracowników. Wręczył mi mój paszport.

– Ma pani doskonałe wyczucie czasu – stwierdził. – Przechowujemy paszporty tylko przez rok. Zamierzaliśmy odesłać go pani w tym tygodniu, a wtedy znajdowałby się już gdzieś na poczcie.

Pomyślałam, że moje wyczucie czasu mogłoby być jednak ciut lepsze.

Z paszportem w ręce Darin i ja ruszyliśmy z powrotem na lotnisko. Musieliśmy się spieszyć, jeśli chcieliśmy zdążyć na samolot.

Stojąc w kolejce przed kontrolą, usłyszałam znajomy głos:

– Czeeeść.

To był Edmond, wciąż zawiany po całonocnym świętowaniu narodzin syna i zdziwiony naszym widokiem.

30 minut później cała nasza trójka siedziała już obok siebie w klasie ekonomicznej, ja w środku. Edmond natychmiast zasnął. Czułam parujący od niego alkohol.

Następnego dnia pojechaliśmy do kasyna, w którym miała odbyć się walka. Na tyłach mieli tam stół do kości. Maty do rozgrzewki były tak uwalane, że Edmond musiał wycierać ręcznikami widoczną warstwę brudu. Kiedy wstaliśmy po rozgrzewce w parterze, i tak byliśmy upaprani.

– Załatw to szybko – powiedział do mnie. – To miejsce jest obrzydliwe. Chcę jak najszybciej się stąd wynieść.

Pokonałam rywalkę w 49 sekund za pomocą dźwigni na łokieć, poprawiając mój bilans walk na 2:0. Kiedy wracała po pojedynku do swojego narożnika, podeszłam do niej i krzyknęłam jej w twarz:

– Trzeba było pozwolić mi przejść do Strikeforce, ty głupia, jebana zdziro! Nie było to moje najszybsze zwycięstwo, ale za to gaża była jak do tej pory najwyższa. Zarobiłam tysiąc dolarów.

Po walce wróciliśmy do hotelu, żebym mogła wziąć tak bardzo potrzebny mi prysznic. Właśnie kończyłam się ubierać, kiedy do pokoju zapukał Edmond. Otworzyłam, a on wszedł do maleńkiego korytarza.

– Muszę ci coś powiedzieć – oznajmił.

– Co? – zapytałam.

– Dzwonili ze Strikeforce. Biorą cię.

– O mój Boże! – wykrzyknęłam. Zaczęłam podskakiwać. Wykonałam taniec radości.

– Mówiłem ci, że tak będzie.

Edmond zmierzył mnie wzrokiem. Miałam na sobie dżinsy i bluzę z kapturem. On ubrany był w idealnie wyprasowaną koszulę, eleganckie buty, drogie dżinsy i pasek od Gucciego.

Wskazał na mój strój.

– Koniec z takimi workowatymi ciuchami – stwierdził. – Wiem, że jesteś sportsmenką i nie zwracasz na to uwagi, ale zapomnijmy na chwilę o walkach. Skupmy się przez moment na twoim wizerunku. Jeśli ktoś walczy w gównianym stylu, to nie ma co się wysilać na modny wygląd, ale ty umiesz walczyć. Teraz wszystko się zmieni i musisz zacząć o tym myśleć. Doradzam ci tak, jak doradzałbym własnej siostrze. Nie komentuję twojego wyglądu, żeby sprawić ci przykrość. Chcę dla ciebie po prostu jak najlepiej. Zasługujesz na to.

Byłam podekscytowana i mile połechtana, ale przede wszystkim głodna.

– Okej, Edmond – powiedziałam. – Zrobię tak. Będę walczyła idealnie, będę wyglądała idealnie i będę robiła wszystko, o co poprosisz, ale czy mogę zacząć po kolacji?

Moje życie miało się radykalnie zmienić. Miałam rzucić wszystkie moje prace i utrzymywać się z walk. Wszystkim, którzy twierdzili, że nie powinnam walczyć, zamierzałam udowodnić, że się mylą. Miałam zarobić wystarczająco dużo pieniędzy, żeby móc naprawić szyby w moim aucie, a może nawet i klimatyzację. Pomyślałam nawet, że jest szansa na wynajęcie jakiegoś ładniejszego lokum.

Mogłam dojść do tego bez szwów, fałszywych alarmów, zapomnianego paszportu i brudnego kasyna. Te niedogodności, jak wszystkie życiowe przeszkody, nauczyły mnie jednak przystosowywania się do sytuacji. Zrozumiałam, że mogę walczyć niezależnie od okoliczności. Zrozumiałam, jak bardzo pragnę, żeby to marzenie się ziściło, poznałam też ból, jaki się czuje, gdy rozwiewa się już prawie spełnione marzenie. Moje doświadczenia sprawiły, że jeszcze bardziej pragnęłam sukcesu i czułam się silniej zmotywowana. Przed moimi pierwszymi zawodowymi pojedynkami nie wszystkie sprawy przebiegały może całkowicie zgodnie z planem, ale ostatecznie wszystko ułożyło się perfekcyjnie. Nie można chcieć więcej.

GDYBY TO BYŁO ŁATWE, KAŻDY BY TO ROBIŁ

Ludzie zawsze doszukują się sekretów kryjących się za sukcesem. Ale nie ma tu żadnej tajemnicy. Sukces jest efektem ciężkiej pracy oraz codziennego katowania się przez całe lata, bez chodzenia na łatwiznę i na skróty. Michał Anioł powiedział: „Gdyby ludzie wiedzieli, jak ciężko pracowałem, aby osiągnąć swe mistrzostwo, wcale nie wydawałoby im się tak cudowne".

Nie jest zbyt trudno się zorientować, co stanowi podstawę sukcesu, ale osiągnięcie go wcale nie jest łatwe.

PPP i ja rozchodziliśmy się wielokrotnie. Najbardziej krytycznym momentem był dzień, w którym ukradł mi samochód, ale i później walczył z uzależnieniem. Zrywaliśmy ze sobą, za każdym razem jednak mieliśmy wrażenie, że wszechświat popycha nas ku sobie z powrotem.

Dwukrotnie zdarzyło mi się, że kilka dni po rozstaniu zatrzymywałam się na światłach i dostrzegałam go w lusterku wstecznym. Wzruszał wtedy ramionami albo kręcił głową, jakby chciał powiedzieć: „Jaka była szansa, że się tu spotkamy?". Zjeżdżaliśmy na bok, śmialiśmy się z całej sytuacji i rozumiejąc, jak bardzo za sobą tęskniliśmy, zaczynaliśmy się całować, a potem ze łzami w oczach wracaliśmy do siebie.

Nasz związek był już jednak inny. Zmieniałam się i właśnie to tak naprawdę odsuwało nas od siebie. Nie samo MMA, ale fakt, że dotarłam do punktu, w którym chciałam już czegoś więcej. Każdego dnia byłam coraz bardziej zmotywowana. Realizowałam misję podboju świata.

On nie miał takiego zapału. Wprawdzie wierzył we mnie i wspierał moje marzenia o MMA, kiedy wszyscy inni tylko wywracali oczami, ale czuł się też zagrożony.

Pewnego wieczoru trening w Hayastan się przedłużył.

– Cześć, mała, gdzie byłaś? – zapytał spokojnym głosem, kiedy weszłam do mieszkania.

– Na treningu – odparłam. Byłam wykończona, obolała i pragnęłam tylko wziąć prysznic, a potem walnąć się do łóżka. Najpierw pochyliłam się jednak, żeby go pocałować. Odsunął się.

– Pachniesz męskimi perfumami – stwierdził. Nie oskarżał mnie wprost.

– O czym ty mówisz?

– O niczym. – Potrząsnął głową i uśmiechnął się przepraszająco. – O niczym.

– Ormianie, z którymi ćwiczę, oblewają się po treningu perfumami, a potem ściskają się ze mną, kiedy wychodzę – powiedziałam w obronie.

– Ściskają się z tobą – powtórzył. Lekko zmarszczył przy tym brwi.

– To moi przyjaciele. Znam ich od zawsze. Poza tym to Ormianie. Są bardzo uczuciowi. Po treningu nie mogę powiedzieć wszystkim, żeby spierdalali, i po prostu wybiec za drzwi.

– Tak, pewnie tak.

– Dziękuję. A teraz idę wziąć prysznic.

Kiedy zaczęłam się rozbierać, PPP objął mnie od tyłu. Wyprostowałam się, a on wtulił twarz w moją szyję. Nagle się odsunął.

– Czy to jest malinka? – zapytał. Teraz jego ton był już oskarżycielski.

– Co... Jak... Co? – Nie mogłam się wysłowić. Spojrzałam w lustro.

– To ślad po duszeniu – powiedziałam, wskazując na szyję. – A ten tutaj, to też po duszeniu.

– Wygląda jak malinka.

– Ale to nie jest malinka. Przez większą część mojego życia mam całe ciało w sińcach i różnych śladach. Nawet ich nie zauważam. To nic, czym należałoby się przejmować. To normalne.

On jednak nie uprawiał sztuk walki, dlatego patrzył na to inaczej. Chciał mnie wspierać, ale im bardziej byłam zmotywowana, tym bardziej czuł się zagrożony w naszym związku. Nie miał pracy, którą by lubił. Nie znalazł w życiu czegoś, co robiłby z pasją. Z rezygnacją akceptował swoją sytuację, podczas gdy ja obsesyjnie próbowałam polepszyć własną.

Kiedy się spotkaliśmy, był dla mnie idealny. Byliśmy dwojgiem ludzi, którzy do niczego nie aspirowali. Ale później się zmieniłam.

Zerwaliśmy ze sobą na dobre niedługo po tym, jak przeszłam na zawodowstwo. Wiele przeżyliśmy w ciągu tych dwóch spędzonych wspólnie lat. Naprawdę był jednym z moich najlepszych przyjaciół. Wiedziałam, że tym razem jest inaczej, bo nie było w tym dramatyzmu i wrogości. Nie płakałam histerycznie. Nie wyglądało to nawet jak kłótnia. Bardziej przypominało pożegnanie. Rozmawialiśmy ze sobą, a łzy płynęły nam po twarzach, aż w końcu zasnęliśmy.

Wstał wcześniej i wymknął się, nie budząc mnie. Ścieralnym markerem napisał mi na drzwiach wiadomość: „Kocham Cię, mała. Nie zapomnij o mnie, mam Cię w sercu".

Nigdy jej nie zmazałam.

JEDYNĄ WŁADZĄ, JAKĄ MAJĄ NAD TOBĄ INNI, JEST WŁADZA, KTÓRĄ SAM IM DAJESZ

W judo bardzo wielu osobom zależy na miejscu w rankingu i zdobytym stopniu *dan*. Nigdy nie dałam się w to wplątać. Ranking tworzony jest przez grupę ludzi, którzy siadają razem i mówią: „No dobrze, zasługujesz na to, żeby być w tym miejscu". Dając im prawo mówienia, że jesteś świetny, dajesz im też prawo mówienia, że jesteś do niczego. Kiedy zaczynasz przejmować się opinią innych na swój temat, przestajesz mieć nad wszystkim kontrolę.

Z tego samego powodu nie daję się podczas walk ponieść aplauzowi tłumów. I dlatego nie czytam, co o mnie piszą. Dzień, w którym zrozumiałam, że akceptacja innych i moje szczęście nie są ze sobą powiązane, był jednym z najwspanialszych w moim życiu.

Moja pierwsza walka w Strikeforce zaplanowana była na 12 sierpnia 2011 roku i w końcu miałam zmierzyć się w niej z Sarah D'Alelio.

Przed pojedynkiem po raz pierwszy pojechałam na obóz przygotowawczy – harmonogram treningowy zawodnika skonstruowany zostaje na nim w taki sposób, żeby w chwili wejścia na ring osiągnął absolutny szczyt swoich fizycznych i psychicznych możliwości. Nacisk nadal kładliśmy na poprawę moich umiejętności, ale zaczęliśmy też przygotowywać się konkretnie pod D'Alelio.

Zrezygnowałam ze wszystkich moich prac i zorganizowaliśmy czterotygodniowy obóz. Nie miałam wprawdzie pieniędzy na sprowadzenie sparingpartnerów z najwyższej półki, ale mimo to był to mój najbardziej ukierunkowany trening przed walką.

W poniedziałek przed pojedynkiem zadzwonił do mnie Darin.

– Odezwali się ludzie z Showtime – powiedział. Strikeforce miał podpisaną umowę z siecią telewizji kablowej. – Chodzi o twoją piosenkę wyjściową.

– Chcę tę samą, *Sex and Violence*.

– Właśnie o to chodzi: mają jakiś problem z jej słowami.

– Czekaj, ale z którym słowem? Z „seksem" czy z „przemocą"? Bo przez całą piosenkę koleś powtarza tylko te dwa słowa: „seks i przemoc, seks i przemoc".

– Właściwie to mają problem z obydwoma tymi słowami – stwierdził Darin.

Zaśmiałam się.

– A czy nie to właśnie sprzedają? Po co ludzie przychodzą oglądać walki kobiet? Żeby popatrzeć na seksowne ciała i przemoc.

– Nie wiem – odparł Darin, lekko zirytowany. – Musisz po prostu wybrać inny kawałek.

– Dobra, weź coś z repertuaru Rage Against the Machine – powiedziałam.

Dwa dni przed walką wyruszyliśmy do Vegas. Jechałam z Darinem. Wybrali się też z nami Edmond i kilku innych chłopaków z GFC. Spotkaliśmy się w klubie i ruszyliśmy karawaną przez pustynię. Mogliśmy polecieć do Vegas, ale miałam ochotę się przejechać.

Od przyjazdu na miejsce i zameldowania się w Palms, gdzie miała odbyć się walka, było jasne, że weszłam na inny poziom. Wszystko przebiegało bardziej gładko. I bardziej profesjonalnie. Organizatorzy wiedzieli, kim jestem i gdzie powinnam być. Obiekt też był większy. Był to pojedynek na wyższym poziomie.

Mieliśmy do dyspozycji pokój do rozgrzewki – nie przypadkową, odgrodzoną część sali, ale osobne pomieszczenie, gdzie mogłam zostawić swoje rzeczy i rozgrzać się z trenerami. Byli tam ludzie, którzy na bieżąco informowali mnie o tym, kiedy i którędy mam wyjść do walki. Czułam się jak w domu.

Wyszłam przy dźwiękach kawałka Rage Against the Machine. Piosenka nie wydawała mi się odpowiednia.

Weszłam do klatki. Sędzia odesłał nas do przeciwległych narożników, a potem dał sygnał do walki. Wyprowadzałam lewe proste, żeby skrócić dystans i wejść w klincz. D'Alelio uderzyła prawym prostym i chybiła. Wykonałam chwyt, który znać mógł tylko judoka. Rozpoczynał on jeden z moich ulubionych rzutów, *sumi gaeshi* – polega na pociągnięciu rywala razem ze sobą na ziemię i obróceniu się na niego. Instynktownie zaczęłam wykonywać ten rzut, ale ponieważ nie miałyśmy na sobie *gi*, za które mogłabym złapać, zaczęłam tracić uchwyt.

W powietrzu zmieniłam technikę na dźwignię na łokieć i wygięłam jej ramię, zanim jeszcze upadła.

– Odklepuję! Odklepuję! Odklepuję! – krzyczała, upadając z wyciągniętą ręką, żeby nie uderzyć w matę twarzą.

Wiedziałam, że nie ma wolnej ręki, którą mogłaby odklepać i że w chwili zetknięcia z podłogą cała siła upadku zostanie przeniesiona na jej łokieć. Żeby ocalić jej staw, rozluźniłam nogi, ale zachowałam uchwyt. Dziewczyna nadal nie miała wolnej ręki, którą mogłaby odklepać.

– Ona próbuje odklepać – powiedziałam sędziemu.

Sędzia przerwał walkę.

– Nie odklepałam! – krzyczała do niego moja rywalka. – Nie odklepałam!

Cała walka trwała 25 sekund.

Podskoczyłam, unosząc ręce nad głowę. D'Alelio wróciła do swojego narożnika i zaczęła protestować. Widownia buczała.

– Chcesz jeszcze raz? – krzyknęłam na oczach publiczności. – Chodź, walczmy jeszcze raz.

Po zakończeniu pojedynku nie ma już jednak takiej możliwości. Sędzia poprowadził nas na środek ringu.

– Walkę, przez poddanie, wygrywa Rowdy* Ronda Rousey – oświadczył konferansjer, a sędzia podniósł moją rękę. Buczenie stało się jeszcze głośniejsze. W wywiadzie po walce D'Alelio przyznała, że krzyknęła „odklepuję", co zgodnie z zasadami kwalifikuje się jako „odklepanie werbalne".

Potem się uściskałyśmy.

– Nie słuchaj ich – powiedziała mi do ucha.

Doceniałam to, ale byłam zła – nie na samo buczenie, bo doświadczałam tego wcześniej na całym świecie, ale na to, że ludzie podważali moje zwycięstwo. Nie chciałam, żeby ktokolwiek kiedykolwiek kwestionował moją wygraną w klatce.

– Odklepała – powiedziałam do Edmonda, wychodząc z hali.

– Oczywiście, że tak – odparł. – Każdy na tej cholernej sali wie, że odklepała, nawet jeśli niektórzy zachowują się, jakby było inaczej.

– Od dzisiaj będę łamała im te jebane ręce – oświadczyłam.

Zanim opuściłam budynek, wręczono mi czek. Opiewał na osiem tysięcy dolarów, ale czułam się, jakby to był milion.

– Teraz mogę ci zapłacić – powiedziałam Edmondowi. Standardowo przyjmuje się, że zawodnik przekazuje swojemu głównemu trenerowi dziesięć procent gaży.

– Ronda, zasługujesz na znacznie większe pieniądze – stwierdził Edmond. – Zawodniczka taka jak ty powinna dostawać milion dolarów za walkę.

– Naprawdę tak uważasz?

– Oczywiście.

– No to nie mogę się doczekać, kiedy będę płacić ci dziesięć procent od moich milionów – odparłam.

– Ja też. Ale bądźmy poważni. Nie będę brał od ciebie żadnych pieniędzy z tego czeku. Jest twój.

Oczy mi się rozszerzyły.

– Mówisz poważnie?

---

* Rowdy (ang.) – chuligańska, awanturnicza.

– Oczywiście, że mówię poważnie. Zatrzymaj go. Nie potrzebuję tych pieniędzy. Zarabiasz na życie dzięki walkom. Rozumiem, co to oznacza. Sam walczyłem. Po prostu rób dalej to, co robisz. A kiedy zarobisz milion... Mocno go uściskałam.

Weszłam do czołówki. Teraz skoncentrowałam się na mistrzostwie.

Aż któregoś dnia Miesha Tate wspomniała o mnie na Twitterze. Jakiś fan zapytał ją, czy zdecydowałaby się ze mną walczyć. Dodała mnie do swojej odpowiedzi i napisała: „Jasne! Czemu nie!". (Uwaga do Mieshy: po drugim zdaniu zamiast wykrzyknika powinien być pytajnik).

Nigdy o niej nie słyszałam, ale weszłam na jej stronę, żeby czegoś się dowiedzieć. Okazało się, że to mistrzyni organizacji Strikeforce w kategorii do 61 kilogramów. Rozważałam zejście do tego limitu i publicznie oświadczyłam kiedyś, że zamierzam być równoczesną mistrzynią w wadze piórkowej (do 61 kilogramów) i koguciej (do 65 kilogramów). Kiedy mistrzyni wagi piórkowej stwierdziła, że jest gotowa się ze mną zmierzyć, postanowiłam, że nadszedł czas, aby wykonać ten ruch. Widziałam to tak, że pomiędzy mną a walką o tytuł mistrzyni wagi koguciej stoją dwie osoby: moja najbliższa rywalka Julia Budd i Sarah Kaufman, zawodniczka numer 2 w wadze piórkowej. Zamierzałam zmieść je obie.

Budd górowała nade mną na ważeniu. Posiadała przewagę zasięgu ramion, ale nie obchodziło mnie to. Nadal byłam wkurzona, że podważano moje ostatnie zwycięstwo. Ta laska miała być przykładem dla innych.

Znowu wyszłam na pojedynek przy utworze Rage Against the Machine, tym razem innym, ale po raz kolejny czułam, że to nie to.

Kiedy tylko sędzia dał sygnał do walki, wyprowadziłam lewy prosty, żeby skrócić dystans, i popchnęłam rywalkę na klatkę. Wpadłyśmy w klincz i poczułam, że Budd wysmarowana jest olejkiem. Próbowałam ją przewrócić, ale była tak śliska, że naparcie na nią z całej siły spowodowałoby stratę uchwytu. Zmieniłam kierunek i przerzuciłam ją za siebie.

Kiedy miałam ją na ziemi, musiałam tylko uderzać i zmusić ją do przyjęcia pozycji, która umożliwiała mi założenie mojej ulubionej dźwigni na łokieć. Jak tylko rozerwałam jej ręce i wyprostowałam ramię, wykonała mostek i obróciła się, próbując mi uciec. Leżałyśmy twarzami do maty i czułam, jak łokieć jej się przemieszcza, ale nie zamierzałam popełniać tego samego błędu co poprzednim razem. Przewróciłam ją z powrotem na plecy, żeby sędzia mógł zobaczyć jej kontuzję. Dalej napierałam na jej łokieć i wyginałam swoje ciało, aż zupełnie się przemieścił. Budd próbowała jeszcze walczyć, ale kilka sekund później się poddała. Konferansjer porównał wygląd przemieszczonego stawu mojej rywalki do kolana flaminga.

Pojedynek trwał 39 sekund.

W judo nauczono mnie pokory po zwycięstwie i szacunku dla przeciwnika, który stoczył dobrą walkę, a nie świętowania z powodu skrzywdzenia go. Próbowałam powstrzymać ekscytację. Kiedy zobaczyłam, jak Budd wstaje z maty, pozwoliłam sobie na uśmiech i radość ze zwycięstwa. Tamten wieczór jednak jeszcze się dla mnie nie skończył.

Mauro Ranallo, dziennikarz Showtime, zapytał mnie po walce o moje plany przejścia do kategorii piórkowej.

Zerknęłam na Edmonda. Ludzie z mojego narożnika wiedzieli o moich zamiarach.

Spojrzałam prosto w kamerę. Myślałam o tej chwili.

– Jeśli Sarah Kaufman jest następna w kolejce do walki o mistrzostwo, to proszę, Strikeforce, pozwólcie mi walczyć z nią wcześniej. W pojedynku o tytuł bardzo chcę zmierzyć się z Mieshą Tate i wolałabym nie ryzykować, że Tate wcześniej przegra. Przysięgam, że dam dobry występ.

Było to pierwsze w historii wyzwanie rzucone w ogólnokrajowej telewizji przez zawodniczkę mieszanych sztuk walki. Żadna kobieta uprawiająca MMA nie wyzwała nikogo wcześniej na pojedynek w tak publiczny sposób. Była to jednocześnie prośba oraz *performance*. Po raz pierwszy podjęłam próbę zapewnienia ludziom rozrywki.

Na zapleczu podszedł do mnie Sean Shelby, który odpowiadał za dobór przeciwników w Strikeforce.

– Nie będziesz najpierw walczyć z Kaufman – powiedział. – Od razu damy ci Mieshę.

– Świetnie – odparłam.

Byłam zachwycona. Miesha wręcz przeciwnie. Nie chciała pojedynku ze mną i spierała się o to z Seanem Shelbym, ale decyzja została już podjęta.

Nie wiedziałam zbyt dużo na temat Mieshy Tate. Chciałam się z nią zmierzyć, ponieważ była mistrzynią, więc zakładałam, że umie walczyć.

Miałam świadomość, że są ludzie, którym się podoba, a ja też byłam atrakcyjna. Uznałam, że to zwiększy zainteresowanie naszym starciem. Wiedziałam, że pojedynek się sprzeda. Wiedziałam też, że mogę wygrać.

W tym sporcie chodzi nie tylko o walkę, lecz również o *show*. Wymiar sportowy jest integralną częścią całego przedstawienia, ale nie wystarczy, żeby przyciągnąć ludzi. Kibice oglądają zawodników, ale zapamiętują ich charaktery. Trzeba wzbudzać w nich ekscytację. Trzeba ich intrygować. Trzeba ich urzekać.

Dwa tygodnie później Miesha i ja brałyśmy wspólnie udział w audycji *MMA Hour*, w której miałyśmy debatować na temat tego, czy zasługuję, aby już teraz stanąć z nią do walki o tytuł.

Pochodzę z rodziny bystrych i rezolutnych kobiet. Kiedy byłyśmy młodsze, moje siostry i ja bardzo często uprawiałyśmy „pojedynki słowne". W takich sytuacjach należy umieć szybko odpowiadać, bo w przeciwnym razie rywal cię zniszczy. Moja siostra Jennifer potrafi walnąć taką ripostę, że usiedlibyście z wrażenia. Moja siostra Maria pamięta wszystko, począwszy od tego, co jadła na obiad w przedszkolu, aż po przypadkowy artykuł z gazety, którą czytała pięć lat temu. Zawsze potrafi wymienić ci na szybko pięć trudnych do podważenia argumentów, a potem mówi: „Podaj mi jakiś konkretny przykład". Moja mama umie samą zmianą tonu, bez podnoszenia głosu, sprawić, że jej wrogom przechodzą po plecach ciarki. W naszym domu nie było szans na żadne „no tak, ale… ale…". Gdybym się tak zająknęła, rozmowa przeskoczyłaby tymczasem o dziesięć zdań do przodu, a ja musiałabym przyznać się do porażki. Trenowałam tę dyscyplinę jeszcze dłużej niż judo.

W udzielonych do tamtego momentu wywiadach Miesha udowodniła już, że nie docenia moich umiejętności w klatce. Byłam przekonana, że tak samo myśli o mnie poza klatką.

Chciałam być w stanie odeprzeć każdą linię krytyki, którą mogłaby obmyślić. Chciałam być w stanie zniszczyć każdy zarzut, o którym nawet nie pomyślała. Chciałam zepchnąć ją do narożnika, żeby musiała ze mną walczyć, i chciałam, żeby widziała, że przewyższam ją w każdym aspekcie walki, zarówno w klatce, jak i poza nią.

Zrobiłam to samo, co robię przed walką: przygotowałam się.

Całe dnie poprzedzające tamtą audycję spędzałam na ćwiczeniach do walki i do rozmowy. Pomiędzy treningami i przed snem czytałam wszystkie artykuły, które znalazłam na temat Mieshy. Śledziłam jej profile na portalach społecznościowych. Oglądałam udzielone przez nią wywiady. Przeanalizowałam wszystkie jej wypowiedzi i wszystkie argumenty, których użyła kiedykolwiek przeciwko mnie, a także te, których jeszcze nie wymyśliła. Sporządzałam notatki i spisywałam je na komputerze koleżanki. Podczas przerw w treningach wyjmowałam ściągi z argumentami dwóch przeciwnych stron. Podawałam jedną z nich chłopakom z klubu.

– Powiedz mi coś, a ja odeprę ten zarzut – prosiłam.

Ćwiczyłam obronę przed jej argumentami. Ćwiczyłam spieranie się z jej wypowiedziami. Byłam w stanie wygrać niezależnie od tego, po której stronie sporu bym się znalazła. Pod koniec potrafiłam bronić jej zdania lepiej niż ona sama.

Za namową Edmonda pojechałam do Third Street Promenade, żeby kupić sobie kilka nowych ubrań przed nadchodzącymi występami w mediach. Zbliżało się Święto Dziękczynienia i centrum handlowe na otwartym powietrzu udekorowane już było świątecznymi ozdobami.

Uświadomiłam sobie, że tym razem mam pieniądze, by sprawić mojej rodzinie prezenty pod choinkę. Oglądając witryny sklepowe, straciłam poczucie czasu i nagle zrozumiałam, że nie zdążę wrócić do domu, żeby połączyć się ze studiem. Wybrałam miejsce na chodniku przed Urban Outfitters. To musiało mi wystarczyć.

Zadzwonił mój telefon. Poczułam przypływ adrenaliny. Byłam gotowa na werbalną bijatykę.

Na początku audycji Miesha zaatakowała jako pierwsza:

– Co się stanie, jeśli dźwignia na łokieć jej nie wyjdzie i rywalka zacznie okładać ją po twarzy? Czy odklepie wtedy, czy zrezygnuje? Nie wiemy tego. Nie widzieliśmy jej jeszcze w takiej sytuacji. Uważam po prostu, że to śmieszne stawiać ją do walki ze mną, ponieważ to właśnie zrobię. Przejmę inicjatywę.

Jej rozumowanie opierało się na tym, że ponieważ tak dominowałam podczas walk, że nikt nie wytrzymał ze mną w klatce nawet minuty, to właściwie nigdy się nie sprawdziłam. Chwytała się brzytwy.

Uznałam, że lepiej będzie, jeśli zamiast tylko się bronić, będę sprzedawać walkę. Mówiłam o pieniądzach. Mówiłam o zainteresowaniu. Mówiłam o dawaniu *show*.

Nie chodziło tylko o mnie i o Mieshę. Chodziło o to wszystko, co wyobrażałam sobie, kiedy ludzie mi mówili, że nikt nigdy nie będzie interesował się kobiecym MMA.

Miesha chciała rozmawiać tylko o mnie. Uchylałam się przed każdym wyprowadzanym przez nią prostym i kontrowałam potężnym uderzeniem.

Powiedziała, że powinnam mieć więcej pokory.

Zawodnicy bez pokory zarabiają tyle samo, zauważyłam.

Zarzuciła mi, że jeszcze się nie sprawdziłam.

Wymieniłam nazwiska utalentowanych zawodników, którzy błyskawicznie weszli na szczyt.

Myślisz tylko o sobie, stwierdziła.

To sport zawodowy, z naciskiem na zawodowy, wyjaśniłam. Dodałam, że jeśli zależy jej na ideałach, to powinna zapomnieć o pieniądzach i spróbować sił na olimpiadzie.

– A co jeśli wyjdę tam i po prostu cię rozniosę? – zapytała.

– To ryzyko, które jestem gotowa podjąć – odparłam. – Ty też powinnaś być na to gotowa.

– Jestem – zapewniła Miesha.

Zainteresowanie pojedynkiem rosło w zaskakującym tempie. Wszędzie pojawiały się artykuły na ten temat. Kibice opowiadali się po jednej albo drugiej stronie. Nigdy wcześniej zainteresowanie kobiecą walką w Strikeforce nie było tak duże. Zgadzałam się na każdy wywiad, wciskając występy medialne pomiędzy treningi i telefonując wczesnym rankiem albo późnym wieczorem.

W następny weekend pojechałam do Las Vegas na imprezę World MMA Awards, żeby spędzić trochę czasu ze znajomymi zawodnikami i obejrzeć walkę UFC w Palms. Siedzieliśmy blisko klatki, a ja byłam kilka drinków od stanu „co zdarzy się w Vegas, zostaje w Vegas", kiedy nagle na halę weszli Dana White oraz Frank i Lorenzo Fertitta, trzej najbardziej wpływowi ludzie świata MMA. Bracia Fertitta posiadali łącznie 81 procent udziałów w firmie Zuffa, będącej właścicielem UFC, najbardziej prestiżowej federacji

mieszanych sztuk walki. Dana White był prezesem UFC. Poza tym do Zuffy należało również Strikeforce.

Po ciele przebiegł mi prąd, jakbym dotknęła właśnie elektrycznego pastucha. Siedziałam wyprostowana i uśmiechnięta. Mój wewnętrzny głos napominał mnie głośno: „Tylko spokojnie, dziewczyno!".

Kiedy przechodzili obok nas, Dana zatrzymał się i przedstawił.

– Jesteś Ronda Rousey – powiedział.

Szczęka niemal opadła mi na podłogę.

– Cześć – odparłam.

– Bardzo miło cię poznać.

Potem zawołał go ktoś z sąsiedniego rzędu i Dana ruszył dalej.

Dwa dni później wyjeżdżałam z parkingu w Palms, kiedy usłyszałam w radiu kawałek Joan Jett.

I don't give a damn 'bout my reputation...*. Te słowa dotykały mojej duszy.

Znalazłam moją nową piosenkę wyjściową.

---

* „Nie obchodzi mnie moja reputacja".

WYGRYWANIE TO NAWYK

Arystoteles powiedział: „Jesteśmy tym, co w swoim życiu powtarzamy. Doskonałość nie jest jednorazowym aktem, lecz nawykiem". Zwyciężanie jest nawykiem, tak samo jak przegrywanie.

Można wpaść w nawyk jeżdżenia na zawody, na spotkania czy rozmowy kwalifikacyjne z myślą: to tylko na próbę. Jak mi się nie uda, zawsze mogę spróbować później jeszcze raz. Jeśli zaczynasz coś robić i od razu wymyślasz usprawiedliwienia dla swojej porażki, to trudno pozbyć się takiego nastawienia, kiedy „później" w końcu nadchodzi.

Możesz też za każdym razem mówić sobie, że po prostu wymieciesz. Możesz powtarzać w myślach: pokażę się ze świetnej strony, bo to jedyna strona, jaką posiadam. Jestem tu, żeby wygrać, więc możecie do mnie dołączyć albo zejść mi z drogi.

Maksyma „wygrywanie jest nawykiem" oznacza, że każdego dnia próbujesz być lepszy od innych i oczekujesz tego od siebie.

Przed walką z Tate wszystko było intensywniejsze. Obóz przygotowawczy był trudniejszy. Zbijanie wagi było bardziej kłopotliwe. Zainteresowanie publiczności było wyraźniejsze. Czuło się również większe napięcie. Każdego dnia budziłam się jednak z tym samym celem przed oczami: odebrać pas Mieshy Tate.

Mogłabym pokonać ją już tamtego dnia, kiedy wyzwałam ją na pojedynek, ale sama wygrana mi nie wystarczała. Chciałam ją zniszczyć, upokorzyć, a także zmusić do przyznania, że jestem najlepszą zawodniczką na świecie, i przeproszenia, że śmiała w jednym zdaniu wymieniać moje nazwisko obok swojego.

Był to pierwszy pełny obóz przygotowawczy, jaki zorganizowaliśmy: trwał sześć tygodni poprzedzających walkę, którą zaplanowano na 3 marca 2012 roku w Columbus w stanie Ohio. Po raz pierwszy Edmond sprowadził też zewnętrznych sparingpartnerów, a nie tylko chłopaków z GFC.

Darin załatwił mi tymczasowe mieszkanie niedaleko klubu, żebym nie musiała jeździć w tę i z powrotem przez całe Los Angeles. Odwadnianie się do turniejów judo pozostawiło we mnie taką traumę, że zamierzałam zejść do limitu 61 kilogramów za pomocą samej diety. Ograniczyłam się do jednego posiłku dziennie, który zjadałam dopiero wieczorem; była to moja nagroda za przeżycie całego dnia.

Ponieważ od dwóch lat nie zbijałam wagi z takim wysiłkiem, schudłam bardzo szybko. Już w pierwszym tygodniu obozu prawie osiągnęłam limit, ale byłam osłabiona. Wykonywałam więcej rund sparingów niż kiedykolwiek wcześniej, i to na czczo.

Zajmowałam się portalami społecznościowymi, jakby to była moja pełnoetatowa praca.

Po obozie przygotowawczym byłam kompletnie wykończona, ale wiedziałam, że aby zostać najlepszą na świecie, nie muszę być wypoczęta. We wtorek przed walką Edmond, Darin i ja wsiedliśmy na pokład samolotu do Ohio. Wyjęłam moją szorstką poduszkę samolotową, oparłam się o Edmonda i spałam przez całą drogę. Następnego ranka obudziłam się z gorączką i bolącym gardłem. Edmond zmierzył mi temperaturę i okazało się, że mam 38,4 stopnia. Przez następne dwa dni leżałam w łóżku.

W piątek pojechaliśmy na halę sportową, żeby wziąć udział w ważeniu. Następnie ja i Miesha musiałyśmy stanąć twarzą w twarz, w odległości zaledwie kilku centymetrów od siebie. Miesha pochyliła się, dotykając mnie czołem. Ja odepchnęłam ją, używając głowy. Organizatorzy wskoczyli pomiędzy nas.

Miesha wyglądała na wstrząśniętą. Na czole miała olbrzymi czerwony ślad.

„Przyzwyczaj się do tego, że nad tobą dominuję, dziwko" – pomyślałam.

Po ważeniu mama zabrała mnie na kolację.

– Jak się czujesz? – zapytała zmartwiona.

– Lepiej – odparłam, ale wyglądała tak, jakby jej to nie przekonało.

Zjadłam rybę z warzywami, a potem wróciłyśmy do mojego pokoju i położyłam się na łóżku.

– Możesz mi powiedzieć, dlaczego pokonam tę dziewczynę? – zapytałam.

Czułam się, jakbym znowu była małym dzieckiem wybierającym się na turniej.

– Bo chcesz tego bardziej.

– Mhm.

– Trenowałaś do tego przez całe życie. Jesteś jedną z najlepszych zawodniczek. A ona kim jest, zapaśniczką z liceum? Ty stoczyłaś tysiące walk pod największą możliwą presją.

– Jeszcze, jeszcze – poprosiłam.

– Wiesz, że możesz wygrać nawet chora lub kontuzjowana. Jesteś od niej mądrzejsza.

– No, kurwa – westchnęłam.

Kiedy mama przygotowywała kawę, ja wrzuciłam jeszcze na media społecznościowe kilka uaktualnień i zamierzałam wyłączyć telefon do czasu pojedynku.

– Co za dziwka.

– Co? – zapytała mama.

Na jednym z portali społecznościowych zobaczyłam, że Miesha Tate złożyła skargę, domagając się od komisji sportowej ukarania mnie za „cios głową".

– To jeszcze jeden powód, żeby ją pokonać – stwierdziła moja mama.

– Zapłacę za to z moich pieniędzy za wygraną. To będzie mój „podatek za pierdol się".

Rozległo się pukanie do drzwi. Marina przyjechała na pojedynek z Nowego Jorku i przywiozła mi spaghetti oraz pulpety. Noc przed walką przespałam jak kamień.

Następnego wieczoru sędzia zatrzymał się przy szatni, żeby przedstawić mi reguły walki i wyjaśnić, czego powinnam spodziewać się po nim w klatce.

– Kiedy wydam komendę do walki, walczycie – wyrecytował swoją gadkę. – Jeśli chcecie, możecie dotknąć się rękawicami...

– Nie zamierzam – wtrąciłam.

– Okej, rozumiem – odparł lekko zbity z tropu.

Spojrzałam na niebieską taśmę na moich rękawicach. Walczyłam z niebieskiego narożnika, co oznaczało, że po rozpoczęciu walki będę znajdować się po prawej stronie klatki. W niebieskim narożniku występuje pretendent do tytułu. Narożnik czerwony zarezerwowany jest dla obecnego mistrza i faworyta. Wiedziałam, że to ostatni raz, kiedy mam na sobie niebieskie rękawice.

Kiedy spotkałyśmy się w klatce, Miesha wiedziała już, co ją czeka. Wiedziała, że zamierzam złamać jej pierdoloną rękę. Wiedziała to i nie było nic, co mogłaby z tym zrobić.

Największym atutem Mieshy jako zawodniczki jest fakt, że potrafi zebrać fantastyczne cięgi.

Oczekiwałam, że zachowa się sprytnie i że będzie próbowała trzymać mnie na dystans. Emocje wzięły nad nią jednak górę. Wybiegła z narożnika i z pochyloną głową oraz zamkniętymi oczami zaczęła dziko wymachiwać pięściami. Wpadła w klincz. Z łatwością wykorzystałam jej pęd i przewróciłam ją na matę. Po krótkiej kotłowaninie i uderzeniu jej łokciem w twarz podniosłam się i obeszłam jej nogi, chcąc zająć pozycję *crucifix*, czyli położyć się na niej i unieruchomić jej ramiona, żeby dalej móc obijać jej twarz łokciami.

W panice Miesha oddała mi rękę, kiedy nawet się tego nie spodziewałam. Przerzuciłam jej nogę przez głowę, przygotowując się do założenia dźwigni. Czułam, jak jej łokieć ustępuje, ale jednocześnie Miesha zaczęła mi się wymykać. Postanowiłam jednak zasypać ją ciosami młotkowymi. Obróciłam się i wstałam. Ona desperacko trzymała się moich pleców i upadłyśmy z powrotem na matę.

Próbowała otoczyć mnie nogami od tyłu. Chwyciłam ją za stopę, żeby jej to uniemożliwić, ale nagle zrozumiałam, że mam za krótkie spodenki i że jeśli pociągnę zbyt mocno, zaświecę gaciami przed całym światem. Wstałam, podniosłam ją i rąbnęłam w głowę. Uklękłam, żeby rozerwać jej nogi, a potem wymknęłam się jej z uścisku i podniosłam się z ziemi. Próbowała zrobić to samo, ale uderzyłam ją prosto w twarz, posyłając ją z powrotem na matę. Zaraz jednak wstała, próbując mnie złapać i popchnąć na klatkę. Obróciłam się i sama przycisnęłam ją do siatki, a potem uderzyłam ją kolanem w udo, przygotowując się do pięknego *osoto* (rzutu przez plecy), po czym się przekręciłam, oparta głową o matę, żeby poprawić swoją pozycję w parterze. Miesha chwyciła się klatki (to niezgodne z przepisami) i podniosła się z ziemi. Sędzia dał jej ostrzeżenie, a następnie ja uderzyłam ją lewym prostym i prawym krzyżowym. Ona nie trafiła kopniakiem wyprowadzonym z odległości chyba kilometra i zaczęła zadawać nieporadne ciosy, które z łatwością blokowałam. Uderzyłam ją mocnym prawym prostym i jeszcze mocniej przerzuciłam ją przez biodro. Ruszyłam, żeby na nią wejść. Obróciła się do mnie plecami.

Wiedziałam, że pierwsza runda dobiega końca i uznałam, że poddanie zajmie mi mniej czasu niż TKO. Celowo przesunęłam ciężar ciała na prawą stronę i uderzyłam rywalkę w lewą stronę głowy, żeby skłonić ją do wstania. Podpierając się lewą ręką, podniosła się z maty. To było dokładnie to, czego chciałam! Chwyciłam jej rękę i się obróciłam, wykonując moją ulubioną dźwignię.

Wiele osób myśli, że podczas zastosowania dźwigni na łokieć ręka rywala ulega złamaniu. To nieprawda. Wykonując tę dźwignię, należy wygiąć ramię przeciwnika tak mocno, żeby panewka kości wypadła z torebki stawowej. Da się wyczuć, kiedy to się dzieje. Przypomina to odrywanie udka indyka podczas Święta Dziękczynienia. Słychać najpierw trzask, trzask, trzask, a potem jakby chlupot.

Prostując jej ramię, wygięłam plecy tak mocno, aż usłyszałam trzask zrywanych więzadeł.

Ale wciąż próbowała mi uciec.

Kiedy poczułam, jak jej staw daje za wygraną, skupiłam się na obronie i na tym, żeby Miesha mi nie uciekła. Chwyciłam jej rękę i oparłam ją sobie na biodrze, wyginając ją o 90 stopni w niewłaściwym kierunku i odrywając jej ścięgna oraz mięśnie od kości.

Trzymając mocno jej kontuzjowane ramię, usiadłam, żeby obijać jej twarz drugą dłonią. Miała przemieszczony staw łokciowy i w tej pozycji nie trzymało jej już nic oprócz bólu i strachu przede mną.

Odklepała.

A potem, przynajmniej dla mnie, zniknęła.

Poczułam ulgę i ogarnęła mnie nieopisana radość.

Stałam na środku klatki, a konferansjer ogłosił:

– Panie i panowie, minęły cztery minuty i dwadzieścia siedem sekund pierwszej rundy. Zwycięża przez poddanie. Nadal jest niepokonana. Jest nową mistrzynią wagi koguciej federacji Strikeforce. Rowdy Ronda Rousey!

Na widowni zawrzało.

Scott Coker, dyrektor Strikeforce, podszedł do mnie od tyłu i powiesił mi pas na biodrach, a ja podskoczyłam. Zapomniałam o tej części *show*.

Spojrzałam w dół na czarny skórzany pas z olbrzymim złotym frontem i dziesiątkami klejnotów błyszczących w świetle reflektorów. Był znacznie cięższy, niż się spodziewałam.

Ogarnął mnie spokój. Osiągnęłam to, co zamierzałam.

Podano mi mikrofon. Zrozumiałam, że muszę coś powiedzieć.

Podziękowałam moim trenerom, członkom mojego zespołu i mojej rodzinie. Byłam szczerze wdzięczna za wszystko, co zrobili, aby doprowadzić mnie do tego momentu.

Pomyślałam o tacie. Spojrzałam na trybuny, niemal się spodziewając, że znowu zobaczę powiewającą tam flagę. Zawsze wiedział, że będę najlepsza na świecie. Chciałam, by usłyszał, że jego człowiek niespodzianka wszystkich zaskoczył.

– Tato, mam nadzieję, że gdziekolwiek jesteś – powiedziałam – widzisz to. Wszyscy za tobą tęsknimy, kochamy cię, a to dla ciebie. Mam nadzieję, że jesteś ze mnie dumny.

Wyprowadzono mnie z klatki na test antydopingowy. Kilku organizatorów, którym towarzyszyła ekipa telewizyjna, torowało mi drogę na zaplecze. Zatrzymałam się, wypatrując w tłumie mojej mamy.

– Chodźmy – popędzał mnie jeden z organizatorów.

– Muszę ją zobaczyć.

Zauważyłam ją, uśmiechniętą i wrzeszczącą w tłumie.

– To moja mama! – krzyknęłam, pokazując na nią.

– Chodźmy – poprosił raz jeszcze organizator.

– Pozwólcie jej podejść do mamy – powiedział Edmond ochroniarzowi.

Cała nasza ekipa – ja, mój narożnik, ochrona, organizatorzy, kamerzyści i inni pracownicy – podeszliśmy do miejsca, gdzie stała moja mama.

Objęła mnie. Pochyliłam się w jej stronę.

– Nadal jestem z ciebie dumna – powiedziała.

Wtedy po raz pierwszy powiedziała mi to po jakichś zawodach. Poczułam się, jakbym zwyciężyła raz jeszcze.

WOLĘ SAMA SIĘ OBNAŻYĆ, NIŻ PRZERAŻONA CZEKAĆ, AŻ DOJDZIE DO TEGO WBREW MOJEJ WOLI

Pytano mnie, czy nie znam strachu. Tak naprawdę boję się jednak wielu rzeczy. Nie pozwalam po prostu, żeby strach mną kierował. Wykorzystuję go, aby się motywować. Bez wahania konfrontuję się z tym, co mnie przeraża, ponieważ strach to tylko uczucie. Dziewczyny, z którymi spotykam się w klatce, mogą zrobić mi krzywdę. Strach nie może. Brak obaw nazywa się lekkomyślnością. Pokonywanie obaw nazywa się odwagą.

Nie spotykałam się z Przystojniakiem z Parku dla Psów już od kilku miesięcy i jako wschodząca gwiazda Strikeforce zaczęłam znowu umawiać się na randki. Mojego nowego chłopaka poznałam w klubie, w którym uczyłam judo. Był miły. Miał pracę. Miał mieszkanie. Nie brał heroiny. Po takiej, a nie innej historii moich związków właściwie miałam ochotę na coś nieco bardziej nudnego. Ale oczywiście o seryjnych mordercach też zawsze mówi się później, że byli nudnymi sąsiadami.

Dwa tygodnie przed walką z Tate byłam u niego w domu i zapytałam, czy pod jego nieobecność mogę popracować jeszcze na portalach społecznościowych. Odparł, że oczywiście. Kiedy pobierałam na dysk zdjęcie z Facebooka, które chciałam umieścić potem na Twitterze, w okienku pojawiły się miniatury zapisywanych ostatnio plików. Były tam między innymi moje nagie zdjęcia. Moje nagie zdjęcia zrobione bez mojej wiedzy. Przedstawiały mnie w bardzo zwyczajnych sytuacjach, na przykład podczas grania w *DragonVale* na telefonie albo mycia zębów (tak, myję zęby nago).

Przewijając zdjęcia zrobione w ciągu kilku miesięcy, czułam, jak przenika mnie lodowata wściekłość. A co jeśli je komuś pokazał? A co jeśli ukrywał gdzieś więcej podobnych? No i co z tymi w jego telefonie?

Usunęłam zdjęcia. Następnie wyczyściłam twardy dysk. Później czekałam już tylko na powrót mojego Odrażającego Fotografa z pracy. Stałam nieruchoma w jego kuchni, czując coraz większą wściekłość. Zacisnęłam zęby i zaczęłam strzelać palcami. Im dłużej czekałam, tym bardziej byłam zła. Pojawił się 45 minut później.

Zobaczył moją minę i zamarł. Zapytał, co się stało, a kiedy nic nie powiedziałam, rozpłakał się.

Uderzyłam go otwartą dłonią w twarz tak mocno, że zabolała mnie ręka.

– Znalazłam moje nagie zdjęcia, ty chory pojebie! – krzyknęłam.

– Pozwól mi to wyjaśnić – prosił.

Nie było już jednak nic do powiedzenia. Ruszyłam do wyjścia, ale blokował mi dostęp do drzwi.

– Wypuść mnie stąd! Nie chcę cię, kurwa, więcej widzieć. Nigdy więcej mnie, kurwa, nie dotkniesz.

– Nie wypuszczę cię – powiedział.

– A właśnie że tak.

Nie ruszył się. Uderzyłam go w twarz prawym prostym, a potem lewym sierpowym. Zatoczył się do tyłu i wpadł na drzwi.

„O kurwa, moje dłonie – pomyślałam. – Nie mogę nabawić się kontuzji przed walką".

Walnęłam go otwartą prawą dłonią. Nadal się nie ruszał. Wtedy chwyciłam go za bluzę, uderzyłam kolanem w twarz i popchnęłam na podłogę w kuchni.

Kiedy biegłam do samochodu, ruszył za mną.
– Nie, poczekaj! – krzyczał. – Pozwól mi to wytłumaczyć!
– Pierdol się, zboku.
Wsiadłam do auta. On wskoczył na miejsce pasażera i chwycił za kierownicę.
– Nie odjedziesz, dopóki mnie nie wysłuchasz.
Obeszłam samochód, wyciągnęłam go ze środka za bluzę i zostawiłam na chodniku, a potem odjechałam.

Po walce z Tate skupiłam się na wszystkim, co w ostatnim czasie odkładałam na później. Sprawa Odrażającego Fotografa znajdowała się wysoko na tej liście. Usunęłam zdjęcia, które udało mi się znaleźć, ale wiedziałam, że może być ich więcej. Po zwycięstwie znalazłam się w świetle reflektorów. Żołądek ściskał mi się w supeł, kiedy wyobrażałam sobie, jak mój były chłopak próbuje sprzedać te fotografie. Obawiałam się, że opublikuje je w internecie. Martwiłam się, że w przyszłości ktoś inny również może robić mi takie zdjęcia.

ESPN namówiło mnie, żebym pojawiła się w corocznej edycji „Body Issue" ich drukowanego magazynu, w której sportowcy pozują kompletnie nago. Uznałam, że jeśli moje nagie zdjęcia mają kiedykolwiek zostać opublikowane, to chcę, żeby stało się to na moich warunkach i w ramach zorganizowanego ze smakiem projektu z udziałem najlepszych sportowców na świecie.

Blogerzy udający dziennikarzy uwielbiali mnie pytać, czy wzięłabym udział w sesji dla czasopisma w rodzaju „Playboya", a ja zawsze dawałam im tę samą odpowiedź:

– Nikt nie powinien oglądać moich walorów za pięć dolarów. Nieważne ile pieniędzy bym za to dostała.

W przyszłości planuję mieć dzieci. Nie chcę, żeby kiedykolwiek moje dzieciaki, przyjaciele albo, Boże broń, wnuki, wpisały słowa „Ronda Rousey" w jakiejś supernowoczesnej wersji internetu, którą będziemy mieli za 20 lat, i znalazły tam zdjęcie mojej waginy. To oczywiste. Na zdjęciach pokazuję więc tylko tyle, ile widać u kobiety przechadzającej się w bikini po plaży.

Rankiem w dniu sesji zdjęciowej dla ESPN weszłam na wagę – pokazywała 64,3 kilograma. Zeszłam z niej. Przyjrzałam się mojemu ciału w wysokim lustrze na tyłach szafy. Chciałam wyglądać na maksymalnie wysportowaną – tak żeby było widać mi każdy wyrzeźbiony mięsień. Czułam, że celem tych zdjęć jest ukazanie fizycznego potencjału ludzkiego ciała, dlatego tak właśnie próbowałam wyglądać. Patrząc w lustro, odniosłam wrażenie, że całkiem dobrze uosabiam ten potencjał.

Pojechałam do studia w Culver City, położonego niedaleko od domu, do którego przeprowadziłam się po podpisaniu umowy ze Strikeforce.

Studio było duże, otoczone białymi ścianami i jasno oświetlone. Zajęła się mną przyjacielska i może odrobinę przesadzająca z kofeiną asystentka produkcji, która zaprowadziła mnie na zrobienie fryzury i makijażu. Stylista rozmawiał ze mną, robiąc mi loki, a następnie przebiegając palcami po włosach, żeby ułożyć je w luźne fale.

Kamerzyści przygotowujący film „zza kulis" zadawali mi pytania.

Rozebrałam się do bielizny i podano mi biały szlafrok z logo ESPN. Założyłam go, po czym zdjęłam z siebie bieliznę. Tańczyłam przez chwilę, próbując się rozluźnić. Chłodny beton ziębił mnie w nagie stopy.

Jeden z asystentów na planie owinął mi dłonie różowymi taśmami. Nie zrobił tego tak perfekcyjnie, jak Edmond, ale na potrzeby sesji wystarczyło.

Kiedy nadszedł czas zdjęć, osoba nadzorująca całe przedsięwzięcie zaprowadziła mnie do zamkniętej części planu. Minęłam drzwi i znalazłam się w niewielkiej, odosobnionej sekcji. Ściany i podłoga były czarne, oświetlone jedynie kamerą oraz dwoma dużymi różowymi reflektorami. Zmrużyłam oczy, dostosowując wzrok do wnętrza kontrastującego z resztą studia.

– Okej, zamknijcie drzwi! – krzyknął ktoś.

Wszyscy, którzy nie byli niezbędni podczas wykonywania sesji zdjęciowej, opuścili pomieszczenie. Zostało chyba pięć osób: same kobiety i jeden kamerzysta robiący film „zza kulis".

„Baw się dobrze, kolego" – pomyślałam.

Byłam zdenerwowana, ale też podekscytowana. Czułam się dobrze w swoim ciele. Naprawdę wierzyłam w to, co powiedziałam dziennikarzowi ESPN:

– Chude dziewczyny dobrze wyglądają w ciuchach. Ale to te wysportowane lepiej prezentują się nago.

Wzięłam głęboki wdech i pogodziłam się z faktem, że osoby znajdujące się w tym pomieszczeniu zobaczą mnie nagą. „Naprawdę zamierzam to zrobić" – pomyślałam. A potem zdjęłam szlafrok.

– Gotowa? – zapytała mnie fotografka.

– No wiesz, jestem kompletnie naga – odparłam. – Bardziej naga już nie będę.

Dziewczyna się roześmiała.

Różowe reflektory świeciły za moimi plecami. Ktoś włączył maszynę do wytwarzania dymu i wokół mnie pojawiły się białe smugi.

Sesja trwała około godziny. Co jakiś czas przerywaliśmy, a stylista podchodził do mnie, żeby poprawić coś tu i ówdzie. Czasami makijażystka wykonywała też pudrem jakieś korekty.

Przez większość czasu dziewczyna z aparatem fotografowała mnie, wydając kolejne komendy:

– Okej, a teraz podskocz.

– Obróć się trochę w lewo.

– Przesuń ręce, tylko odrobinę.

– Idealnie. Idealnie.

Później pokazała mi na komputerze kilka zrobionych zdjęć.

– Łał – stwierdziłam, chichocząc. – Dobrze wyglądam.

– Niesamowicie – odparła.

– Obiecujesz, że nie pokażecie nic, czego nie widać u kobiety w stroju kąpielowym? – zapytałam.

Obiecali mi to wszyscy ludzie obecni w pomieszczeniu. (Oczywiście znalazło się jedno czy dwa zdjęcia dowodzące, że niektórym strój kąpielowy pomylił się z bikini sznurkowym).

A później, pewnego dnia w lipcu, ESPN przesłało mi do domu egzemplarz swojego magazynu. Towarzyszyła mi wtedy ekipa telewizyjna nagrywająca odcinkowy minidokument o moim kolejnym pojedynku w Strikeforce przeciwko Sarah Kaufman. Ludzie z ESPN i producenci z Showtime skoordynowali swoje działania tak, żeby kamerzyści mogli sfilmować mnie w chwili odbierania magazynu.

Spodziewałam się, że aby znaleźć moje zdjęcie, będę musiała przekartkować gazetę, ale okazało się, że uśmiechałam się nieśmiało z okładki. Odebrało mi mowę. Byłam zaskoczona – nie tylko samą okładką, ale w ogóle tą wersją mnie, która spoglądała z magazynu. Wyglądałam pięknie.

NIE AKCEPTUJ ŻADNEJ INNEJ RZECZYWISTOŚCI

Ludzie długo uważali moje cele za nierealne, ale wiedziałam, że jest tak tylko dlatego, że nie dałam im jeszcze powodu, aby przyznali mi rację. Nie wiedzieli, do czego jestem zdolna.

19 STYCZNIA 2011
Kamerzysta TMZ: Hej, stary, kiedy w UFC zobaczymy kobiety?
Dana White: Nigdy. (Śmiech). Nigdy.

Nikt poza członkami mojego zespołu o tym nie wiedział, ale przed walką z Kaufman miałam problemy z łokciami. Któregoś dnia podczas sparingu za bardzo wygięłam lewą rękę. W mojej karierze w judo nigdy nie odklepałam podczas dźwigni na łokieć i dawno już straciłam rachubę, ile razy miałam zwichnięte ręce. Na skutek wielokrotnego nadwyrężania stawów poluzowały mi się więzadła w obydwu ramionach.

„Muszę po prostu wcisnąć to z powrotem na swoje miejsce" – myślałam, ale ból nie ustawał.

„Mogę wygrać tę walkę jedną pierdoloną ręką" – mówiłam więc sobie.

Kilka dni później zaczęła mnie boleć prawa ręka. Teraz już ledwie ruszałam obiema. Nie mogłam nawet wyprowadzać ciosów prostych.

„No cóż, najwyraźniej będę musiała wygrać tę walkę bez użycia rąk" – pomyślałam.

Moje starcie z Sarah Kaufman zaplanowano na 18 sierpnia 2012 roku. Była to dobra zawodniczka, miała bilans walk 15:1, podczas gdy mój wynosił 4:0. Gdybym się nie pojawiła, to ona walczyłaby z Mieshą i prawdopodobnie zdobyłaby pas.

Do klatki weszłam z tym samym pragnieniem zwycięstwa jak podczas pojedynku z Mieshą. Ostatnim razem byłam jednak pretendentką, która mogła wiele zyskać. W tej walce mogłam wszystko stracić.

Podczas jazdy do San Diego ze względu na moją kontuzję atmosfera w zespole była bardziej napięta niż zwykle. Upajałam się nią. Czuję się doskonale pod presją i potrafię zapomnieć o bólu.

Przed walką Edmond rozgrzał mnie w szatni. Zazwyczaj przed wyjściem do klatki ćwiczyliśmy trochę na tarczach, ale nie tym razem.

– Ta dziewczyna dobrze pracuje nogami i wie, jak uderzyć – stwierdził Edmond. – Wykorzystuj swoje judo. Ruszaj głową. Zasyp ją prostymi. Dojdź do klinczu i tyle. Zrób właśnie tak.

Z czerwonymi rękawicami na dłoniach wyszłam wśród płynących z głośników dźwięków kawałka Joan Jett. W tamtej chwili na całym świecie nie było nic innego poza mną i dziewczyną stojącą na drugim końcu klatki.

Zaczęłam potrójnym prostym, ignorując ból. Ona cofnęła się pod siatkę, żeby obronić się przed pierwszą próbą obalenia, którą podjęłam. Zmieniłam uchwyt i kierunek, a potem rzuciłam ją na matę. Kiedy leżała, zadawałam ciosy, próbując wymusić reakcję i przejść bezpośrednio do mojej dźwigni. Walczyła zawzięcie, ale jej ręka była moja.

54 sekundy po rozpoczęciu walki odklepała.

Tłum oszalał. Na środku pierwszego rzędu siedział Dana White.

Widział, co działo się na trybunach. Widział szaleńczy doping kibiców. Widział na żywo, jak świetna była ta walka. A potem zobaczył jeszcze statystyki. Pojedynek przyciągnął rekordową liczbę 676 tysięcy widzów, 23 procent więcej niż poprzedni, w którym skopałam dupę Mieshy Tate – wtedy walkę oglądało 431 tysięcy kibiców.

Rankiem 8 września 2012 roku zadzwoniła moja komórka. Na wyświetlaczu pojawiło się znajome nazwisko: Dana White.

Prezes i twarz organizacji UFC telefonował już do mnie kiedyś, żebym obejrzała wyprodukowaną przez Showtime reklamę, która miała promować moją walkę z Tate. Zapisałam wtedy jego numer w telefonie.

– Cześć, przyjeżdżam do miasta na premierę *Synów Anarchii*! – powiedział.

Dana to ten typ faceta, który zawsze mówi wielkimi literami i z wykrzyknikiem.

– To będzie duża rzecz – stwierdził. – Powinnaś pójść ze mną. Skorzystałabyś na tym wizerunkowo.

Jego entuzjazm był zaraźliwy. Myślałam tylko: „No kurwa, jasne, że idę!". Na głos powiedziałam chyba jednak coś bardziej przyzwoitego, bo rzeczywiście umówiliśmy się na ten wieczór.

Ubrałam się najlepiej, jak potrafiłam, i wsiadłam do samochodu. Moje zarobki pozwoliły mi na naprawę okien, ale żadne pieniądze nie mogły wyeliminować smrodu.

Modliłam się, żebym nim nie przesiąkła. Zatrzymałam się przed hotelem Dany, a parkingowy podszedł do mojego zdezelowanego samochodu z tylnym siedzeniem zasypanym brudnymi ciuchami i wydobywającym się przez otwarte okna odorem. Chłopak wyglądał na przerażonego.

„I tak jest lepiej niż kiedyś" – chciałam powiedzieć.

Zamiast tego wręczyłam mu 20 dolarów – był to największy napiwek, jaki kiedykolwiek dałam – i spojrzałam na niego przepraszająco, kiedy wsiadał za kierownicę.

Dana zabrał mnie z hotelu do restauracji Mr. Chow, o której nigdy wcześniej nie słyszałam, najprawdopodobniej dlatego, że była poza zasięgiem moich możliwości finansowych. To jedna z tych knajp, gdzie zawsze fotografowani są celebryci.

Od czasu mojego debiutu w MMA upłynęło półtora roku. A teraz siedziałam i piłam wino z prezesem UFC.

Dana pochylił się do mnie i oznajmił poważnym głosem:

– Nie bez powodu zabrałem cię właśnie do tej restauracji. Jakiś rok temu to przed tym lokalem powiedziałem TMZ, że kobiety nigdy nie będą walczyć w UFC. Przywiozłem cię tu dzisiaj, by ci powiedzieć, że będziesz pierwszą kobietą w UFC.

Musiałam ze wszystkich sił się powstrzymywać, żeby nie podskoczyć i nie wykonać tańca radości na krześle. W głowie miałam konfetti, orkiestrę dętą i anielskie chóry. Mimo to próbowałam zachować spokój.

– O mój Boże, to wspaniale – powiedziałam opanowanym głosem, ale nie potrafiłam zetrzeć z twarzy uśmiechu.

Dana nie składał mi żadnych wielkich obietnic. Powiedział, że kobiety w oktagonie to eksperyment: przyszłość tej odnogi UFC zależeć będzie od sukcesu pierwszej walki.

– Dziękuję, że podejmujesz to ryzyko – powiedziałam. – Obiecuję sprawić, że zostaniesz uznany za geniusza.

Uśmiechałam się tak szeroko, że aż mnie bolało.

Wznieśliśmy toast, a później pojawili się jego znajomi i szofer zawiózł nas wszystkich SUV-em na premierę. Przez całą drogę słuchaliśmy głośno Rage Against the Machine i czułam, że świat leży u moich stóp.

Podjechaliśmy pod Fox Theater w Westwood. Był tam czerwony dywan, po jednej jego stronie znajdowała się ścianka, a po drugiej rząd fotografów. Wzdłuż ulicy, za metalową barykadą, ustawiła się gromada fanów. Podjeżdżały samochody z kolejnymi gwiazdami, a tłum wiwatował. Kiedy wysiadłam, wszyscy zaczęli wykrzykiwać moje imię. Pojawiałam się już wcześniej na czerwonym dywanie, na przykład podczas imprezy magazynu ESPN czy rozdania nagród World MMA Awards, ale po raz pierwszy zostałam rozpoznana podczas wydarzenia niezwiązanego ze sportem. Byłam zszokowana reakcją tłumów. Pięć minut później wciąż pozowałam do zdjęć z Daną, a potem już sama, machając do fanów. Słyszałam stojących po drugiej stronie ulicy ludzi, którzy skandowali: „Ronda, Ronda!". Dostawałam większe owacje niż aktorzy grający w *Synach Anarchii*. Podejrzewam, że powinnam być wtedy skromniejsza, ale mówiłam sobie w myślach (zacierając ręce jak filmowi złoczyńcy): „Doskonale. Krzyczcie. Korzystam na tym. Krzyczcie przy Danie, ile chcecie".

– Baw się dobrze – powiedział mi Dana. – Ciesz się tym. To twój wieczór.

Afterparty odbywało się w Gladstones. Nie byłam w tej restauracji od czasu, kiedy pojawiłam się tam po raz ostatni bez zwolnienia lekarskiego.

Kiedy alkohol zadziałał, stałam tam przez chwilę, obserwując barmanów w czerwonych koszulkach polo nalewających drinki z wymuszonymi uśmiechami na twarzach.

„Ja też byłam kiedyś na ich miejscu – pomyślałam. – A teraz będę w jebanym UFC".

To był jeden z najwspanialszych wieczorów w moim życiu. Spotkały mnie dobre rzeczy, ale wiedziałam, że najlepsze dopiero przede mną.

Nikt nie wierzył, że UFC kiedykolwiek zdecyduje się na kobiety. Nie wierzyli w to kibice. Ani inni zawodnicy. Media. A nawet moja mama. Nie wierzył w to sam prezes UFC.

Ludzie mówili, że nigdy do tego nie dojdzie. Twierdzili, że oszalałam.

Nie możesz jednak pozwolić, żeby inni wpływali na twoją wiarę we własne siły. Ludzie będą mówili ci, żebyś postępował logicznie i rozsądnie. Będą powtarzać, że jeśli dotychczas nikt tego nie zrobił, jest to niemożliwe. Musisz być szalony, by uważać, że zostaniesz pierwszą osobą na świecie, która dokona takiej zmiany i zrealizuje swoje marzenie. Wielu będzie w ciebie wątpić i powtarzać ci, dlaczego nie możesz i nie powinieneś czegoś robić. Możesz to zaakceptować albo odrzucić.

Zignorowałam wszystkich, którzy mówili, że to niemożliwe. I zostałam pierwszą kobietą w UFC.

NAJLEPSI ZAWODNICY POTRAFIĄ W ODPOWIEDNIEJ CHWILI ZACHOWAĆ CIERPLIWOŚĆ

W dzień walki jestem niecierpliwa. Wraz ze zbliżającą się godziną pojedynku ten stan się nasila. Kiedy prowadzą mnie do oktagonu, hamuję się, bo każdy mój mięsień aż się rwie, żeby zaatakować moją rywalkę wszystkim, czym tylko się da. Najtrudniejszy moment przychodzi wtedy, kiedy staję w narożniku i spoglądam na przeciwniczkę, czekając, aż sędzia da nam sygnał do walki. Nienawidzę tych sekund, ponieważ przez tę krótką chwilę muszę akceptować, że wydarzenia w oktagonie znajdują się poza moją kontrolą.

Ruszając do walki, jestem już spokojna. Nie spieszę się z poddaniem rywalki. Spokojnie to przygotowuję. Nie czekam na okazję – to byłaby bierność. Aktywna cierpliwość oznacza poświęcenie czasu na właściwe przygotowanie akcji.

Kiedy Dana powiedział, że ściąga mnie do UFC, poinformował mnie, że zamierzają przeprowadzić konferencje prasową, ogłosić utworzenie dywizji kobiet i wręczyć mi pas mistrzyni UFC. Pomysł „podarowania" mi pasa wydawał mi się koszmarny. Chciałam na niego zapracować, a nie tak po prostu go otrzymać. Uważam, że pas powinno się nosić tylko po zdobyciu lub obronie tytułu.

Dana nie chciał jednak ustąpić.

– Kiedy ściągnęliśmy do nas Dominicka Cruza i José Aldo z WEC (kolejnej organizacji zakupionej przez UFC), obaj zaczynali walczyć z mistrzowskimi pasami – tłumaczył. – Tak po prostu robimy. Tworzymy nową dywizję od razu z mistrzem.

– Okej – zgodziłam się niechętnie. – To kiedy konferencja prasowa?

– Wkrótce. Jeszcze to ustalamy.

Tymczasem miałam ścisły zakaz mówienia o tym komukolwiek. Powiedziałam Edmondowi, lecz nikomu więcej. Nie podzieliłam się tą informacją nawet z Darinem, który nadal był moim menedżerem.

Za kulisami UFC prowadziło negocjacje z Showtime. Do właściciela UFC, firmy Zuffa, należało też Strikeforce. Strikeforce miało jednak kontrakt telewizyjny z Showtime, natomiast walki UFC emitowane były głównie w systemie *pay-per-view* i na mocy umowy ze stacją Fox.

Ludzie z UFC myśleli, że kontrakt mają w kieszeni. Byli w błędzie.

Pod koniec września, dwa tygodnie po naszej kolacji w Mr. Chow, Dana zabrał mnie do Toronto na galę UFC 152. Planował ogłosić tam podpisanie ze mną kontraktu. Spotkałam się z nim w Vegas, skąd razem z jego ochroniarzem i kilkoma jego przyjaciółmi polecieliśmy na miejsce prywatnym samolotem UFC.

Po raz pierwszy leciałam wtedy czarterem. To było niesamowite. Jeśli tylko spoglądałam na tył samolotu, pracownik obsługi podchodził do mnie i pytał, czy czegoś nie potrzebuję. Wyciągałam się na skórzanym fotelu i nie mogłam uwierzyć, że to moje życie. Kiedy zaczęłam przysypiać, ktoś zwrócił mi uwagę, że na pokładzie jest łóżko.

15 miesięcy wcześniej głodna i wykończona leciałam do Kanady, próbując znaleźć wygodną pozycję do snu w klasie ekonomicznej pomiędzy Darinem a nietrzeźwym Edmondem. Teraz proponowano mi łóżko. Praw-

dziwe łóżko w samolocie. Miałam wrażenie, że zasnęłam i obudziłam się w alternatywnej rzeczywistości.

Kiedy dotarliśmy do Toronto, okazało się jednak, że negocjacje z Showtime wciąż trwają. Odkryłam, że łatwiej jest radzić sobie z rozczarowaniem, kiedy przespało się noc.

Na początku października UFC planowało zorganizować galę w Minneapolis. Zamierzali wręczyć mi tam pas. Po raz kolejny spotkałam się z Daną w Vegas i poleciałam na miejsce samolotem UFC. Dotarliśmy do Twin Cities, ale negocjacje nadal nie były sfinalizowane.

Znowu wróciłam do domu z pustymi rękami, zostałam jednak zauważona. Ludzie zaczęli mnie pytać, co się dzieje. Kibice sportów walki chcieli wiedzieć, po co tam przyleciałam. Przedstawiciele mediów chcieli wiedzieć, dlaczego podróżuję wszędzie z Daną. Znajomi chcieli wiedzieć, co, u diabła, wyprawiam. A ponieważ nie potrafię kłamać, było jasne, że coś ukrywam. Zanim się zorientowałam, rozeszła się plotka, że ja i Dana mamy romans. Bardzo chciałam wszystkim wyjaśnić, o co chodzi, ale mogłam tylko się z tego śmiać.

Rozczarowanie spowodowane koniecznością trzymania wszystkiego w sekrecie zmieniło się we frustrację. Nie mogłam się doczekać, kiedy będę mogła to wyjaśnić i podnieść pas, mówiąc: „Widzicie? To dlatego!".

Lataliśmy prywatnym samolotem, ale byłam w ciągłej gotowości.

Informacji nie podano jeszcze oficjalnie, dostałam jednak pozwolenie, żeby poinformować o sprawie Darina i prawnika, którego ten mi polecił, bo musieliśmy zacząć pracować nad warunkami kontraktu z UFC. Darin powiedział, że musimy sformalizować naszą umowę odnośnie jego roli jako mojego menedżera. Potrzebował tego „do celów podatkowych".

– Jeśli kiedykolwiek będziesz choćby w najmniejszym stopniu niezadowolona z pracy, którą wykonuję, po prostu to podrzemy – powiedział o tej umowie.

Na początku grudnia poleciałam na północ stanu Nowy Jork, żeby pomóc Marinie w przewiezieniu samochodu do Los Angeles. Powiedziałam jej, że chcę zatrzymać się w Dakocie Północnej. Zaplanowałyśmy więc wyprawę przez Środkowy Zachód do Seattle, gdzie przed wyruszeniem na południe wzdłuż Zachodniego Wybrzeża mogłyśmy obejrzeć walkę występującego w UFC Nate'a Diaza, naszego przyjaciela.

Zapakowałyśmy się do hondy accord rocznik 2007; tak samo jak moja była złota, ale ładniej pachniała. Zaopatrzone w kawę i suszoną wołowinę przemierzałyśmy kolejne drogi przy dźwiękach *Thunderstruck* AC/DC, *Open Road Song* Eve 6, *Midnight City* M83, *Universally Speaking* Red Hot Chili Peppers i *Bohemian Rhapsody* Queen.

Do Jamestown w Dakocie Północnej dotarłyśmy wieczorem. Nie byłam tam od czasu naszej przeprowadzki. Podjechałyśmy pod biały dom z zielonymi wykończeniami, gdzie kiedyś mieszkała moja rodzina. Na trawniku znajdował się znak NA SPRZEDAŻ. Poszłam z Mariną na tyły domu i okazało się, że ktoś zostawił drugie drzwi otwarte, tak samo jak my zawsze robiliśmy. Stanęłam w salonie, w miejscu gdzie znajdowała się nasza kanapa, i pomyślałam o tym, jak po raz ostatni widziałam tatę żywego.

– Chcę odwiedzić tatę – powiedziałam Marinie.

– Okej, pojedźmy tam.

Wyszłyśmy na zewnątrz do samochodu i zadzwoniłam do mamy, która powiedziała mi, żebyśmy o drogę na cmentarz zapytały w domu pogrzebowym. Obiecała, że najpierw tam zadzwoni. Kiedy dotarłyśmy na miejsce, przed budynkiem czekał na nas jakiś mężczyzna.

– Pokażę wam, jak dojechać na cmentarz – powiedział.

Wsiadłyśmy z powrotem do samochodu i ruszyłyśmy za nim. Wcześniej byłam na cmentarzu tylko raz, w dniu kiedy pochowano mojego tatę. Podjechaliśmy na miejsce, a mężczyzna nie musiał nawet pokazywać mi, gdzie leży tata. Nigdy nie miałam okazji zobaczyć jego grobu, ale dobrze wiedziałam, który to.

Wysiadłam z auta. Było ciemno i deszczowo. Podeszłam do miejsca, gdzie pochowany był mój tata, i po prostu tam stałam. Tylko ja i mój tata.

Uklękłam na chłodnej ziemi i przez chwilę do niego mówiłam. Powiedziałam mu, że za nim tęsknię. Powiedziałam mu o mojej misji. Błagałam, żeby wybaczył mi moje porażki, i poprosiłam, żeby wskazał mi drogę. Przyciskałam ręce do zmrożonej trawy i płakałam. Ze środkowego palca prawej dłoni zdjęłam mój ulubiony pierścionek – srebrny, z turkusem – i zagrzebałam go w ziemi obok nagrobka. Obiecałam być dobrym człowiekiem i robić wszystko, żeby czuł się dumny ze swojej córki.

Nie wiem, jak długo tam byłam, ale w końcu wstałam i obiecałam jeszcze kiedyś wrócić.

Marina czekała na mnie w samochodzie. Kilka lat wcześniej sama straciła tatę. Moja najlepsza przyjaciółka spoglądała na mnie z głębokim zrozumieniem, a kiedy mnie przytuliła, wiedziałam, że odczuwamy ten sam ból.

Mimo postoju w Dakocie Północnej pokonanie trasy z Albany do Seattle zajęło nam 50 godzin. Na miejsce dotarłyśmy 5 grudnia, dzień przed konferencją prasową. Następnego ranka odebrałam telefon z UFC i usłyszałam, że na odbywającej się za kilka godzin konferencji otrzymam mistrzowski pas. Powiedziałam im, że nie mam się w co ubrać, na co odparli, żebym poszła sobie coś kupić, a oni zwrócą mi pieniądze.

„No dobra – pomyślałam. – Idę do Barneys, dziwki".

Kupiłam sukienkę i parę niesamowitych butów, a oprócz tego długi płaszcz, którego nawet nie założyłam.

A potem, zanim zdążyłam się zorientować, stałam już na zapleczu w Key Arena, a Dana mówił:

– Powitajmy naszą mistrzynię.

Był to sygnał dla mnie. Minęłam pomieszczenie wypełnione ludźmi z mediów i weszłam schodami na scenę w szpilkach, które ściskały mi palce. Skupiałam się bardziej na zachowaniu równowagi niż cieszeniu się tą chwilą.

– Powiedzmy to oficjalnie – oznajmił Dana. – Oto pierwsza mistrzyni w historii UFC, Ronda Rousey.

Następnie wręczył mi pas. Był duży, złoty i wysadzany klejnotami. Ważył więcej, niż sądziłam. I był mój.

Dana ogłosił, że mój debiut w UFC odbędzie się za niecałe trzy miesiące, że zmierzę się z Liz Carmouche i że – myślę, że zaskoczyło to wielu kibiców UFC – nasza walka będzie głównym wydarzeniem gali UFC 157.

Dopiero kiedy wróciłam do hotelu i rzuciłam pas na łóżko, dotarło do mnie, jak duży wzięłam na siebie ciężar. Byłam skołowana i podekscytowana, ale tylko przez chwilę. Do mojego starcia z Liz Carmouche pozostawały niecałe trzy miesiące.

W KAŻDEJ WALCE JEST TAKI MOMENT, KIEDY ZWYCIĘSTWO LEŻY NA WYCIĄGNIĘCIE RĘKI I WSZYSTKO SPROWADZA SIĘ DO TEGO, KTO PRAGNIE GO BARDZIEJ

W każdej walce jest taka sekunda, kiedy wygrana znajduje się na wyciągnięcie ręki i jeden z rywali po nią sięga. Może to być na samym początku pojedynku, kiedy jeden z zawodników skutecznie atakuje drugiego, zanim ten się na to przygotuje. Może to być w środku walki, kiedy twój rywal odpuszcza dosłownie na sekundę, żeby złapać oddech albo zebrać myśli. Czasami moment ten następuje pod koniec pojedynku, kiedy obie strony dają z siebie wszystko. Nieważne jak bardzo jesteś zmęczony, musisz znaleźć sposób na to, żeby postarać się jeszcze bardziej i sięgnąć po zwycięstwo.

Nie obchodzi mnie, jak bardzo mnie okładasz. Nie obchodzi mnie, czy w ostatniej sekundzie jestem zmęczona, kontuzjowana, czy może czołgam się po ziemi. To ja pragnę zwycięstwa bardziej. Chcę tego tak bardzo, że jestem gotowa za to zginąć. Zamierzam wykrzesać z siebie ostatek sił, poświęcić ostatni oddech i zrobić wszystko, co w ludzkiej mocy, aby osiągnąć zwycięstwo.

A kiedy walka się kończy, zamierzam być tą, która ją wygrała.

Medialny cyrk towarzyszący pojedynkowi z Mieshą był niczym w porównaniu z szaleństwem przed moim starciem z Carmouche. Nikt ze środowiska UFC nie potrafił przypomnieć sobie walki, która wzbudzałaby podobne zainteresowanie. Nie będzie w tym przesady, jeśli stwierdzę, że było to wydarzenie historyczne.

Carmouche była nie tylko zawodniczką z bilansem 8:2, ale także jedyną spośród wszystkich moich rywalek MMA, która sprawiła, że się zdekoncentrowałam. Miesiąc przed walką w ramach promocji musiałyśmy stanąć naprzeciw siebie w pozycji bokserskiej i wymienić spojrzenia. Za każdym razem podczas takiego wydarzenia patrzę rywalce w oczy i myślę: „Oderwę ci jebaną rękę i nic na to, kurwa, nie poradzisz". Wyrażam ten przekaz moim wzrokiem. Chcę, żeby moje rywalki były w stanie czytać mi wtedy w myślach. Stanęłam więc twarzą w twarz z Carmouche i zawarłam w swoim spojrzeniu cały jad, który w sobie miałam, a ona spojrzała mi prosto w oczy i posłała mi całusa.

Tego jednego się nie spodziewałam. Przez moment czułam się zdezorientowana.

Już wcześniej miałam do Liz ogromny szacunek. Wiele dziewczyn jechało po mnie, ale niewiele chciało ze mną walczyć. Carmouche bardzo pragnęła tego pojedynku. Wiedziałam, że będzie trudną rywalką. Przed rozpoczęciem kariery w MMA należała do marines i brała udział w trzech misjach na Bliskim Wschodzie. Wymagało to od niej siły charakteru, której nie posiadała żadna z moich wcześniejszych przeciwniczek. Była w Iraku, gdzie ludzie do ciebie strzelają. Takiej dziewczyny nie przestraszy się gadaniem. Kiedy spoglądałyśmy sobie w oczy, zrozumiałam, że w starciu z Carmouche muszę być gotowa na wszystko.

Nasza walka odbywała się 23 lutego 2013 roku w Honda Center w Anaheim. Wszystko, o czym marzyłam i na co pracowałam, mogło się ziścić. Wiedziałam jednak, że jeśli nie wygram, to cały mój wysiłek pójdzie na marne.

W dniu pojedynku leżałam na podłodze w szatni, odpoczywając. Na ekranie wyświetlano jedną z walk z karty wstępnej i zerknęłam na nią akurat w chwili, kiedy Urijah Faber zastosował na Ivanie Menjivarze duszenie na stojąco, co polega na tym, że praktycznie dusisz rywala, znajdując się za jego plecami.

Patrzyłam na to i myślałam: „Menjivar nie powinien opierać się o siatkę. Trzyma Fabera na plecach (umożliwiając mu duszenie). Powinien stanąć na środku klatki i spróbować zrzucić go z siebie. Powinien skupić się na tym, żeby najpierw rozerwać mu nogi, a nie ręce". Zaraz potem o tym zapomniałam. Nie powiedziałam tego nawet na głos.

Opuszczając szatnię, poczułam, że reszta świata zostaje w tyle. Kiedy weszłam do klatki, mój świat miał 70 metrów kwadratowych.

Minęła niecała minuta walki. Adrenalina buzowała mi w żyłach. Niepotrzebnie się spieszyłam i wykonałam chwyt zbyt szybko. Nie ustawiłam się odpowiednio. Po prostu to zrobiłam. Próbowałam wykonać rzut i odsłoniłam plecy. Carmouche wykorzystała mój błąd i dosłownie na mnie wskoczyła.

W tamtej chwili miałam do wyboru dwie możliwości: mogłam obrócić się tak, żebyśmy obydwie znalazły się na macie, albo spróbować wstać. Podjęłam błyskawiczną decyzję. Uznałam, że lepiej będzie wstać z nią na plecach, niż leżeć pod nią na ziemi, ponieważ była to jej najsilniejsza strona. Wiedziałam jednak, że jeśli wstanę, moja rywalka wykona duszenie zza pleców.

Podczas walki widzę pewne rzeczy, analizuję je i na nie reaguję. To nie tak, że wszystko zwalnia – wydarzenia następują szybko po sobie – ale coś rzeczywiście dzieje się z czasem. To tak jakbym przetwarzała w jednej chwili milion informacji i podejmowała na ich podstawie wiele decyzji.

Przypomniałam sobie Menjivara trzymającego na plecach Fabera i wiedziałam, że muszę odsunąć się od siatki.

Najłatwiej byłoby odchylić się i przycisnąć ją do siatki. Balansowanie na środku klatki, podczas gdy ktoś próbuje oderwać ci głowę, wymaga sporego wysiłku. Ciało chce zrobić to, co najłatwiejsze. Moje ciało podpowiadało mi, żebym położyła się albo oparła o siatkę. Głowa mówiła mi jednak, żebym stała z rywalką na plecach, dopóki nie rozerwę jej nóg.

Nadal próbowałam uwolnić się z jej uchwytu, kiedy nagle zmieniła pozycję z duszenia na dźwignię na kark. Dźwignia na kark jest dokładnie tym, czym wydaje się być: jedna osoba chwyta drugą za głowę i próbuje wygiąć jej szyję bardziej, niż to możliwe. To właściwie próba urwania człowiekowi głowy gołymi rękoma.

W judo nie stosuje się dźwigni na kark. Nigdy wcześniej nie znajdowałam się w takiej sytuacji. Rywalka ściskała mi szyję, a ja czułam, że tracę równowagę. Ciągnęła mi głowę do góry, zmuszając mnie, bym się cofała.

Nie odczuwałam wtedy żadnych emocji. W 100 procentach skupiałam się na obserwacji i podejmowaniu decyzji.

Trzask. Trzask. Trzask. Trzeszczało mi w zatokach. Czułam, że głowa zaraz mi pęknie.

Zbliżałam się do siatki. Moje ciało, jej ciało i grawitacja ciągnęły mnie do tyłu. „Nie, muszę iść naprzód" – przypomniałam sobie. Poruszyłam się w stronę środka klatki.

Jej ręce ześlizgnęły się po moim ochraniaczu na szczękę.

Przecięłam sobie zębami górną wargę.

Przedramię Carmouche zaczęło się zsuwać, ale ta dziewczyna to twardzielka. Pociągnęła mocniej, zmuszając mnie do otwarcia ust. Z zębami wbitymi w jej ramię poczułam, że przemieszcza mi się żuchwa. Carmouche nie zwracała uwagi na to, że górny rząd moich zębów wbijał jej się w przedramię – to była jej szansa. Pociągnęła mocniej.

Moja żuchwa nie mogła już przemieścić się dalej. Szyję miałam wygiętą bardziej niż to teoretycznie możliwe. Byłam dosłownie na granicy złamania karku.

„Prędzej umrę albo ulegnę paraliżowi, niż przegram" – powiedziałam sobie w myślach.

Ponieważ najwyraźniej działo się jeszcze zbyt mało, mój sportowy stanik zaczął się zsuwać i zaistniało ryzyko, że cycki wyskoczą mi z niego na oczach 13 tysięcy ludzi na trybunach i wszystkich widzów z *pay-per-view*.

Miałam jednak ustalone priorytety. „Stopy, stopy, stopy. Muszę utrzymać równowagę i rozerwać jej stopy".

Carmouche ciągnęła mi głowę w lewo. Musiałam pozbawić ją równowagi. Obróciłam się w lewo i odciągnęłam jej stopę w tym kierunku. Zaczęła się zsuwać i przez ułamek sekundy odczuwałam ulgę, myśląc: „Wreszcie spada. Mogę teraz poprawić stanik".

Byłam pewna, że sutek zaraz wyjdzie mi na wierzch. Carmouche nie zrozumiała jednak, że to moja chwila na poprawienie stanika i kopnęła mnie prosto w cycek.

Słyszałam, że widownia szaleje. Było mi wstyd, że przez Carmouche wypadam tak kiepsko. A potem wkurzyłam się, że wypadam kiepsko, a kibice się z tego cieszą. Byłam na nich wściekła. Razem ze złością przyszło postanowienie. Uznałam, że ta dziewczyna nie wstanie już z ziemi.

Stałam w jej gardzie (polega to na tym, że jedna osoba leży na plecach, a przeciwnik stoi pomiędzy jej nogami) i zaryzykowałam wyprowadzenie kilku ciosów na twarz. Próbowała złapać mnie na skrętówkę (dźwignię skrętową na staw skokowy). Wykonałam unik i zaczęłam uderzać ją w głowę. Zmuszając ją, żeby się osłoniła, przeciągnęłam jej ramię na drugą stronę i zamierzałam na nią wejść. Zareagowała idealnie, co pozwoliło mi przerzucić nogi ponad jej torsem i zaatakować jej prawe ramię. Ona chwyciła je lewą ręką, bo życie było jej jeszcze miłe. Pociągnęłam, próbując rozerwać jej ręce. Trzymała je mocno.

Wiedziałam, że pierwsza pięciominutowa runda musi dobiegać końca – do gongu pozostawało nie więcej niż kilka sekund. Oderwałam jedną nogę od maty i poprawiłam pozycję, nie zamierzając się poddawać. Czułam, że jej uchwyt słabnie. Pociągnęłam mocniej. Jej ręce się rozerwały. Nie było już ucieczki. Z jej ramieniem między nogami wygięłam się do tyłu i pociągnęłam. Wiedząc, że nie ma już szans, odklepała.

Carmouche wytrzymała cztery minuty i 49 sekund.

Nadal byłam – a w mojej głowie dopiero nią zostałam – pierwszą mistrzynią w historii UFC.

Po walce uświadomiłam sobie, że nawet kiedy wiedziałam, że żuchwa mi się przemieszcza, a kark może się złamać, nie pomyślałam o odklepaniu. Myśl o poddaniu się nawet nie przyszła mi do głowy. Dopóki trwa walka, nikt nie pragnie zwycięstwa bardziej niż ja.

Jeśli chodzi o walkę, nikt nie pragnie zwycięstwa bardziej niż ja

WALCZ O KAŻDĄ SEKUNDĘ

Czasem zostaniesz w tyle. Nieważne, czy podczas pięciominutowej rundy zbierasz cięgi przez cztery minuty i 59 sekund. Walcz o tę ostatnią sekundę. Nie próbujesz wygrać pięciu rund. Próbujesz wygrać 1500 sekund.

Myśl, że ktokolwiek mógłby dominować nad tobą choćby przez chwilę, powinna zjadać cię od środka. Nie chodzi tylko o wygranie walki. Chodzi o to, żeby posiadać tak zdecydowaną przewagę nad innymi, aby każdy najmniejszy błąd i każdy drobiazg, który pójdzie nie po twojej myśli, łamał ci serce. Wygrywanie musi być dla ciebie aż tak ważne.

Ludzie będą ci dokuczać, widząc, że tak bardzo ci zależy i że wykańcza cię to emocjonalnie. Ale właśnie zaangażowanie odróżnia cię od nich, sprawia, że jesteś najlepszy.

Dla zwycięstwa musisz być gotów umrzeć. Jeśli podczas walki godzisz się ponieść nawet śmierć i w każdej sekundzie dajesz z siebie absolutnie wszystko, to w ten sposób odróżniasz się od innych.

Jeśli wygrywasz przez cztery minuty i 49 sekund w danej rundzie, a w ostatniej sekundzie rywal trafia cię tuż przed gongiem, to powinieneś być na siebie wkurzony, że ta ostatnia sekunda ci umknęła.

Nie chodzi tylko o wygranie rundy. Chodzi o wygranie walki. Chodzi o wygranie każdej sekundy twojego życia.

Nazajutrz rano po każdej walce wybieram się z Daną na brunch. To nasz rytuał. Kiedy po mojej wygranej na UFC 157 zrobiliśmy to po raz pierwszy, Dana rzucił pomysł, żebym wytrenowała kilku zawodników przeciwko innym, szkolonym przez moją kolejną rywalkę, w ramach koedukacyjnej wersji programu *The Ultimate Fighter*, czyli telewizyjnego *reality show* będącego połączeniem *Real World*. *Prawdziwy świat* i *Survivor*, z tą różnicą, że uczestnicy, zamiast głosować za wyrzuceniem kogoś z grupy, biją się nawzajem do nieprzytomności. W każdym odcinku eliminowany jest jeden zawodnik, a w finale na żywo mierzą się ze sobą dwaj ostatni. Zwycięzca programu podpisuje kontrakt z UFC.

Celem miało być stworzenie żeńskiej dywizji od zera, a program miał pomóc przekonać kibiców do perspektyw, jakie rysują się przed rynkiem walk kobiet.

Po podpisaniu kontraktu ze mną i Carmouche UFC ściągnęło też Mieshę Tate i Cat Zingano. Miesha i Cat miały zmierzyć się ze sobą sześć tygodni później, a zwyciężczyni pojedynku stanęłaby ze mną w klatce w następnej kolejności. W ramach promocji tej walki ja i zwyciężczyni starcia Tate – Zingano miałyśmy trenować zawodników w *The Ultimate Fighter*.

Zingano zwyciężyła przez nokaut techniczny. (TKO polega na tym, że zawodnik niekoniecznie musi zostać zbity do nieprzytomności, ale sędzia, lekarz ringowy albo narożnik zawodnika – a czasami nawet sam zawodnik – uznają, że jeśli walka nie zostanie przerwana, zakończy się nokautem, dlatego lepiej tego uniknąć i oszczędzić uczestnikowi uszczerbku na zdrowiu).

Manny, który jako pierwszy zapoznał mnie ze światem MMA, był jednym z pierwszych finalistów programu. Jego walka w *The Ultimate Fighter* była pierwszym pojedynkiem, który uważnie oglądałam. Mieszkałam wtedy w Bostonie i byłam tak bardzo podekscytowana oraz zdenerwowana występem mojego przyjaciela, że przez całą walkę skakałam po całej kanapie. Manny przegrał wtedy z Nate'em Diazem, ale jego występ zrobił na Danie tak duże wrażenie, że ten zaproponował kontrakt również jemu. Widziałam, jak wielki wpływ na karierę zawodnika może mieć udział w *The Ultimate Fighter*, i rozumiałam, że program mógłby stać się motorem napędowym całego żeńskiego MMA.

Chciałam zapisać się w historii tego sportu czymś więcej niż tylko umieszczeniem mojego nazwiska na szczycie tabel wyników. Chciałam zbudować dyscyplinę, która byłaby w stanie przetrwać po moim odejściu.

Z tą myślą stworzyłam zespół trenerów, którzy mieli mnie wspierać – należeli do niego między innymi Edmond, Manny oraz Marina – i w lipcu 2013 roku udaliśmy się wszyscy do Las Vegas, żeby przez sześć tygodni nagrywać tam program. Pieniądze nie były rewelacyjne. W ciągu sześciu tygodni mieliśmy nakręcić łącznie 13 odcinków i za każdy otrzymać 1500 dolarów. Jedyne pytanie, jakie zadałam odnośnie wynagrodzenia, brzmiało:

– Czy dostajemy tyle samo, ile mężczyźni, którzy biorą udział w tym programie?

Jasno dałam im do zrozumienia, że jeśli płacą mi mniej niż facetom, to lecą sobie w kulki. Jeśli jednak okazałoby się, że wszyscy tyle dostają, to mieliśmy zamiar po prostu wykonać tę pracę. Sądziłam, że gramy do tej samej bramki.

Trzy dni przed rozpoczęciem zdjęć Darin i mój prawnik zadzwonili bez mojej wiedzy do UFC i oświadczyli:

– Jeśli Ronda nie dostanie dwudziestu tysięcy za odcinek, to nie weźmie w tym udziału.

Dana White nie bawi się w tego rodzaju gierki.

Ranek spędziłam na załatwianiu różnych spraw związanych z przygotowaniami do półtoramiesięcznego pobytu w Vegas. Wjeżdżałam właśnie do garażu wynajmowanego od niedawna domu w Venice Beach, kiedy zadzwonił do mnie Dana White. Zaparkowałam nowiutkie, czarne BMW X6 M, które dostałam ostatnio od UFC. („Nie mogę pozwolić, żeby jeden z moich mistrzów pokazywał się w zdezelowanej hondzie" – powiedział Dana).

– Cześć, Dana, co sły…

– Co jest, kurwa? – zaczął wrzeszczeć. Jeśli jest wkurzony, zaczyna rozmowę właśnie tymi słowami. – Dwadzieścia tysięcy dolarów za tydzień? Pojebało cię? Chyba masz nierówno pod sufitem.

Szperałam pod moim „nierównym sufitem", próbując zrozumieć, o co może mu chodzić, ale nie miałam najmniejszego pojęcia. Byłam zupełnie zdezorientowana.

– Twój jebany prawnik i jebany menedżer zadzwonili do mnie, twierdząc, że jak Ronda nie dostanie dwudziestu tysięcy, to nie nagra programu! – Po tych słowach zaśmiał się pogardliwie.

– Czekaj, czekaj – powiedziałam. – Chwila.

On jednak był zbyt wściekły, żeby przestać.

– Nie no, serio, kurwa, trzy dni przed rozpoczęciem zdjęć?

– Powiedziałam im tylko… – zaczęłam, ale Dana mi przerwał:
– Nikt nie dostaje dwudziestu tysięcy za tydzień!
– Ale… – próbowałam się wtrącić.
– Prędzej wypierdolę cię z tego programu, niż zapłacę ci dwadzieścia tysięcy tygodniowo. Powinienem cię wywalić tylko za to, że tyle od nas chcesz.
– Zrobiłabym to za darmo – powiedziałam. – Chcę tylko wiedzieć, czy faceci dostają tyle samo. To wszystko, o co prosiłam.
– Jeśli masz jakieś pytania, powinnaś kontaktować się z nami bezpośrednio. A nie przekazywać takie rzeczy tym żałosnym klaunom.
– Dana, przepraszam.
– No kurwa, co to ma być? – Nadal był wściekły.
– Posłuchaj. Załatwię to. Proszę, nie wywalaj mnie z programu.
– Jeszcze nie wiem, co zrobię – odparł. A potem się rozłączył.

Żołądek zwinął mi się w supeł. Męczyła mnie ta niepewność. Denerwowałam się przez to. Szybko jednak niepewność zmieniła się w furię. Jak ci dwaj śmieli dzwonić do Dany bez mojej zgody i stawiać mu tak skandaliczne żądania finansowe? Co to ma, kurwa, być?

Dla mnie nigdy nie była to kwestia pieniędzy. Wiedziałam, że jeśli będę realizować swoją pasję i stanę się lepsza niż ktokolwiek inny na świecie, pieniądze same się pojawią.

Wzburzona po rozmowie z Daną zadzwoniłam do Darina, a on powiedział mi, że zasługuję na większe pieniądze i że inne gwiazdy w tym programie zarabiają lepiej. Odparłam, że to mnie nie obchodzi, że nie jestem gwiazdą *reality show* i żeby już nigdy nie odpierdalał czegoś podobnego.

Kiedy do mnie mówił, ogarnęło mnie znajome poczucie zdrady. Cztery miesiące wcześniej, zaledwie dwa dni przed podpisaniem kontraktu z Darinem, dowiedziałam się, że w jednej z restauracji w Las Vegas Scott Coker, dyrektor zarządzający Strikeforce, zapytał Darina, ile jest prawdy w plotkach na temat mnie i Dany. Darin zaśmiał się i powiedział:

– Wiesz, że na pokładzie tego samolotu dzieją się szalone rzeczy.

Kiedy dowiedziałam się, że mój własny menedżer nie bronił mnie przed tak jawnie nieprawdziwymi i seksistowskimi spekulacjami, zrobiło mi się niedobrze. Nie widziałam w tym nic śmiesznego. Moja relacja z Darinem już nigdy nie była taka sama.

Trzy dni później zostawiłam Mochi u koleżanki w Los Angeles i wyruszyłam do Las Vegas, żeby nagrywać program. Nie rozmawiałam z Daną od czasu tamtego telefonu.

Kiedy dotarłam na salę treningową, chłopak z ekipy filmowej powiedział:
– Przejdź się po sali. Zrobimy kilka ujęć, jak oglądasz to miejsce.

Weszłam do klubu, rozglądając się dookoła. Omiatałam wzrokiem olbrzymie pomieszczenie wypełnione wszystkim, o czym zawodnik MMA mógłby marzyć na treningu. Na środku znajdował się pełnowymiarowy oktagon do walki.

Na ścianie wisiały olbrzymie zdjęcia, na których byłam ja i Cat. Kiedy ktoś otworzył drzwi klubu, spodziewałam się, że pojawi się w nich właśnie ona. Była to jednak Miesha Tate. Uśmiechała się. Byłam zaskoczona, ale zmusiłam się do uśmiechu.

„Musiała zatrudnić Mieshę jako trenerkę do pomocy – pomyślałam. – Cat zna naszą historię i chciała mi dojebać. *Touché*".

– Wiedziałam, że w coś mnie wrobią – wypaliłam.

Nie lubiłam Mieshy, ale szanowałam ją za to, że podjęła wyzwanie i stoczyła ze mną dobrą walkę, kiedy tego potrzebowałam.

– Miło znowu cię widzieć – powiedziałam.
– Ciebie też – odparła.

Ostatnim razem, kiedy stałyśmy tak blisko siebie, sędzia unosił moją rękę.

– Co tu robisz? – spytałam.
– Mam zajmować się trenowaniem – stwierdziła Miesha.
– Trenowaniem kogo?
– Ty masz robić to samo, nie?

Nie bardzo rozumiałam.

– Pomagasz drużynie Cat? – zapytałam.
– Zostawię wyjaśnienia Danie, ale... – Miesha urwała w tym miejscu i stała tak z uśmiechem na ustach.

Nagle zrozumiałam i poczułam się, jakby jedna z lamp zwaliła mi się z sufitu prosto na głowę: Dana chciał ukarać mnie dla przykładu. Pokazał mi, co się dzieje, jeśli zadzierasz z UFC. Zastąpił mnie moim największym wrogiem.

Ogarnęła mnie panika. Myślałam o tym, jak wiele wysiłku włożyli już w ten projekt moi trenerzy i że porzucili na pewien czas swoje normalne życie, by mi pomóc. Jak miałam im to teraz wyjaśnić? Gdzie był Dana? Jak mógł mnie zdradzić w taki sposób? Zalała mnie wściekłość. Byłam skrzywdzona. Czułam, że gotują się we mnie emocje.

To dziwne, jak pewne sprawy doprowadzają człowieka na skraj wytrzymałości. Miesha Tate mogła próbować uderzyć mnie w twarz. Mogła umniejszać moje dokonania w oktagonie. Mogła podważać wszystko, co osiągnęłam. To mnie nie ruszało. Ale to, jak się do mnie uśmiechała, delektując się moim bólem, coś we mnie wyzwoliło. Jeśli wcześniej jej nie lubiłam, to teraz nienawidziłam jej tak, jak jeszcze nikogo w życiu. To, co zaczęło się jako rywalizacja podczas promocji walki, stało się prawdziwą niechęcią.

Jedna rzecz to starcie z kimś w oktagonie. To po prostu biznes. Czymś zupełnie innym jednak jest czerpanie przyjemności z czyjegoś nieszczęścia poza klatką. To popieprzone. Patrzenie na radość i satysfakcję, jaką Miesha odczuwała z powodu mojej niedoli, było dla mnie nie do zniesienia. Nigdy nie będę lubić kogoś, kto stoi w klatce naprzeciw mnie. Gdybym jednak zobaczyła tę samą dziewczynę spanikowaną poza oktagonem, nie śmiałabym się z niej. Powiedziałabym: „Hej, spokojnie. Wyluzuj".

Taka jest różnica pomiędzy mną a Mieshą Tate.

Otworzyłam drzwi, którymi Miesha weszła właśnie na salę.

– Gdzie jest Dana? – pytałam wszystkich w korytarzu. Nikt nie odpowiadał: zrujnowałoby to szansę na przekucie mojej paniki i zażenowania w prawdziwe telewizyjne złoto. Ruszyłam w kierunku szatni.

Kiedy Dana pojawił się na miejscu, odchodziłam od zmysłów.

– Pozwól mi to wyjaśnić – powiedział.

Kilka dni wcześniej Cat Zingano doznała kontuzji kolana. Musiała poddać się poważnej operacji i zrobić sobie kilka miesięcy przerwy. Tego dnia, kiedy mieliśmy zacząć nagrywać program, Cat znajdowała się już na sali operacyjnej. Ludzie z UFC zadzwonili więc do Mieshy. Ona i ja miałyśmy trenować zawodników w ramach programu, a pod koniec sezonu zmierzyć się ze sobą.

Dana stwierdził, że to tylko nieporozumienie.

Spojrzałam na ekipę telewizyjną nagrywającą całą tę scenę. Kamerzysta się uśmiechał.

„To nie było nieporozumienie, lecz pułapka" – pomyślałam.

Byłam naiwna i sądziłam, że jeśli program powiązany jest z UFC, to jego producenci będą traktować zawodników z szacunkiem. UFC finansuje program, ale firma produkcyjna Pilgrim traktuje cię jak zwykłego uczestnika *reality show*. Nie widzi w tobie wyjątkowego sportowca światowej klasy, który zasługuje na szacunek i który zarabia na życie walką.

Pierwszy dzień był trudny. Później miało być tylko gorzej.

Zgodnie z formułą programu wybrałyśmy nasze drużyny, ale w tym sezonie miałyśmy wskazać po cztery dziewczyny i czterech chłopaków, z których dwie osoby – jedna dziewczyna i jeden chłopak – miały zostać wyłonione w finale.

Wybrałam Shaynę Baszler, Jessamyn Duke, Peggy Morgan, Jessicę Rakoczy, Chrisa Beala, Daveya Granta, Anthony'ego Gutierreza i Michaela Woottena. Miesha wybrała Juliannę Peñę, Sarah Moras, Raquel Pennington, Roxanne Modafferi, Cody'ego Bollingera, Chrisa Holdswortha, Josha Hilla i Tima Gormana (który doznał kontuzji i został zastąpiony przez Louisa Fisette'a).

Rzut monetą zadecydował, że mogłam wybrać zawodniczki do pierwszego pojedynku tego sezonu. Wybrałam Shaynę i Juliannę. Shayna była jedną z najbardziej doświadczonych kobiet w MMA i pod wieloma względami pionierką tego sportu, więc nie było mowy, żeby przegrała.

A jednak przegrała, dając się złapać w drugiej rundzie na duszenie zza pleców. Było widać, jak w czasie walki uświadamia sobie, że przegrała drugą rundę. Zobaczyłam, jak przestaje się skupiać na tym, co robi w klatce, i zaczyna już myśleć o kolejnej rundzie. I wtedy dała się złapać.

To była bardzo dotkliwa porażka – dla Shayny i dla całego naszego zespołu. Nie chciałam, aby ta przegrana ustawiła ton rywalizacji na kolejne sześć tygodni.

Przez całą drogę powrotną do mojego tymczasowego mieszkania myślałam o tej walce. Myślałam o niej wieczorem. Myślałam o niej następnego ranka w drodze do klubu. Myślałam o tym, jak Miesha świętowała fakt, że Shayna – którą Miesha uważała za przyjaciółkę – została zmiażdżona odłamkami swojego strzaskanego marzenia. Jako trenerka to ja byłam odpowiedzialna za morale mojego zespołu.

Zastanawiając się nad tym, co powiedzieć, przypomniałam sobie, co tłumaczyła mi moja mama: „W każdej walce jest taka sekunda, kiedy złoty medal znajduje się na wyciągnięcie ręki. Jedynym sposobem, aby go zdobyć, jest walka w każdej sekundzie pojedynku".

Powtarzając w myślach te słowa, zwołałam mój zespół.

– Czasem zostaniecie w tyle – zaczęłam. – Liderów mamy na pęczki. Łatwo jest pozostawać w grze, kiedy się wygrywa. Wyjątkowych wojowników wyróżnia umiejętność toczenia walk niezależnie od największych porażek i przeciwności losu.

Kiedy doszłam do słów: „chodzi o wygranie każdej sekundy waszego życia", wszyscy członkowie mojego zespołu byli już gotowi, by stamtąd wyjść i kogoś roznieść. W ich oczach dostrzegłam blask, którego nigdy wcześniej tam nie widziałam. Po moim przemówieniu zaczęliśmy trening. Wszyscy byli niezwykle skupieni i podniesieni na duchu, ale również poważni. Nie żartowali ani się nie uśmiechali. Trenowali dwa razy ciężej niż poprzedniego dnia.

Bardzo zaangażowałam się w tę przemowę. Te dzieciaki to załapały. Kilkoro z nas wytatuowało sobie tamte słowa, gdy skończyliśmy kręcić program. Gdyby widzowie mieli okazję obejrzeć to przemówienie, byliby oszołomieni. Zamiast tego jednak producenci pokazali scenę z wanną.

Ponieważ to jej zawodniczka zwyciężyła, Miesha miała prawo wyboru przeciwników do kolejnej walki. Zdecydowała się na Chrisa Holdswortha i Chrisa Beala. W walce eliminacyjnej do programu Beal złamał rękę i Miesha otwarcie przyznała, że chce to wykorzystać.

W programie nie pokazano natomiast tego, co działo się przed walką. Kiedy Chris Beal rozgrzewał się przed pojedynkiem, Dana wparował do szatni; był wkurzony, bo odebrał właśnie telefon od innego promotora, który twierdził, że Chrisa nadal obowiązuje podpisany z nim kontrakt. Chris nie wszedł jeszcze do klatki, a już musiał się bronić.

Kiedy nagrywaliśmy program, skład zespołu znali tylko nasi ludzie. Skąd ktoś inny wiedział, że Chris występuje w *The Ultimate Fighter*? I jakie było prawdopodobieństwo, że ów promotor zadzwoni w najbardziej nieodpowiednim momencie, dosłownie kilka chwil przed najważniejszą walką Chrisa w karierze? Kto najbardziej by na tym skorzystał? I jaka była szansa, że dojdzie do tego właśnie wtedy, gdy mogło najbardziej zaszkodzić mojemu zespołowi? Moja mama, która zajmuje się statystyką, powtarza: „Jeśli coś jest bardzo, bardzo nieprawdopodobne, to prawdopodobnie nie dzieje się przez przypadek".

Nagrywaliśmy program dopiero od tygodnia, ale było już jasne, że producentów bardziej interesuje darcie kotów niż walki w klatce. Kiedy Miesha przechodziła obok mnie, za każdym razem prychała albo posyłała mi całusa. Do tego wypowiadała krytyczne komentarze na temat moich trenerów i robiła nam dziecinne dowcipy. Producenci byli zachwyceni.

– Wyprowadź ją na zewnątrz i skop jej dupsko – powiedziała moja mama, kiedy ściągnęłam ją tam w charakterze gościnnego trenera.

Wszystkie osoby zaangażowane w tworzenie programu widziały, że sytuacja wymyka się spod kontroli. Dana zadzwonił do mnie i do Mieshy, żądając, żebyśmy przestały odwalać numery. Miesha nadal posyłała mi jednak całusy i szukała okazji, aby dokuczać mojemu zespołowi. Jej ludzie szczególnie upodobali sobie Edmonda, który jako mój jedyny trener od walki w stójce był dla zespołu kluczowy. Miesha i jej przypominający trolla chłopak celowo zaczepiali Edmonda, próbując sprowokować go do bójki i w ten sposób pozbyć się go z programu. Powstrzymywałam siebie i mój zespół przed kolejnymi konfrontacjami, ale nadal pokazywałam Mieshy faka.

Był dopiero lipiec, ale odliczałam już dni do 28 grudnia, kiedy zamierzałam odegrać się na niej w klatce. Miałam tylko nadzieję, że do tego czasu zdołam się powstrzymać.

Moim jedynym celem w tamtym programie było zebranie drużyny obiecujących zawodników i przekazanie im mojej wiedzy. Wiem, jak trudno jest wybić się w tym sporcie. Wiem, jak trudno jest trenować i pracować jednocześnie w kilku miejscach, żeby związać jakoś koniec z końcem. Rozumiałam, że sukces w programie *The Ultimate Fighter* może zmienić przebieg kariery zawodnika. Dzieciaki z mojego zespołu potrzebowały takiej szansy. Zasługiwały na każdą cząstkę mnie, którą mogłam im dać. Jeśli w rezultacie miałam wyjść na sukę, byłam w stanie to zaakceptować.

Dawno temu postanowiłam, że będę mówić to, co myślę, a ludzie niech reagują na to, jak chcą. Nie zamierzałam marnować ani sekundy na zastanawianie się nad tym, co inni o mnie myślą.

MUSISZ BYĆ GOTOWY POSTAWIĆ SIĘ W ŻENUJĄCEJ SYTUACJI

Musisz zadać sobie pytanie: "Jaka jest najgorsza rzecz, która może się wydarzyć? Jaki jest najtragiczniejszy scenariusz?". Najgorsze, co może przydarzyć mi się podczas walki, to śmierć albo trwałe kalectwo. Właściwie w każdej innej kwestii odpowiedź brzmi: najgorszy scenariusz jest taki, że dam ciała albo zrobię z siebie idiotkę. W porównaniu ze śmiercią znajduje się to bardzo nisko w rankingu najgorszych złych rzeczy, które mogą się wydarzyć. Walka naprawdę umieszcza wszystko we właściwej perspektywie i pozwala mi pokonywać strach.

Zawsze wiedziałam, że nie da się walczyć do końca życia. Osiągałam moje cele szybciej, niż nawet ja się tego spodziewałam. Teraz patrzyłam w przyszłość. Chciałam przenieść mój sukces w sztukach walki na nowy poziom. Tak samo jak zrobiła Gina Carano, która z MMA trafiła do filmu. Wydawało mi się to wyzwaniem prawie nieosiągalnym – a takie lubię najbardziej – ale najpierw chciałam porozmawiać z Edmondem.

Pewnego ranka, siedząc podczas przerwy w treningu na skraju ringu obok Edmonda, powiedziałam mu, że spotkałam się z agentem filmowym, który uważa, że mogę zostać gwiazdą w Hollywood. Zapytałam, co sądzi o tym, żebym spróbowała swoich sił w przemyśle filmowym. W tamtym okresie zazwyczaj potrafiłam przewidzieć reakcje Edmonda na moje propozycje, ale tym razem nie wiedziałam, czego się spodziewać.

Jedynym celem trenera jest przygotowanie swoich zawodników do walk. Trenerzy nie są miłośnikami „rozpraszających czynników zewnętrznych". Edmond zamyślił się, analizując to, co powiedziałam.

– Czy chcesz to zrobić, bo naprawdę zależy ci na aktorstwie? – zapytał. – Marzyłaś o tym? Czy po prostu chcesz zostać sławna dzięki filmom?

– Naprawdę mi na tym zależy i naprawdę chcę być w tym dobra – odparłam. – Z jakiegoś względu ciągnie mnie do przemysłu rozrywkowego.

Edmond znowu się zamyślił.

– Nie możesz nieść dwóch arbuzów na raz – stwierdził, wyciągając dłonie, żeby to zademonstrować. – To tak nie działa.

Nie wytrzymałam i uśmiechnęłam się, słysząc to przysłowie. Ormianie mają jakiś szczególny stosunek do arbuzów.

– Ale wiesz, co robisz – kontynuował. – Większości zawodników powiedziałbym: „Nie, skup się na walce". Jeśli jednak możesz poważnie traktować obydwie te rzeczy, rób jedną i drugą. Pamiętaj tylko, że to dzięki walkom masz te filmy.

Mówił na głos to, co już wiedziałam. Nie miałam żadnych wątpliwości, że Hollywood zainteresowało się mną dlatego, że byłam mistrzynią UFC. Gdybym przegrała następną walkę, byłabym tylko kolejną aspirującą blond--aktorką w mieście pełnym aspirujących blond-aktorek.

– Muszę ci jednak coś powiedzieć – oznajmił Edmond. – To jest sala treningowa. Kiedy tu jesteś, nie chcę słyszeć o żadnych filmach. Podczas obozów treningowych masz skupiać się tylko i wyłącznie na ćwiczeniach. Poza salą rób, co chcesz, ale tutaj przychodzimy, żeby walczyć. A teraz wracaj do ringu.

Podskoczyłam, zdeterminowana, by pokazać mu, że zależy mi na walce bardziej niż kiedykolwiek wcześniej.

Zanim zaangażowałam się w *The Ultimate Fighter*, przygotowywałam sobie grunt pod karierę aktorską. Podpisałam umowę z Bradem Slaterem, agentem filmowym z agencji William Morris Endeavor, i chodziłam na spotkania z producentami, dyrektorami wytwórni oraz ludźmi od castingów. Zatrudniłam nauczyciela gry aktorskiej. Walczyłam nawet o rolę Atlanty w *Herculesie*. Bardzo mi na tym zależało, dlatego kiedy nie wybrano mnie do tego filmu, czułam się ogromnie rozczarowana. Była to porażka i mocno ją przeżyłam. Za każdym razem, kiedy pojawiały się jakieś problemy w *The Ultimate Fighter*, myślałam: „Kurwa, chcę zagrać w *Herculesie*".

A później Brad zadzwonił, żeby powiedzieć mi, że chce się ze mną spotkać Sylvester Stallone. Mnie w Hollywood nikt nie znał, a on był Rockym, Rambo i Barneyem z *Niezniszczalnych*.

Poszliśmy na obiad z Kevinem Kingiem, współproducentem Stallone'a, i z nim samym. Ci dwaj kręcili właśnie trzecią część *Niezniszczalnych* i Stallone pomyślał, że być może nadałabym się do roli w tym filmie.

Pochlebiało mi to. Stallone zapytał, czy myślałam o aktorstwie, a ja odparłam, że pracuję nad poprawą swoich umiejętności.

– Zawsze uważałam, że aby być dobrym aktorem, trzeba być też dobrym kłamcą – stwierdziłam. – Zaczęłam jednak rozumieć, że chodzi nie tyle o kłamanie, co o przekonanie samego siebie, że znajdujesz się w danej sytuacji, a potem robienie tego, czego ta sytuacja wymaga.

– Najlepsi aktorzy nie są największymi gwiazdami – powiedział mi Stallone. – Wielki aktor potrafi zagrać każdego w każdej sytuacji, ale nie widujemy długich na kilka przecznic kolejek widzów, którzy chcą oglądać aktorów wielbionych przez krytykę. Ludzie ustawiają się w długich kolejkach, żeby zobaczyć takie gwiazdy, jak Al Pacino, który w każdej roli jest sobą. Al Pacino jako gliniarz. Al Pacino jako prawnik. Al Pacino jako gangster. Al Pacino jako niewidomy były żołnierz i tak dalej. On zawsze gra samego siebie, a ludzie zakochują się przecież właśnie w twoim charakterze. Właśnie to czyni cię gwiazdą. Właśnie to sprawia, że widzowie ustawiają się w kolejkach na kilka przecznic. To wszystko, co musisz robić. Odprężyć się i być sobą. Tak właśnie postępują gwiazdy. Są sobą w każdej sytuacji, w jakiej ich postawisz.

Po obiedzie Stallone stwierdził jeszcze:

– Spotkajmy się wkrótce.

Kiedy wróciłam z Vegas, czułam się wyjątkowo zdołowana. Wiedziałam, że kiedy kolejny sezon *The Ultimate Fighter* zostanie wyemitowany, wyjdę na wariatkę z *reality show*. Wiedziałam, że muszę się spieszyć. Musiałam podpisać kontrakty i zacząć nagrywać jakiś film, zanim program pojawi się w telewizji, bo uważałam, że wtedy Hollywood nie będzie już mnie chciało. Wtedy też Stallone zaprosił mnie na kolejną rozmowę. Tym razem spotkaliśmy się tylko we dwoje. Usiedliśmy w pizzerii Roni's Diner naprzeciwko jego biura. Były tam stoły z ciemnego drewna i rzędy czarno-białych zdjęć sławnych ludzi na ścianach. Spotkanie odbywało się w swobodnej atmosferze, ale tym razem było bardziej biznesowe. Kiedy Stallone zaczął mówić mi, dlaczego jego zdaniem nadaję się do tej roli, widziałam wyraźnie, że to dla niego chleb powszedni. Próbowałam udawać, że dla mnie też. Zajęłam pozycję sprzedażową, próbując przekonać go, dlaczego uważam, że dobrze sprawdzę się w tej roli. Byłam silną kobiecą osobowością. Zgadza się. Uprawiałam sztuki walki. Zgadza się. Bardzo szanowałam jego pracę. Zgadza się. Jeszcze zanim dostaliśmy rachunek, poczułam, że idzie nam całkiem dobrze. Wstaliśmy i Stallone odprowadził mnie do auta.

– Dałabyś radę walczyć z klątwą? Poradziłabyś sobie z tym? – zapytał, odwołując się do powszechnego przekonania, że aktorstwo to śmierć dla sportowej kariery.

– W stu procentach. Obiecuję sprawić, że zostaniesz uznany za geniusza – odparłam, wracając myślami do tego, co powiedział mi Dana, kiedy ściągał mnie do UFC.

– W porządku. Zróbmy to – oznajmił Stallone i uścisnął mi rękę.

Uśmiechnęłam się bardzo szeroko. Chciałam go przytulić. Chciałam wykonać taniec radości. Tylko w tamtej jednej chwili przyznałam się przed sobą, jak bardzo chciałam dostać tę rolę.

Tydzień później po raz kolejny spotkałam się ze Stallone'em w knajpie, gdzie kończył akurat obiad, a potem przeszliśmy do jego biura. Na zewnątrz było gorąco, a ja miałam na sobie sukienkę z krótkim rękawem.

– Ale masz ramiona – powiedział Stallone.

W pierwszej chwili się spięłam. Był to komentarz w rodzaju tych, które słyszałam w szkole. Przypomniałam sobie jednak, że nie chodzę już do szkoły. Zrozumiałam, że wszyscy ci ludzie, którzy się ze mnie naśmiewali, to idioci. Ja byłam wspaniała.

Stallone wciąż przyglądał się moim bicepsom.

– Rany, są niesamowite – zachwycał się.

W jego biurze przeczytaliśmy scenariusz. Powiedział mi, że wciąż nad nim pracują. Zamierzali wprowadzić jeszcze kilka zmian. A potem zaczęliśmy rozmawiać o aktorstwie.

– W pierwszym ujęciu zawsze staraj się przesadzać – stwierdził. – Dzięki temu przez resztę czasu nie będziesz czuła się głupio. Znacznie łatwiej jest się uspokoić, niż podkręcić.

– Aktorstwo to po prostu zabawa – dodał. – Masz się dobrze bawić. Wiele osób podchodzi do tego zbyt poważnie. Nigdy nie bój się żenujących sytuacji.

Na początku sierpnia poleciałam do Bułgarii, gdzie rozpoczynały się zdjęcia. Kiedy tam dotarłam, pokazano mi mój strój. Zwróciłam uwagę, że jest inny niż ten, który zaprezentowano mi wcześniej.

– Wiem – powiedziała osoba od kostiumów. – Stallone powiedział, że masz niesamowite ramiona i że musimy zmodyfikować strój tak, żeby je wyeksponować.

Czułam, że się czerwienię, ale powodem nie był wstyd. To była duma.

NAJLEPSZĄ ZEMSTĄ JEST SUKCES

Kiedy spotyka mnie coś złego, czuję wściekłość, a później motywację.

W najtrudniejszych chwilach — kiedy tracisz pracę, dowiadujesz się, że twoja druga połowa cię zdradza, albo dociera do ciebie, że podjąłeś złą decyzję finansową — możesz ukierunkować swój wstyd, swoją złość, swoje pożądanie i swoją porażkę. Możesz wyciągnąć z nich lekcje, zaryzykować, zmienić kurs. Możesz obiecać sobie, że odniesiesz tak duży sukces, żeby nikt nigdy nie mógł postawić cię w podobnej sytuacji.

Stary trener judo mojej mamy określił to dosadnie: wygrywanie to dziwka, ale zemsta to skurwysyn.

Odpowiednio wykorzystana złość może być potężnym źródłem motywacji. Na planie *Niezniszczalnych 3* w Bułgarii spędziłam osiem tygodni. Podczas zdjęć wyprowadzałam ciosy i zgodnie ze scenariuszem naparzałam się werbalnie. Biegałam po klatkach schodowych i strzelałam ślepakami. Byłam zafascynowana Harrisonem Fordem. Widząc go na planie, myślałam: „O mój Boże, to Han Solo. Spokojnie, tylko spokojnie". Ale oczywiście nie byłam spokojna.

W filmie grał też zawodowy bokser Victor Ortiz, a jego trener znalazł w Sofii klub, gdzie Victor mógł ćwiczyć. Byłam przekonana, że to miejsce to jakaś pralnia pieniędzy, bo sala treningowa była nowoczesna i świetnie wyposażona, ale prawie nikt tam nie przychodził.

Zapasy są w Bułgarii bardzo popularne i znalazłam kilku chłopaków, z którymi mogłam poćwiczyć, ale nie był to poziom treningów, do jakiego przywykłam u siebie. Pewnego dnia Jason Statham, mój kolega z planu, zapytał, czy mógłby popatrzeć, jak trenuję. Zaczęłam uderzać w worek, ale bez Edmonda, który owinąłby mi dłonie i korygował moje pomyłki, szło mi raczej kiepsko.

Mimo wszystko cieszyłam się, że Statham był tam ze mną. Rozmowa z nim podczas uderzania w worek uspokajała mnie i pozwalała przypomnieć sobie atmosferę panującą w GFC, gdzie w czasie treningu Edmond stał przy mnie i patrzył, jak ćwiczę.

Wtedy na salę weszło kilku bułgarskich zapaśników, z którymi wcześniej trenowałam.

– Ronda, chcesz poćwiczyć? – zapytał jeden z nich. Była to moja szansa, żeby pokazać się jako twardzielka. Spojrzałam na Stathama i mrugnęłam do niego.

Tamtego dnia wytarłam nimi wszystkimi podłogę. Wykonywałam wszystkie wariackie gówna w stylu ninja, obroty i akrobatyczne popisy, jakie tylko przychodziły mi do głowy. Faceci, z którymi ćwiczyłam, podchodzili do tego ze spokojem. Statham był zszokowany.

– Rozwaliłaś mnie! Nigdy w życiu nie widziałem czegoś takiego – powiedział.

Brakowało mi Edmonda. Początkowo chciał przylecieć do Bułgarii, żeby mnie trenować, ale Wachtang Darczinian, ormiańska legenda boksu i mistrz świata trzech kategorii wagowych, poprosił go o pomoc w przygotowaniach do kolejnego pojedynku. Tamten obóz treningowy odbywał się dokładnie w tym samym czasie co zdjęcia do *Niezniszczalnych 3*.

Dzwoniłam do niego codziennie.

– Trenowałaś? – pytał.

– Tak – odpowiadałam i relacjonowałam mu, co robiłam.

Uprawiałam zapasy, walczyłam w stójce, biegałam po schodach, biegałam po górach, biegałam na maszynach eliptycznych, pływałam i ćwiczyłam walkę z cieniem, ale nie mogłam trenować tak jak w domu, bo przez większość czasu musiałam robić to sama. Około 16 godzin na dobę spędzałam też na planie, a każdy mój dzień wyglądał inaczej.

Pewnego razu kręciliśmy scenę, w której musieliśmy biec po pochyłym dachu w stronę helikoptera. Mieliśmy pojawić się na planie o piątej rano.

Chciałam wcześniej poćwiczyć, dlatego wstałam o czwartej. Hotelową siłownię otwierano dopiero o ósmej, biegałam więc po schodach – osiem razy pokonałam 11 półpięter – a potem wróciłam do pokoju, żeby wziąć prysznic. Później biegałam 50-metrowe sprinty po dachu nachylonym pod kątem 45 stopni – powtarzałam to jakieś 30 razy. Kiedy po południu skończyliśmy nagrywać tę scenę, poprosiłam mojego kierowcę Alexa, żeby zawiózł mnie prosto na salę treningową, gdzie mogłam poćwiczyć zapasy z chłopakami.

Ani przez sekundę nie zapominałam o Mieshy Tate.

Kiedy skończyłam kręcić *Niezniszczalnych 3*, poleciałam na dziesięć dni do Atlanty, gdzie pracowałam na planie siódmej odsłony cyklu *Szybcy i wściekli*. Do Los Angeles wróciłam 47 dni przed walką z Mieshą i pojechałam prosto na obóz treningowy.

Przed pojedynkiem z Tate robiliśmy wszystko, żebym była w stanie poradzić sobie w każdej sytuacji. Nie chodziło tylko o to, co moja rywalka mogła zrobić w klatce, ale również o utrzymanie kontroli nad emocjami i o powrót do formy po długiej przerwie.

Edmond naprawdę potrafi nauczyć człowieka wykorzystywać gniew. Podczas treningów często celowo mnie ignoruje albo rzuca różne komentarze, żeby wzbudzić we mnie emocje i zmusić mnie do radzenia sobie z nimi.

Nie pozwala mi kopać. Takie uderzenia nie pasują do mojego stylu walki. Czasami kopię jednak pod wpływem złości albo frustracji.

– Nie rób tego – powiedział mi pewnego dnia. – Kiedy kopiesz, wiem, że jesteś zła.

Miał rację.

Przed walką Edmond ściągał sparingpartnerów, którzy wyprowadzali dziwaczne sierpy i walczyli nieczysto. Kazał mi toczyć z nimi długie rundy, sprawdzając w ten sposób moją cierpliwość.

Celowo próbował poddenerwować mnie przed sparingami. Ignorował mnie albo na mnie warczał, a ja się złościłam, bo nie wiedziałam, dlaczego się tak zachowuje.

Któregoś dnia podczas obozu zapytałam go, czy weźmie mnie na tarcze. Ponieważ nakłonienie go do tego kosztowało mnie kiedyś tak wiele wysiłku, te prośby stały się dla mnie ważnym rytuałem.

– Nie – odparł. – Idź poćwiczyć na worku.

Kiedy uderzałam w worek, podszedł do mnie i spojrzał mi przez ramię.

– Dlaczego robisz to w ten sposób? – zapytał, a potem odszedł.

Tamtego dnia już się do mnie nie odezwał. Przez kolejne kilka godzin odczuwałam na zmianę niepewność i zdenerwowanie.

Pytałam się w myślach: „Co się dzieje? W czym jest problem? Czy daję ciała? Czy on chce, żebym wytłumaczyła mu, dlaczego idzie mi tak słabo?" Już wcześniej targały mną emocje, jak podczas każdego obozu treningowego, i w końcu się rozpłakałam. Edmond przez cały czas mnie obserwował. Wtedy zrozumiałam, że gra mi na nerwach. Chciał wyzwolić we mnie emocje, żebym mogła sobie z nimi poradzić w trakcie walki.

Podczas obozu nie dopilnowano jednak wszystkich spraw. Darin był odpowiedzialny za opłacanie moich sparingpartnerów. Niedługo po zakończeniu przygotowań do gali UFC 157 dowiedziałam się, że nie dostali swoich czeków – mimo że zawarłam już z Darinem formalną umowę.

To był poważny problem. Jeśli nie płacisz swoim sparingpartnerom, pewnego dnia mogą uznać, że nie przyjdą na trening, a wtedy znajdujesz się w takiej samej sytuacji jak ja w Bułgarii, bo nie masz z kim ćwiczyć.

Pewnego popołudnia siedziałam z Edmondem na skraju ringu i odwijałam taśmy z dłoni, a on powiedział:

– Wiesz, Ronda, menedżerowie są w porządku, ale pod warunkiem że właściwie wykonują swoją pracę.

Było jasne, że próbuje powiedzieć mi coś, nie przekraczając swoich kompetencji, i wiedziałam, że ma rację.

– Wiem – westchnęłam. – Zajmę się tym gównem po walce.

W dzień pojedynku z Mieshą leżałam na łóżku w sypialni mojego apartamentu i usłyszałam jakąś kłótnię w pokoju obok. Wyparłam to ze świadomości, obróciłam się na drugi bok i zmusiłam do snu, ale byłam zła. Nie lubię żadnych dramatów przed walką. Nie lubię, kiedy coś mnie wtedy rozprasza. Zamierzałam zająć się tym – cokolwiek to było – po pojedynku.

Myślałam o walce, która miała zacząć się już za kilka godzin. Myślałam o tym, jak po raz pierwszy zmierzyłam się z Mieshą. Myślałam o *The Ultimate Fighter*. Myślałam o tym, co wydarzyło się właśnie w moim apartamencie.

Wiedziałam, że ktoś mi za to zapłaci. Ten ktoś już naprawdę niedługo miał stanąć naprzeciw mnie w klatce.

> Nie lubię żadnych dramatów przed walką. Nie lubię, kiedy coś mnie wtedy rozprasza

Złość mnie motywuje. Nie mogę jednak pozwolić, żeby opanowała mnie tak bardzo, aż zaczęłaby wpływać na moje decyzje. Kiedy jesteś zdenerwowany i próbujesz rozwiązać jakiś problem albo jakąś sytuację, nie zrobisz tego mądrze. Jeśli jesteś zły na bliską ci osobę, nie powiesz jej tego, co powinieneś. Uspokajasz się, kiedy jesteś zrelaksowany. Myślisz wtedy logicznie i racjonalnie, a każdy problem potrafisz rozwiązać skuteczniej. Tak samo jest podczas walki.

NAUCZ SIĘ CZUĆ RYTM ODPOCZYNKU

Świetną teorią walki, której wiele osób nie rozumie, jest coś, co nazywam wyczuwaniem rytmu odpoczynku – trochę jak w muzyce. Jeden z powodów, dla których wielu zawodników męczy się podczas walki, nie ma nic wspólnego z ich kondycją. Chodzi o to, żeby umieć przewidywać ułamki sekund odpoczynku, bo te mogą okazać się w pojedynku kluczowe. To właśnie te chwile, kiedy odpoczywam, wywierając jednocześnie presję na rywalce, pozwalają mi utrzymać wysokie tempo przez całą walkę.

Jeśli na przykład trzymam kogoś przy siatce, to nie używam do tego mięśni. Opierając się na przedniej nodze i odpowiednio ustawiając bark, mogę napierać całym ciężarem ciała na rywalkę. Wywieram presję na przeciwniczce, używając do tego grawitacji, a wtedy mięśnie mi odpoczywają.

Wiem, kiedy eksplodować i kiedy odpoczywać – to jedyny sposób na przetrwanie.

Czas nie zawsze leczy wszystkie rany. Niekiedy sprawia, że stajesz się jeszcze bardziej wkurwiony. Po zakończeniu pracy na planie *The Ultimate Fighter* czekałam na walkę jeszcze sześć miesięcy. Mój rewanż z Mieshą Tate był jednym z dwóch pojedynków wieczoru na gali UFC 168.

Miesha wyszła do walki przy dźwiękach kawałka *Roar* Katy Perry. Od momentu, kiedy w dniu pojedynku opuszczam pokój hotelowy, utrzymuję niezmieniony bojowy wyraz twarzy, ale w tamtej chwili wyjątkowo przewróciłam oczami.

Kilka minut później maszerowałam już w kierunku klatki w moich bitewnych butach przy dźwiękach piosenki Joan Jett. Nigdy wcześniej nie chciałam tak bardzo kogoś zniszczyć. Pragnęłam nie tyle złamać jej rękę, co wyrwać ją z jej ciała. Patrzyłam na drugi koniec klatki, czując wyłącznie chłodny, wykalkulowany gniew.

— Zetknijcie się rękawicami i zaczynamy — powiedział sędzia, recytując standardową formułkę.

Cofnęłam się, nie podnosząc rąk.

Sędzia dał sygnał do walki. Zamierzałam kontrolować każdą sekundę tego pojedynku. Nie chodziło mi tylko o zwycięstwo. Chciałam ją skrzywdzić. Chciałam pokazać jej, jak bardzo ją przewyższam. Chciałam, by już nigdy nie pomyślała, że może wejść ze mną do klatki. Nie zamierzałam się spieszyć. Zamierzałam roznieść ją na kawałki na każdym polu.

Starłyśmy się na środku klatki, wymieniając bokserskie ciosy. Trafiałam ją za każdym razem. Ona zaś nie zaliczyła ani jednego czystego uderzenia. Obaliłam ją, ale się podniosła. Popchnęłam ją na siatkę i zaczęłam uderzać kolanami. Zaciągnęłam ją na drugi koniec klatki. Odepchnęła mnie, a wtedy po raz pierwszy w mojej karierze MMA wyprowadziłam kopnięcie.

Ona odpowiedziała tym samym, ale chwyciłam jej nogę i podniosłam ją, a Miesha wylądowała na plecach. Ruszyłam do przodu, żeby zasypać ją ciosami, a ona desperacko chwyciła się moich nóg. Potknęłam się i wciągnęłam ją w gardę.

Kiedy próbowała uchronić się przed założeniem dźwigni na łokieć, obijałam jej twarz pięściami i uderzałam ją łokciami w głowę. Wyciągałam jej ramię, a jednocześnie pracowałam nad zajęciem pozycji umożliwiającej duszenie nogami.

Odpychając się nogami od maty, Miesha podniosła się i znowu byłyśmy w stójce. Krwawiła z nosa. Ponownie wymieniłyśmy ciosy na środku klatki. Miałam dość tego gówna, więc rzuciłam ją z powrotem na matę. Miesha próbowała zająć pozycję z góry, ale zepchnęłam ją nogami. Nachyliła się nade mną, a ja wykonałam przewrót w tył i podniosłam się, atakując ją ciosami prostymi. Chwyciła mnie za nogi, próbując doprowadzić do obalenia, ale z łatwością jej to uniemożliwiłam i przerzuciłam ją przez biodro. Przez kilka sekund walczyłyśmy w parterze, a potem znowu byłyśmy na nogach. Miesha próbowała wykonać rzut, ale się odsunęłam. Popchnęłam ją na klatkę. Usłyszałam dźwięk drewnianej kołatki, który oznaczał, że do końca rundy pozostawało dziesięć sekund. Zanim zabrzmiał gong, wyprowadziłam kilka ostatnich ciosów.

Zdecydowanie wygrałam pierwszą rundę. Ani na sekundę nie straciłam pełnej kontroli nad wszystkim. Zakrwawiona Miesha wróciła do swojego narożnika.

Edmond wszedł do klatki z taboretem i butelką wody. Po raz pierwszy w karierze usiadłam, choć nie byłam właściwie nawet spocona, i wzięłam łyk wody.

– Świetnie ci idzie – stwierdził Edmond. – Tak trzymaj.

Kiwnęłam głową.

– A, Ronda, i jeszcze jedno – powiedział, podnosząc taboret i odwracając się, żeby wyjść z klatki. – Nie wyprowadzaj więcej kopnięć.

Początek drugiej rundy był dla mnie poważnym i nowym doświadczeniem, bo nigdy wcześniej nie miałam okazji walczyć w MMA tak długo. Spojrzałam na drugi koniec klatki i zobaczyłam na twarzy Mieshy satysfakcję. Cieszyła się, że zaczynałyśmy drugą rundę – to uczucie wręcz z niej emanowało. Wkurwiało mnie, że ta pierdolona dziewczyna jest zadowolona. Zamierzałam zmazać jej z gęby ten jebany uśmiech.

Na początku rundy rzuciłam nią o ziemię, a ona leżała na plecach jak przewrócony żółw i kopała nogami w powietrzu, próbując utrzymać mnie z daleka. „Chcesz kopać? – pomyślałam. – Pierdol się, dziwko". I wyprowadziłam ostatnie kopnięcie w mojej karierze MMA.

Miesha wstała, a ja rzuciłam ją na plecy chwytem, za który w judo przyznano by *ippon*, i pozwoliłam jej wstać. To nie był jeszcze koniec tych cięgów. Kilka sekund później miałam ją przy siatce. Nie mogła nic zrobić. Wyprowadzałam kolejne ciosy, a potem odciągnęłam ją od siatki. Po raz kolejny przerzuciłam ją przez biodro na matę. Chwyciłam jej lewe ramię i używając barku, uniemożliwiłam jej złączenie rąk. Prawą pięścią obijałam jej twarz. Miesha wygięła się do tyłu, kopiąc, a potem owinęła mi nogi wokół szyi. Ciągnęła z całej siły i uwolniła ramię, próbując jednocześnie mnie obrócić. Miałam ją jednak na plecach i wykonałam dosiad (polega on na tym, że siadasz na przeciwniku podczas walki w parterze), przyciskając ją do maty. Wierzgała pode mną, a ja przez cały czas obijałam jej głowę. Jedyne, co mogła zrobić, to przytrzymywać swoją rękę. Rozłożyłam ją płasko na macie i usiadłam jej na brzuchu. Bam. Bam. Bam. Bam. Zasypałam jej twarz ciosami. Cała wściekłość, która się we mnie zgromadziła, znajdowała właśnie ujście. Wykonałam dźwignię na łokieć, ale zrobiłam to niedokładnie. Miesha uwolniła się z dźwigni, ale nie mogła uwolnić się ode mnie. Ścisnęłam jej głowę nogami i obijałam jej żebra. Uderzałam do momentu, aż gong obwieścił koniec rundy. Kiedy rozdzieliłyśmy się, żeby wrócić do swoich narożników, twarz Mieshy była spuchnięta i zakrwawiona.

Wytrzymała drugą rundę, ale uśmiech zniknął jej z twarzy. Dominowałam nad nią przez kolejne pięć minut. Do ringu weszli Edmond i Rener Gracie. Edmond postawił taboret i dał mi wody. Rener położył mi na karku worek z lodem, żeby pomóc mi się schłodzić.

W przerwie pomiędzy drugą i trzecią rundą czułam się nieswojo. Byłam pewna siebie, ale znajdowałam się na obcym terytorium. W trzeciej rundzie zyskałam jednak spokój. Czułam, że mogę walczyć nawet 100 rund. Wiedziałam, że dwie pierwsze wygrałam ze zdecydowaną przewagą. Nie czułam zmęczenia. Byłam przekonana, że mogę walczyć wszystkie rundy z maksymalną intensywnością i skupieniem.

„Jestem gotowa na pięć rund" – powiedziałam sobie.

Nie miałyśmy jednak walczyć tak długo.

Miesha była zmęczona. Spuszczałam jej straszne manto. Chciała uciec się do tego, w czym czuła się najlepiej, i atakowała mnie szerokimi sierpami albo próbowała obalić mnie chwytem za nogi.

– Będzie skracać dystans, opuszczać głowę i uderzać z szerokiego zamachu – powiedział Edmond. – Trzymaj szczelną gardę i uderzaj prostymi.

Powtórzyłam w myślach jego instrukcje, czekając na kolejne ruchy mojej rywalki i planując własne.

Wstałyśmy do trzeciej rundy. Miesha była zakrwawiona, wykończona i obita.

Zaczęłam kombinacją 1–2 (lewy prosty plus prawy krzyżowy albo inny silny cios, który może wyrządzić krzywdę) i zwaliłam ją z nóg. Nie przewróciła się, ale zachwiała do tyłu. Wyprowadziłam kolejny lewy prosty i kontynuowałam kombinacją ciosów. Miesha oparła się o klatkę.

Przycisnęłam ją do siatki, słuchając, jak ciężko chwyta powietrze. Jej oddech był świszczący i nierówny. Miałam wrażenie, że uchodzi z niej powietrze.

Wiedziałam, że już jej tam nie ma. Odpłynęła, trzymając się jeszcze na nogach. Nawet nie wiedziała, co stało się w trzeciej rundzie. Była kompletnie rozbita i przyszedł czas, żeby to zakończyć. Chciałam zwalić ją z nóg, żeby w parterze łatwiej móc ją poddać. Wykonałam ostatni rzut i wylądowałyśmy na macie. Niecałą minutę po rozpoczęciu rundy przewróciłam Mieshę na plecy i złapałam ją za lewe ramię. Nie miała już siły, żeby walczyć. Chwyciłam jej rękę i z jedną nogą na jej klatce piersiowej, a drugą na karku, wygięłam się do tyłu, wypychając biodra. Nie miała pojęcia, co się dzieje. Nie wiedziała, co jest grane, ale zdawała sobie sprawę, że założono jej dźwignię na łokieć i że pora się poddać.

Jeśli już raz rozwaliliście komuś rękę, to taki ktoś uczy się szybko odklepywać.

Po tamtym pojedynku niektórzy uznali, że Miesha sprawiła mi problem, bo walka trwała ponad dwie rundy. Ale to ja celowo opóźniałam koniec tego starcia, chcąc jak najdłużej wymierzać Mieshy karę. Kiedy pokonałam ją na wszystkich płaszczyznach i zniszczyłam ją aż do samej głębi jej duszy, zakończyłam to wreszcie dźwignią na łokieć.

Miesha była zbita i wyczerpana. Nigdy wcześniej nie czułam się tak dobrze jak wtedy.

Po tym wszystkim, co wydarzyło się między nami, i po wszystkich tych gównach, które wyprawiała podczas kręcenia *The Ultimate Fighter*, Miesha wstała i wyciągnęła do mnie rękę. Uznałam to wyłącznie za próbę ocalenia twarzy przed tłumem. Podanie jej ręki bez usłyszenia wcześniej przeprosin za to wszystko, co zrobiła, byłoby obrazą dla każdej drogiej mi osoby, którą znieważyła. Przez chwilę patrzyłam na jej niebieską rękawicę.

„Uścisk mojej dłoni to coś więcej niż tylko gest na pokaz" – pomyślałam. To nie była kwestia sportowego zachowania. Chodziło o pewne zasady.

Odwróciłam się, szczęśliwa ze zwycięstwa. Kiedy buczenie ustało, poszłam w jedynym kierunku, który miał dla mnie znaczenie: chciałam uściskać moją rodzinę.

Przed pojedynkiem szef UFC zaproponował mi kolejną walkę za niecałe dwa miesiące – zakładając, jak wszyscy inni, że pokonam Mieshę. Byłaby to najkrótsza przerwa pomiędzy kolejnymi obronami tytułu w historii UFC.

Zgodziłam się.

PRZYGOTUJ SIĘ NA DOSKONAŁEGO RYWALA

Nigdy nie licz na błędy swoich przeciwników. Zakładaj, że są doskonale przygotowani. Zakładaj, że zrobią wagę. Zakładaj, że nigdy się nie męczą. Zakładaj, że w każdej sytuacji zareagują prawidłowo. Spodziewaj się, że będą mieli oczy szeroko otwarte i że wykorzystają wszystkie twoje pomyłki.

Moje rywalki zawsze liczą na to, że podczas konfrontacji z nimi zrobię coś źle, a one będą mogły to wykorzystać.

Ja zakładam, że w klatce stanie naprzeciw mnie najdoskonalsza wersja mojej przeciwniczki, jaka kiedykolwiek istniała. Spodziewam się, że nie popełni żadnego błędu i że będę musiała sama zapędzić ją w pułapkę, dzięki czemu jej właściwa reakcja będzie dokładnie taka, na jaką czekam.

Nigdy nie pozwalam, żeby moja przeciwniczka okazała się lepsza, niż się spodziewam. Dlatego właśnie tak bardzo dominuję w moich walkach.

Filmy, pieniądze, sława i rozpoznawalność czekają na ciebie, gdy jesteś mistrzem, a nie gdy jesteś byłym mistrzem. Za każdym razem, kiedy wchodzę do oktagonu, mogę stracić wszystko, na co przez całe życie pracowałam. Z każdą kolejną walką na szali znajduje się coraz więcej. W każdym następnym starciu próbuję stawiać sobie nieco większe wyzwania. To dlatego zgodziłam się na walkę z Sarą McMann.

Od walki z Carmouche do pojedynku z Tate minęło dziesięć miesięcy i tę przerwę dało się odczuć. Byłam odrobinę wolniejsza i miałam nieco gorsze wyczucie czasu, a klatka wydawała mi się trochę obca. Żeby pokonać Mieshę Tate, nie musiałam być doskonała, ale sama oczekiwałam od siebie perfekcji.

Tak jak w przypadku większości rzeczy związanych ze sportami walki, i w ogóle z osiąganiem sukcesów, ludzie zwykle nie mają pojęcia, ile wysiłku kosztują przygotowania do pojedynku. Dla mnie zaczynają się one sześć tygodni przed starciem. Walka odbywa się po zakończeniu wszystkich przygotowań. Moment, który wszyscy obserwują, to tylko finał sześciotygodniowego obozu treningowego, kiedy to robimy wszystko, abym w chwili wejścia do klatki była w absolutnie szczytowej formie.

Nazajutrz po walce z Tate zapytałam Marinę o zamieszanie, które słyszałam w moim apartamencie hotelowym. Marina opowiedziała, że Darin, śmierdzący alkoholem i ubrany w to samo co dzień wcześniej, wszedł wtedy do pokoju i próbował wszcząć bójkę. To było już przegięcie. Kilka dni później napisałam do Darina wiadomość: „Musimy omówić wiele spraw". Darin odparł, że jest poza miastem. Edmond powiedział, że się tym zajmie, a ja z powrotem skupiłam się na tym, co naprawdę ważne.

Ponieważ do walki z McMann pozostawało zaledwie kilka tygodni, od razu rozpoczęliśmy obóz treningowy. Byłam tym zachwycona. Wydawało mi się, że przygotowania przed UFC 168 nie były odpowiednie, i teraz miałam okazję zacząć wszystko od nowa.

Obóz treningowy to odliczanie do momentu zagłady mojej rywalki. Od pierwszego dnia do chwili, kiedy konferansjer wypowiada słowa: „Zwycięża, nadal niepokonana, Rowdy Ronda Rousey", w każdej sekundzie koncentruję się na walce. Trenuję. Przestrzegam diety.

Do każdego obozu podchodzę z tym samym nastawieniem, niezależnie od przeciwniczki. Jeśli będę w swojej szczytowej formie, nie ma znaczenia, kto stanie naprzeciw mnie w klatce.

SZÓSTY TYDZIEŃ PRZED WALKĄ

Począwszy od szóstego tygodnia, wyobrażam sobie każdy możliwy sposób na odniesienie zwycięstwa w pojedynku. Przed samym starciem odgrywam w myślach tysiące scenariuszy.

W pierwszym tygodniu obozu ważę najwięcej. Próbuję zyskać masę mięśniową. Kiedy ćwiczę, nie podnoszę ciężarów ani nie wyciskam sztangi na ławce. Podczas pierwszego tygodnia obozu uprawiam jednak walkę z cieniem, trzymając w dłoniach półkilogramowe albo kilogramowe odważniki. Utrzymuję ciało w naprawdę dobrej kondycji, więc zyskuję masę mięśniową tak szybko, że pod koniec tygodnia jestem napakowana.

Przez cały czas trwania obozu w poniedziałkowe wieczory pływam. Przypomina mi to czasy, kiedy w dzieciństwie należałam do młodzieżowego klubu pływackiego, a tata mówił mi, że kiedyś będę mistrzynią. Dzięki pływaniu mam czas na zastanowienie się nad sobą, a moje stawy barkowe się rozluźniają i stają się bardziej elastyczne, dzięki czemu łatwiej mi boksować.

Jedynie w szóstym tygodniu przed walką nie przestrzegam ścisłej diety. Jem zdrowo, ale też dużo. Rano zjadam moją mieszankę śniadaniową.

MIESZANKA ŚNIADANIOWA
(NA PODSTAWIE DIETY MIKE'A DOLCE'A)

2 łyżki stołowe otrębów owsianych
2 łyżki stołowe szałwii hiszpańskiej
2 łyżki stołowe nasion konopii
½ szklanki jagód
4 pokrojone truskawki
¼ szklanki rodzynek
1 łyżka stołowa masła migdałowego
1 łyżka stołowa agawy
cynamon (do smaku)

Zagotuj szklankę wody i wrzuć do środka otręby, jagody oraz rodzynki. Wymieszaj z nasionami i cynamonem. Dodaj agawę i masło migdałowe (jeśli mieszanka będzie zbyt gęsta, możesz dolać wody).

Jeśli jestem na obozie, zastępuję czasem agawę stewią albo rezygnuję z masła migdałowego.

Nawet kiedy nie jestem na obozie, codziennie pochłaniam tę mieszankę. To nieodłączna część mojego dnia. W tych rzadkich momentach, kiedy kończy mi się jakiś składnik i nie mogę przygotować śniadania w idealnych proporcjach, czuję, że mój wszechświat się wali.

Poza śniadaniem w szóstym tygodniu jem głównie ormiańskie dania z grilla. Jest to wołowina, kurczak, ryż i warzywa, ale przede wszystkim mięso. To ciężkie, obfite i zdrowe dania. Do tego barszcz. Dużo barszczu, który smakuje niebiańsko.

Podczas przygotowań do walki z McMann postanowiliśmy trenować na miejscu. Tamtego roku wyjeżdżałam tak często, że chciałam wreszcie spędzić trochę czasu w domu. Czasami czułam jednak, że powinnam zmienić otoczenie. Przed walką z Carmouche trenowaliśmy w cichej, położonej wysoko miejscowości Big Bear. Łatwiej jest zmienić nastawienie, jeśli zmieniasz też środowisko. Trudno w jednej chwili siedzieć na kanapie, a w następnej zachowywać się jak na obozie treningowym.

Niezależnie od tego, gdzie się znajduję, kończę ten pierwszy tydzień silna i pełna energii.

PIĄTY TYDZIEŃ PRZED WALKĄ

W piątym tygodniu zaczynam dietę. Przed walką z Tate zrozumiałam, że potrzebuję lepszego sposobu na robienie wagi. Po dziesięciu latach zaczynałam odczuwać skutki głodzenia się. Podejście to nie tylko było bardzo niezdrowe, ale przestało już działać. Zgłosiłam się do Mike'a Dolce'a, który jest dietetykiem wielu zawodników UFC. Było warto. Po raz pierwszy przez cały czas trwania obozu nie byłam osłabiona. (Dolce pracuje z zawodnikami sztuk walki, ale jego dieta przeznaczona jest dla wszystkich. Napisał na jej temat kilka książek i bardzo je polecam). Przed UFC 168 współpracowałam z nim przez miesiąc i od tamtej pory korzystam z jego pomocy podczas każdego obozu treningowego.

Począwszy od piątego tygodnia przed walką, Dolce przesyła mi co tydzień nową dietę. Jego plan żywieniowy jest jednak elastyczny. Każdego ranka się ważę. Przesyłam mu wynik SMS-em, a on odpisuje mi: „OK, zmień dzisiaj ten posiłek" albo: „Świetnie ci idzie". Modyfikuje program, dostosowując go do mojego zapotrzebowania, które sam określa, oraz do wagi, którą muszę osiągnąć.

Kiedy zaczęłam pracować z Dolce'em, zmieniło się całe moje podejście do odżywiania. Nie musiałam już zastanawiać się, co powinnam zjeść. Nie wątpiłam już w siebie ani w podejmowane decyzje. Po rozpoczęciu współpracy z Dolce'em poczułam się winna, że przez cały czas zachowywałam się tak głupio. A potem, pewnego dnia podczas obozu przed walką z McMann, coś we mnie zaskoczyło: „Aha, mogę być najedzona". Od dawna uczucie najedzenia było dla mnie jednoznaczne z poczuciem winy. W końcu mogłam przestać się tym zadręczać.

Kluczem współpracy z Dolce'em jest komunikacja. Pozostaję z nim w stałym kontakcie, dzięki czemu wie, jak się czuję oraz w jaki sposób moje ciało reaguje na dietę, i na podstawie tego może dokonywać niezbędnych zmian. Na kolację jem na przykład chili albo jajecznicę. Jeśli mówię coś w rodzaju: „Ale jestem obżarta po kolacji", może zalecić mi pominięcie przekąski przed snem. Pomiędzy posiłkami jem owoce, orzechy albo jogurt z szałwią hiszpańską. Rzadko gotuję, ale Marina, która ze mną mieszka, pomaga mi przygotowywać jedzenie albo odmierza składniki i wkłada je do foliowych pojemników, dzięki czemu nawet ktoś tak niedorozwinięty kulinarnie jak ja może sobie coś przygotować.

Boksuję z Edmondem. Jeśli chodzi o walkę w parterze, to ćwiczę judo z moim długoletnim partnerem Justinem Floresem, uprawiam zapasy z Martinem Berberyanem albo szlifuję brazylijskie jiu-jitsu z braćmi Ryronem i Renerem Gracie. Znam Justina od czasów, kiedy jako 11-latka trenowałam judo, a on opiekował się mną i czasami próbował usiąść na mnie, a potem pierdnąć. Martin, trzykrotny olimpijczyk i medalista mistrzostw świata, uczył wrestlingu w klubie SK Golden Boys. Rener i Ryron są towarzyscy i zabawni. Ich techniki parterowe bardzo różnią się od moich i uwielbiam wymieniać się z nimi pomysłami. Te różne osobowości i style świetnie się równoważą.

Edmond załatwia mi zewnętrznych sparingpartnerów, dopasowując ich do mojej rywalki. Jeśli mam zmierzyć się z zawodniczką stójkową, ściąga mistrzynie świata w boksie albo kick-boxingu.

Dzwoni do innych trenerów i pyta:

— Hej, macie może kogoś o takiej sylwetce i takich umiejętnościach?

Jeśli jednak moja rywalka specjalizuje się w parterze, Edmond każe mi walczyć głównie z facetami. McMann zdobyła srebrny medal olimpijski w zapasach, dlatego przygotowując się do pojedynku z nią, intensywnie ćwiczyłam techniki parterowe i zapasy. Chodzi też jednak o to, żeby dominować nad rywalem tam, gdzie prezentuje się najgorzej, i wykorzystywać jego słabości.

Od poniedziałku do piątku trenuję po dwa razy dziennie. Wychodzę z domu o dziewiątej rano, żeby zdążyć na trening na dziesiątą, potem ćwiczę przez półtorej godziny, biorę prysznic, śpię i powtarzam cały cykl od początku. Generalnie robię wszystko, co Edmond uważa, że powinnam robić. W dużym stopniu powierzam mu kwestię planowania i robię to, co mi każe. W soboty mam tylko sparingi MMA. W niedziele odpoczywam. Poza obozem trenuję codziennie, ale podczas obozu naprawdę biorę sobie dzień wolny. Wracam do domu wykończona około ósmej wieczorem. Przygotowuję sobie jedzenie, spędzam trochę czasu z Mochi, a potem czytam przed snem.

Kiedyś myślałam, że aby osiągnąć sukces, muszę być nieszczęśliwa. Porzuciłam jednak to przekonanie, bo zrozumiałam, że jest staromodne. Mike Tyson, legenda boksu, powiedział, że „szczęśliwy pięściarz to niebezpieczny pięściarz". Myślę, że miał rację. Teraz jestem szczęśliwsza niż kiedykolwiek wcześniej, a zarazem bardziej niebezpieczna.

CZWARTY TYDZIEŃ PRZED WALKĄ

W czwartym tygodniu zaczynamy podkręcać tempo. Pomiędzy treningami lubię ucinać sobie drzemkę. Podczas okresów przygotowawczych wynajmowałam kiedyś tymczasowe mieszkania, ale później zaczęłam po prostu rezerwować sobie pokój w pobliskim hotelu na trzy dni w tygodniu w trakcie ostatniego miesiąca obozu treningowego. Odpoczywam w hotelu pomiędzy treningami, ale na noc wracam do domu, żeby spać we własnym łóżku.

Podczas obozu jestem niemal całkowicie odizolowana od świata zewnętrznego i stykam się z nim tylko w związku z występami medialnymi. Nie mam siły widywać się z rodziną czy z przyjaciółmi. Nie boję się jednak tego procesu, nawet jego najtrudniejszych części. Biorę po prostu głęboki wdech i skupiam się na dążeniu do doskonałości. Z czasem nauczyłam się doceniać opóźnione nagrody za wysiłek i cieszę się nawet najbardziej wymagającymi okresami tego cyklu. Każdego wieczoru padam na łóżko dumna z wykonanej pracy i delektuję się odpoczynkiem, na który zasłużyłam.

Podczas obozu to Edmond jest szefem. Zadaniem mojego trenera jest zmuszenie mnie do robienia rzeczy, których nie chcę robić, zwłaszcza jeśli chodzi o przygotowanie mnie do walki. Nie spieram się z nim, ponieważ w pewnym momencie zaczynam używać argumentów w rodzaju: „Nie mam ochoty tego robić" albo: „Nie zrobię tego, bo jestem twardzielką" i cała moja machina obronna się rozpada.

Dotyczy to również aspektu psychicznego walki i planu wobec mojej rywalki. Przyglądamy się jej nawykom, przewidujemy, jak będzie chciała mnie atakować, i zastanawiamy się, co zrobić, żeby zbić ją z tropu. Analizujemy jej silne i słabe strony, a także szukamy sposobów, jak wykorzystać jej braki. Chodzi o to, żebym to ja kontrolowała sytuację, a ona czuła się przytłoczona.

Podczas czwartego tygodnia obozu przed walką z McMann zaczęłam powalać wszystkich na sali treningowej ciosem w wątrobę – z kolana albo z pięści. Przyjęcie uderzenia w wątrobę jest niebezpieczne, ponieważ ból jest przy tym tak silny, że chwilowo obezwładnia zawodnika. Jeden czysty cios w tę okolicę i jest po tobie.

Tygodnie piąty i czwarty są trudne, ale to trzeci jest najgorszy.

TRZECI TYDZIEŃ PRZED WALKĄ

Trzeci tydzień nazywany jest Ciężkim Tygodniem. To szczytowy moment całego obozu treningowego. Robię wtedy najwięcej. Dłużej uderzam w worek. Dłużej ćwiczę na tarczach. Mam dłuższe treningi i walczę przez większą liczbę minut. Sparingi są najważniejsze, bo najbardziej przypominają rzeczywistą walkę. Praca na tarczach pozwala ćwiczyć taktykę, ale to podczas sparingu walczysz naprawdę. Pełnodystansowy pojedynek o mistrzostwo może trwać pięć pięciominutowych rund, dlatego Edmond każe mi walczyć aż sześć. Dzięki temu wiem, że jeśli zajdzie taka konieczność, będę mogła bić się w oktagonie pięć rund i do końca atakować.

Nie mamy określonego planu dotyczącego oglądania wcześniejszych pojedynków mojej rywalki, ale dochodzimy do tego momentu najpóźniej w trzecim tygodniu. Analizujemy jej ruchy, rozbieramy jej styl na czynniki pierwsze, szukamy schematów i oceniamy możliwości.

Pod koniec trzeciego tygodnia przed walką czuję się kompletnie wyczerpana. Kiedy tylko nie trenuję, leżę na macie, na podłodze albo gdziekolwiek indziej i wykończona myślę: „O kurwa". Trzeci tydzień przed pojedynkiem doprowadza mnie na skraj wytrzymałości psychicznej, a potem przechodzi w tydzień drugi.

DRUGI TYDZIEŃ PRZED WALKĄ

W drugim tygodniu przed walką zapadam na „dwutygodniozę". To wtedy jestem najbardziej zdenerwowana. Wcześniej wydaje mi się, że do pojedynku jest jeszcze dużo czasu. Trzy tygodnie to prawie miesiąc, a miesiąc to długo. Dwa tygodnie przed galą zaczyna jednak robić się poważnie. Walka się zbliża. Wtedy też targają mną najsilniejsze emocje. Płaczę z byle powodu, jeszcze częściej niż zwykle.

Jestem wyczerpana fizycznie, bo zakończyłam właśnie Ciężki Tydzień i zaczynam Tydzień Szybkości.

Drugi tydzień przed walką nazywa się tak ze względu na wykonywane w jego trakcie krótkie rundy, ćwiczenia szybkościowe, szlifowanie pracy nóg i tego typu rzeczy, które mają przywrócić mi dynamikę. W drugim tygodniu przed walką jestem bardzo lekka. Zmniejszamy liczbę sparingów i skracamy długość rund. Przez cały tydzień pracujemy nad szybkością.

Pod koniec tygodnia wykonujemy dużo swobodnych treningów. Edmond zaczyna wprowadzać ćwiczenia przypominające zabawę – na przykład rzucanie i łapanie piłki – które mają wyostrzyć mi wzrok. Przecina na pół makarony pływackie i mnie nimi okłada. Trzepie mnie ręcznikami po głowie, zmuszając mnie do wykonywania uników. W drugim tygodniu przed walką staje się bardzo kreatywny. Próbuje mnie wtedy rozweselić. Prosi nawet, żebym ubierała się w jasne kolory, bo uważa, że poprawia mi to nastrój. Kiedy po kilku dniach przestaję płakać, drugi tydzień staje się najfajniejszy ze wszystkich.

Gdy walka się zbliża, zaczynam mieć dość stresu. W chwili, kiedy wchodzę do klatki, odczuwam tak silną ekscytację z powodu bycia najlepszą na świecie, że już się nie denerwuję. Wtedy jestem już tylko niecierpliwa: chcę wejść do oktagonu i zrobić co trzeba.

OSTATNI TYDZIEŃ PRZED WALKĄ

Tydzień przed walką to końcowy etap obozu treningowego i odliczanie do dnia pojedynku. Walczę w soboty.

W poniedziałek wieczorem pakuję swoje rzeczy, czyli tak naprawdę wrzucam do torby wszystko, czego mogłabym potrzebować, a jednocześnie zawsze o czymś zapominam.

We wtorek rano wszyscy spotykamy się na sali treningowej. Jeśli walka odbywa się w Vegas, jedziemy tam. Spotykamy się wczesnym rankiem i wyruszamy karawaną aut. W skład zespołu wchodzą: Edmond, Martin, Marina, Justin, ja i kilka innych osób z klubu. Lubię takie wyprawy, ale kiedy jedziemy do Vegas na walkę, nie chcę prowadzić. Zajmuję fotel pasażera i ktoś inny siada za kółkiem.

W ciągu tych kilku dni poprzedzających walkę sztucznie przybieram na wadze. Tydzień przed pojedynkiem zaczynam jeść dużo soli i wypijam ponad siedem litrów wody dziennie. W ten sposób umieszczasz w ciele tyle wody, ile to możliwe, i bardzo mocno się nawadniasz. Twoje ciało przyzwyczaja się do pozbywania się dużych ilości płynów i robi to jeszcze przez kilka dni po wyeliminowaniu soli. Woda sprawia, że puchnę. Rano ważę zwykle około 65,5 kilograma. Kiedy docieramy do Vegas, jestem już zazwyczaj dwa i pół kilograma cięższa, ponieważ w moim ciele znajduje się tak dużo wody. Po drodze bez przerwy piję. Przy każdym zjeździe z autostrady mówię:

– Muszę się wysikać. Muszę się wysikać.

Jadąc do Vegas, przez cały czas słuchamy muzyki, a kiedy docieramy na miejsce, z głośników płynie *Bad Reputation* Joan Jett jako zapowiedź tego, co ma się wydarzyć.

Po przybyciu do Vegas udajemy się najpierw do siedziby UFC. Melduję się na miejscu i zazwyczaj podpisuję jakieś plakaty. Spotkam się z Dolce'em, a on sprawdza moją wagę. Stamtąd jadę do hotelu. Dolce każe mi jeść. Trochę się relaksuję. Wieczorem mam jeden trening, żeby się wypocić i zbić wagę, a potem jem to, co poleci mi Dolce. Następnie idę do łóżka.

W środę przed walką udzielam wielu wywiadów. To wtedy występuję przed kamerami. Nagrywamy rozmowę, która zostanie wyemitowana przed moim wyjściem na walkę. Tych wywiadów nie lubię najbardziej, bo ludzie próbują nakłonić cię w nich do mówienia różnych rzeczy, a to mnie wkurwia.

Następnie biorę udział w sesji zdjęciowej, podczas której jestem fotografowana z pasem na potrzeby kolejnej walki. Władze organizacji robią to, zakładając, że wygram, a ja ich nigdy nie zawodzę. Kiedy przychodzi czas kolejnej walki, mają już dzięki temu gotowe zdjęcia do jej promocji.

Środa to ostatni dzień, kiedy naprawdę jem. Dolce przywozi mi lodówkę z sałatą, szałwią hiszpańską, mrożonymi warzywami, owocami, odrobiną mieszanki studenckiej i może jakimś omletem. Cała woda, jaką przyjmuję tego dnia, znajduje się w tych produktach.

Czwartek to dzień konferencji prasowej. Oprócz samego w niej udziału przez kilka godzin udzielam też indywidualnych wywiadów. Po ich zakończeniu jestem właściwie wolna aż do ważenia, które odbywa się następnego dnia. Kiedy cyrk medialny wreszcie się kończy, skupiam się na mojej wadze. Podczas oficjalnej ceremonii nie mogę ważyć nawet grama więcej niż 60 kilogramów.

Idę na trening, żeby się wypocić. To wtedy tak naprawdę zaczynam zbijanie wagi. W okresie przed walką wygląda to mniej więcej tak, że we wtorek ważę 68 kilogramów, a w środę 66,5. W czwartek, zanim jeszcze zacznę trening, jest to już około 65,7. Wtedy zaczynam brać kąpiele, żeby się wypocić, i schodzę do 62 kilogramów.

W czwartek rano przestaję opijać się wodą i sączę ją małymi łyczkami. Po południu zaczynam naprawdę się odwadniać. Zawodnicy często popełniają błąd i pozbywają się wody zbyt szybko. Odwadniają się przez cały tydzień. Ja robię to tylko przez ostatnie 24 godziny. W czwartek wieczorem sprawdzam wagę, trenuję i sprawdzam znowu, a potem kilka razy biorę kąpiel, żeby wypocić się przed snem. W nocy jestem głodna, odwodniona i nie śpię zbyt dobrze.

W piątek rano ważę około 61,5–62 kilogramów i jeszcze kilka razy biorę kąpiel, żeby przed ważeniem zgubić ostatnie półtora kilo i zmieścić się w limicie. Nie odczuwam już stresu, który towarzyszył mi podczas zbijania wagi w judo.

Piątek to pora ważenia i konfrontacji z przeciwniczką w pozycji bokserskiej. Na ważenie idę gotowa do walki. Podczas tej ceremonii niektóre dziewczyny próbują zgrywać twardzielki, a inne przychodzą w sukienkach albo w bikini, żeby wyglądać seksownie. Ja chcę być gotowa, żeby w razie potrzeby już tam wkroczyć do akcji. Jeśli moja rywalka spróbuje awanturować się na scenie, a ja będę musiała pokazać jej, kto tu naprawdę jest awanturnikiem, to chcę mieć pewność, że jestem na to przygotowana.

Po ważeniu zawodnicy stają naprzeciw siebie. Patrzyłam McMann w oczy, myśląc: „Jutro cię, kurwa, zniszczę".

Po zakończeniu ceremonii ważenia Edmond znika. Sprawdza, co u mnie, ale daje mi czas wolny. Idę wtedy na zaplecze z rodziną – z moją mamą i najczęściej również z Marią, jej mężem i moimi siostrzenicami, rzadziej z Jennifer albo Julią – a ochrona prowadzi nas ukrytymi tunelami z powrotem do mojego pokoju. Piję, żeby się nawodnić, i jem to, co Dolce dla mnie przygotował.

Leżymy na łóżku, a mama opowiada mi, dlaczego za niecałe 24 godziny zniszczę moją przeciwniczkę. To rytuał odprawiany przez nas od czasów mojego dzieciństwa. Mama wymienia wszystkie okoliczności, które sprawiają, że jestem najlepsza na świecie, jakby to była bajka na dobranoc.

W piątek wieczorem próbuję nie spać jak najdłużej. Zamykając oczy w łóżku, wiem, że się przygotowałam i że jestem w szczytowej formie. Myślę o całej ciężkiej pracy prowadzącej do tego momentu, nie tylko tej wykonanej podczas obozu, ale także podczas poprzedzających go dni, tygodni, miesięcy, lat i dekad. Otwieram oczy po raz ostatni, patrzę w ciemność i wiem, że nawet jeśli byłabym w najgorszej formie, nikt mnie nie pokona.

Śpię dobrze.

NIE POZWÓL, ŻEBY KTOKOLWIEK ZMUSIŁ CIĘ DO WYKONANIA KROKU W TYŁ

Czasami, przytłoczony, wykonujesz kilka kroków w tył, nawet o tym nie wiedząc. Któregoś dnia ćwiczyliśmy kombinacje ciosów, kiedy mój trener, Edmond, przerwał nagle trening.

– Czy kiedy uprawiałaś judo i maksymalnie skupiłaś się na tym, co robisz, ktokolwiek mógł zmusić cię do wykonania kroku w tył? – zapytał mnie.

– Oczywiście, że nie.

– A jeśli teraz maksymalnie skupisz się na judo, to czy ktokolwiek mógłby choć raz zmusić cię do wykonania kroku w tył? – kontynuował.

– Nie.

– To dlaczego jestem w stanie cię do tego zmusić, kiedy uderzasz? W całej swojej pierdolonej karierze nie powinnaś wykonać ani jednego kroku wstecz.

Edmond miał oczywiście rację. Pozwalałam spychać się do lin, nawet tego nie zauważając. Zawodnik sportów walki nigdy nie chce zostać skierowany na siatkę. Kiedy Edmond zwrócił mi uwagę na ten błąd, wyeliminowałam go. Nikt nie ma prawa zmusić mnie do wykonania kroku w tył. Nawet jeśli rywalka ma przewagę fizyczną, powinnam być na tyle sprytna, żeby uniknąć cofania się.

Od tamtej pory ani razu nie wykonałam kroku w tył.

Minutę po rozpoczęciu walki na gali UFC 170 22 lutego 2014 roku chwyciłam Sarę McMann za rękę, wbijając jej kolano w żebra i trafiając ją w wątrobę. Bezbronna McMann zgięła się, a ja wiedziałam, że jest po wszystkim. Sędzia wskoczył pomiędzy nas, uznając zakończenie walki przez TKO. Było to moje pierwsze zwycięstwo w MMA, które osiągnęłam inaczej niż za pomocą dźwigni na łokieć. Spojrzałam na stojącego w moim narożniku Edmonda i widziałam, że jeszcze nigdy nie był ze mnie taki zadowolony.

Po walce też byłam zadowolona. Spuściłam tej lasce porządne lanie, a moje życie uczuciowe też wyglądało coraz lepiej.

Zawsze trzymałam się zasady, że nie umawiam się z zawodnikami. Jestem zwolenniczką oddzielania pracy od życia prywatnego. Poza tym przebywając całymi dniami na sali treningowej, słyszę, w jaki sposób zawodnicy MMA mówią o dziewczynach.

Z „Normem" zaczęłam się spotykać jeszcze przed podpisaniem kontraktu z UFC. Na początku byliśmy tylko przyjaciółmi. Powód, dla którego się z nim widywałam, miał więcej wspólnego z lokalizacją niż z chemią, bo chłopak mieszkał na moim osiedlu.

– Chciałabyś gdzieś ze mną wyjść? – zapytał.

– Słuchaj, mam czas na takie rzeczy tylko około szóstej rano, więc możesz wtedy zabrać mnie na skimboarding.

Budził mnie przed wschodem słońca, żeby tylko móc spędzić ze mną trochę czasu. Był dokładnym przeciwieństwem Przystojniaka z Parku dla Psów, a zważywszy na fakt, że PPP ukradł mi samochód, żeby pojechać się naćpać, różnice pomiędzy nimi dwoma dobrze zwiastowały.

Norm potrafił mnie rozśmieszyć. Nazywał mnie Wonder Woman. Któregoś dnia uprawialiśmy skimboarding na plaży, a on zaczął się wydurniać. Poruszał się niezdarnie, udając, że się skrada, a ja pękałam ze śmiechu – i tak to się zaczęło.

W tamtym okresie w moim życiu rozpoczęło się wiele nowych rzeczy. Dostałam swoją szansę w UFC. Przeprowadziłam się do nowego domu. Nakręciłam swój pierwszy film. Związek z Normem był w tym chaosie czymś normalnym.

Nie miał rodziny w Los Angeles, zaprosiłam go więc do nas na Wielkanoc.

– No i co o nim myślicie? – zapytałam później moją mamę i siostry.

– Według mnie to dupek – stwierdziła Jennifer.

– No nie wiem – powiedziała mama. – Wydaje mi się, że jest okej. Ma tylko trochę za duże mniemanie o sobie.

– Okej? – zapytałam. Mamę trudno było rozgryźć. – Ale tak dupkowato okej czy sympatycznie okej?

Mama ściągnęła usta i się zastanowiła.

– Problem w tym, że swoim pierwszym chłopakiem zawiesiłaś nisko poprzeczkę. No i szczerze mówiąc, nawet gdybyś przyprowadziła nam po Dicku goryla, powitałybyśmy go słowami: „O, witamy pana serdecznie. Jak miło pana poznać. Może poczęstuje się pan bananem?".

Trudno doszukać się w tych słowach jakichś wielkich pochwał.

Kiedy wróciłam z Bułgarii i przygotowywałam się do walki z Tate, Norm powiedział mi, że mam szczęście, bo w dywizji kobiet znacznie łatwiej o sukces niż wśród mężczyzn. Później, tuż przed moim pojedynkiem, oznajmił mi, że się nie dogadujemy.

– Nie chcę się przed nikim tłumaczyć – stwierdził.

Kiedy zwyciężyłam, uznał jednak, że popełnił wielki błąd, i poprosił, żebym do niego wróciła.

Kilka tygodni przed moją walką z McMann powiedział:

– Nie jestem jeszcze gotowy na stały związek.

Trzy tygodnie później, w Walentynki, a więc zaledwie kilka dni przed pojedynkiem, pojawił się przed drzwiami mojego domu, żeby mnie przeprosić i zaproponować mi egzotyczne wakacje. Nie miałam ochoty na kolejną rundę czegoś takiego. Tydzień po moim zwycięstwie udaliśmy się jednak do lasu tropikalnego.

Niedługo po powrocie z wycieczki stałam w jego kuchni, a on podał mi niewielkie pudełko. W środku znajdował się wykonany z białego złota naszyjnik z diamentem. Z tyłu wygrawerowano słowa: „Wonder Woman". Byłam zachwycona faktem, że tak się dla mnie wysilił.

– Tym razem chcę być z tobą na poważnie – oznajmił.

Ja też tego chciałam.

– Tylko go nie zgub – dodał, mając na myśli naszyjnik. – Dużo na niego wydałem.

Powiedział, że chce być ze mną. Chciał też jednak, żebym stała się kimś, kim nie byłam. Chciał, żebym zmywała naczynia. Chciał, żebym prała mu ubrania. Chciał, żebym rano sprzątała. Chciał, żebym ładniej wyglądała i ładniej się ubierała, żebym malowała sobie paznokcie, chodziła w makijażu i tak dalej. Chciał po prostu, żebym była laską, którą nie byłam. Zawsze sprawiał, że czułam się zbyt bałaganiarska, za mało gospodarna i niewystarczająco kobieca.

Prawda jest taka, że czasami używam makijażu i zmieniam się w okładkową modelkę na czerwonym dywanie. Zespół makijażystów, fryzjerów i stylistów pracuje nade mną jak ekipa z NASCAR. Po ich pracy patrzę w lustro i myślę: „Cholera, wyglądam dobrze".

Najczęściej jednak wsiadam do samochodu po dniu wypełnionym dwoma treningami, podczas których moi trenerzy i sparingpartnerzy uderzają, rzucają i przewracają mnie, aż wszystko mnie boli. Wychodzę w luźnych dresach, obolała i posiniaczona. Trenuję tak ciężko, że nawet po wzięciu prysznica dalej się pocę. Po tym wszystkim siadam w aucie i myślę: „Cholera, wyglądam jak yeti". To taka jestem naprawdę.

Mając już na koncie kilka występów w filmach i kilka mistrzowskich walk w UFC, pomyślałam pewnego razu: „Może zbyt wiele osób wokół mnie ciągle powtarza mi, jaka jestem wspaniała". Może Norm był dla mnie swoistym bezpiecznikiem ego. Ale nigdy nie powiedział mi, że jestem piękna. Nigdy nie prawił mi komplementów.

– To była świetna inwestycja – powiedział pewnego wieczoru o lasce z mojej dywizji, która podobno zrobiła sobie cycki.

Próbowałam ukryć rozczarowanie. Nigdy nie skomplementował mojego ciała. To, że ślinił się na widok piersi innych dziewczyn, uraziło zarówno moje serce, jak i dumę. Zbyt dobrze znałam to uczucie. „Takie rzeczy mówił do mnie Dick" – pomyślałam, przypominając sobie IttyBitty'ego.

Próbowałam jednak usprawiedliwić przed sobą pozostawanie w związku z kimś, kto sprawiał, że źle się czułam. Norm stał się oziębły. Nigdy nie całował mnie tak po prostu. Nigdy nie zaczesywał mi kosmyka włosów za ucho. Nigdy nie chciał zabierać mnie do znajomych.

Któregoś dnia zostawiłam przypadkiem mój naszyjnik w łazience na sali treningowej. Wróciłam tam po treningu, ale ktoś zdążył go już zwinąć. Nie chciałam nic o tym mówić. Serce mi pękało. Na myśl o tym, że miałabym się przyznać Normowi, że zgubiłam prezent od niego, ściskało mnie w żołądku.

Jakiś czas później wspomniał, że od dawna nie widział mnie w naszyjniku. Zalałam się łzami.

– Posłuchaj, ja go zgubiłam – powiedziałam. – Nie wiem, jak to się stało. Szukałam go.

– Już nigdy nie popełnię tego samego błędu i nie kupię ci nic drogiego – odparł.

Pomyślałam o moim tacie. Kiedy moi rodzice się zaręczyli, tata dał mamie pierścionek. Zgubiła go. Zdenerwowana powiedziała mu o tym. A on był zadowolony.

– Nic się nie stało – stwierdził. – I tak zasługujesz na ładniejszy.

Po czym kupił jej piękniejszy pierścionek.

Wiedziałam, że Norm nigdy nie będzie taki jak mój tata.

Byłam już kiedyś w związku z człowiekiem, który chciał mnie złamać i zmienić, a teraz znowu pozwalałam się tak traktować. Chciałam zerwać z Normem już w tamtej chwili, ale oboje mieliśmy niedługo walki. Nie robi się czegoś takiego zawodnikowi MMA przed pojedynkiem. W każdym razie ja tego nie robię.

Norm przegrał walkę i dwa tygodnie przed moim starciem z Alexis Davis zerwał ze mną po raz ostatni. Było to w samym środku mojej „dwutygodniozy", kiedy przeżywałam najsilniejsze emocje.

Mój tata nie był zawodnikiem sztuk walki, ale zrozumiał tę zasadę, kiedy oświadczył się mojej mamie, która właśnie przygotowywała się do mistrzostw świata. Przyleciał wtedy do Nowego Jorku i poprosił ją o rękę.

– Wrócimy do tego – odparła mu moja mama. – Teraz jestem zajęta.

W tamtym momencie, trenując do walki z Alexis Davis, ja też byłam zajęta. Coś we mnie pękło. Norm nie miał dla mnie szacunku, ale sama musiałam się szanować.

– Wiesz co? To trzeci raz z rzędu, kiedy odpierdalasz coś tuż przed moją walką – oznajmiłam. – Jeśli raz mnie oszukałeś, powinieneś się wstydzić. Jeśli oszukałeś mnie dwa razy, to ja powinnam się wstydzić. Oszukałeś mnie trzeci raz, co znaczy, że jestem idiotką. Uważasz mnie za jebaną idiotkę? Nigdy już do ciebie nie wrócę.

Nie było mi nawet smutno z powodu naszego rozstania. Doszłam do wniosku, że pod każdym względem „Norm" był przeciętny: przeciętny wygląd, przeciętna inteligencja, przeciętne umiejętności w MMA. Nie miał w sobie nic wyjątkowego, może poza faktem, że był wyjątkowo beznadziejnym chłopakiem.

Nie płakałam. Zdarzało mi się to wcześniej za każdym razem, gdy mieliśmy problemy, kiedy odpierdalał coś przed moimi pojedynkami albo kiedy zrywaliśmy. Teraz jednak nie uroniłam ani jednej łzy.

Byłam wkurzona, że popełniłam tyle samo błędów co kiedyś. Zamierzałam jednak już nigdy nie czuć się tak z powodu jakiegoś faceta.

Jak można się było tego spodziewać, wkrótce Norm zaczął przysyłać mi wiadomości o treści: „Popełniłem błąd". Wspominając nasz związek, myślałam tylko: „Tak, ja też". Nigdy więcej ze sobą nie rozmawialiśmy.

Nie zamierzałam siedzieć na tyłku i dręczyć się dlatego, że był dupkiem. Czekała mnie walka. Za każdym razem, kiedy Norm odpierdalał coś takiego przed moim pojedynkiem, cierpiała na tym moja rywalka.

Idąc do samochodu, myślałam: „Jeśli miałoby to w jakiś sposób prognozować przebieg tej walki, to, kurwa, zamorduję tę laskę".

Mój pojedynek z Alexis Davis miał się odbyć za dwa tygodnie, a ja nie mogłam się go już doczekać.

ODPOWIEDŹ BRZMI: NIE MA WŁAŚCIWEJ ODPOWIEDZI

Ludzie często pytają mnie: „A co jeśli ktoś będzie potrafił zareagować na twoją dźwignię na łokieć?".

Zawsze odpowiadam, że niezależnie od tego, co moja rywalka spróbuje zrobić, będę miała na to odpowiedź. Później jest odpowiedź na moją odpowiedź i odpowiedź również na to. Zapamiętuję wszystkie możliwe warianty, żeby móc realizować je szybciej niż ta druga osoba.

Niektórzy moi krytycy mówią, że stosuję w kółko ten sam chwyt. Nie rozumieją, że wszystkie moje przeciwniczki analizowały moje dźwignie i za każdym razem próbowały wymyślić na nie inną odpowiedź, ale właściwa odpowiedź nie istnieje.

Moje reakcje zależą od tego, co robi moja rywalka. Każda dźwignia na łokieć, którą zastosowałam, jest dla mnie zupełnie inna. Choć pod koniec wygląda tak samo, nie znaczy to, że zawsze dochodzę do niej w ten sam sposób.

Istnieje 100 tysięcy sposobów na osiągnięcie tego samego rezultatu.

Po walce z McMann dostałam rolę w filmie *Ekipa*. Praca na planie była niesamowita, ale brakowało mi walki. Wiedziałam, że muszę poddać się operacji kolana, chciałam jednak powalczyć jeszcze raz przed kilkumiesięczną przerwą.

Z Alexis Davis zmierzyłam się na gali UFC 175 w Las Vegas w 2014 roku, w sobotę po Dniu Niepodległości. Był to mój dziesiąty zawodowy pojedynek. Mówiło się, że Davis to moja najtrudniejsza rywalka, bo tak jak ja trenowałam judo i boks, ona posiadała czarny pas w brazylijskim jiu-jitsu i znana była z zadawania ciosów w stylu *muay thai*. Nigdy wcześniej nikt jej nie poddał. Ludzie porównujący nasz sposób walki nie rozumieli jednak, że pod względem stylu żadna kobieta na tej planecie nie może się ze mną równać.

Kiedy pięłam się po szczeblach kariery w MMA, Edmond powtarzał mi, że to style zawodników tworzą walki. Zetknięcie stylów dwóch zawodników podczas starcia może wyzwolić w nich to, co najlepsze, i sprawić, że walka stanie się ciekawsza. Style mogą też być źle dopasowane i na przykład mój tak bardzo zdominuje twój, że nawet jeśli prezentujemy podobny poziom umiejętności, pojedynek będzie sprawiał wrażenie bardzo nierównego.

Niezależnie od tego, kto stawał naprzeciw mnie i jaki prezentował styl oraz poziom, chciałam, żeby każda walka wyglądała na jak najbardziej nierówną.

Kiedy postanowiłam uprawiać MMA, chciałam stworzyć styl, którego nie da się przewyższyć. Nie chodziło o bycie dobrym w judo czy w boksie, ale o opracowanie doskonałego, pozbawionego słabych stron stylu MMA. Zajęło mi to całe lata. Będę kontynuowała pracę nad tym dziełem do końca mojej kariery, ale już w tamtej chwili, kiedy zmierzyłam się z Davis, wiedziałam, że nikt nie może równać się ze mną w oktagonie.

Przed walką ciągle pytano Davis o moje dźwignie na łokieć.

– Jestem przekonana, że będę w stanie się przed tym obronić – stwierdziła. – Przygotowuję się do tego codziennie… To dla mnie żaden problem.

Zawodnicy z czarnymi pasami każdego dnia zakładają mi dźwignie na łokieć. Nie boję się tego powiedzieć, ale wiecie co? Bronię się przed dźwigniami częściej, niż sama je zakładam.

Nikt nie zdawał sobie chyba jednak sprawy z tego, że w każdej walce próbuję prezentować inny styl, aby oglądanie nagrań moich poprzednich pojedynków było dla moich rywalek bezużyteczne.

Choć walkę z McMann prowadziłam w stójce, moim zdaniem Davis spodziewała się, że będę próbowała sprowadzić ją do parteru, ponieważ ona sama specjalizowała się w ciosach rękami. Tym razem, zamiast zaatakować od razu, po raz pierwszy w walce zasymulowałam cios, ale ostatecznie go nie wyprowadziłam. Chodziło o to, żeby zbić ją z tropu.

Wykonałam zwód, a ona na to zareagowała. Wyprowadziłam dwa lewe proste. Próbowała odpowiedzieć prawym kontrującym, ale kompletnie straciła równowagę. Gdyby rzuciła we mnie poduszką, odczułabym to bardziej niż tamten cios.

Zaatakowałam kombinacją 1–2 i odskoczyłam. Uderzyłam jeszcze jednym prostym, a potem zeszłam z linii ciosu. Oceniałam dystans między nami. Dokładnie wiedziałam, gdzie mają wylądować moje ciosy.

Tym razem zamarkowałam lewy prosty i zaatakowałam prawym krzyżowym.

Kiedy trafiasz kogoś nokautującym ciosem, czujesz, jakby twoje knykcie stykały się z ziemią. Po uderzeniu Davis w twarz byłam przekonana, że tak się właśnie stało. Trafiłam ją tak mocno, że złamałam sobie rękę.

Bam. To był koniec. A przynajmniej mógł być.

Kiedy uderzyłam ją tamtym prawym, wiedziałam, że już po niej. Była uśpiona. Mogłam odsunąć się od niej już wtedy.

W uszach wciąż słyszałam jednak buczenie po walce z McMann. Kiedy ją pokonałam, kibice sportów walki krytykowali decyzję o TKO i dyskutowali o tym, że być może sędzia podjął ją zbyt szybko. Tym razem arbiter nie musiał podejmować żadnej decyzji. Walka wciąż trwała.

Wpadłyśmy w klincz, po czym zadałam cios kolanem i rzuciłam Davis na matę. Upadłyśmy, a ja zasypałam ją ciosami.

Raz, dwa, trzy, cztery, pięć, sześć, siedem, osiem, dziewięć.

Sędzia wskoczył pomiędzy nas. Davis nie wiedziała, co się dzieje.

Cała walka trwała 16 sekund. Była to druga najkrótsza obrona tytułu w historii UFC.

Nigdy się nie dowiem, czy Alexis Davis miała odpowiedź na moją dźwignię na łokieć, ale z całą pewnością nie miała odpowiedzi na pytanie, jak mnie zatrzymać.

ZNAM TO Z DOŚWIADCZENIA

Żeby zrozumieć niektóre lekcje, najpierw trzeba je przeżyć.

Po walce z Davis przeszłam operację typu „dwa w jednym": lekarze oczyścili mi kolano i wstawili bolec w moją złamaną rękę. Siedem miesięcy później moje kolano było sprawne jak nigdy wcześniej, wypracowałam też sobie zabójczy lewy sierpowy. Byłam gotowa do kolejnej walki.

Do konfrontacji z Cat Zingano przygotowywałam się niemal dwa lata. Nasza walka w ramach programu *The Ultimate Fighter* została odwołana z powodu odniesionej przez nią kontuzji kolana, ale wiedziałam, że pewnego dnia staniemy naprzeciw siebie.

Podczas rekonwalescencji Cat jej mąż popełnił samobójstwo, zostawiając na świecie ją i ich młodego syna. Wiedziałam, że dziewczyna toczy najtrudniejszą walkę w życiu. Dana nigdy nie stracił jednak przekonania, że Cat zasługuje na walkę o tytuł. Nadal była pierwszą pretendentką do mojego pasa. Pod koniec września 2014 roku, po półtorarocznej przerwie, Cat wróciła do oktagonu. Po jej zwycięstwie zaplanowano naszą konfrontację, która miała być jednym z dwóch pojedynków wieczoru na gali UFC 182. Miałyśmy zmierzyć się ze sobą tuż po Nowym Roku. Cat borykała się jednak z kontuzją pleców i tuż po ogłoszeniu walki jej zespół poprosił o przełożenie terminu starcia. Władze UFC się zgodziły i pojedynek przesunięto na 27 lutego 2015, co oznaczało, że będę mogła walczyć przed własną publicznością w Staples Center w Los Angeles.

Po tym, jak Cat poprosiła o późniejszy termin, Dana poinformował mnie, że mają inną zawodniczkę, która po cichu trenuje do walki ze mną na wypadek, gdyby Zingano jednak się wycofała. Zawsze przygotowywałam się do konkretnego pojedynku, a nie do konkretnej przeciwniczki, ale tym razem to podejście nabrało dla mnie zupełnie nowego znaczenia. Zingano jest zawodniczką leworęczną, tak jak ja. Ta druga była praworęczna.

Ostatecznie jednak Cat dała radę.

Tamtego wieczoru Edmond rozgrzewał mnie w szatni.

– To historyczna walka – stwierdził. Nigdy wcześniej nie mówił mi czegoś takiego, nawet wtedy, kiedy walczyłam z Mieshą o mistrzostwo w Strikeforce ani gdy debiutowałam w UFC przeciwko Carmouche. Miał jednak rację: tamtego wieczoru było jakoś inaczej.

Kilka minut później maszerowałam korytarzem w moich bokserskich butach, z kapturem na głowie i waleczną miną: gotowa od urodzenia. Spojrzałam na Zingano, która chodziła po klatce w tę i z powrotem. Sędzia wezwał nas na środek.

Dotknęłyśmy się rękawicami.

Walka się zaczęła.

Cat zaatakowała kolanem z wyskoku. Zrobiłam unik w lewo. Nie trafiła i złapała mnie, próbując przewrócić. Oparłam się na głowie, zrobiłam gwiazdę i się jej wymknęłam. Obróciłam Cat i byłam na górze. Ona wyrzuciła nogi przed siebie i znalazła się na czworakach, próbując uciec. Trzymałam ją za lewy łokieć, żeby przewrócić ją na plecy i na nią wejść. Przerzuciłam jej jedną nogę przez plecy, ale wiedziałam, że tracę uchwyt na jej łokciu. Puściłam rękę w odpowiednim momencie i zamiast tego przycisnęłam do maty jej drugie ramię. Czułam, że właśnie o to chodzi. Obróciłam się na lewy bok i przerzuciłam jej drugą nogę przez szyję. Wyprostowałam rękę Cat i wypchnęłam biodra. Odklepała.

Kiedy jestem w klatce, moje postrzeganie czasu się zmienia. Przetwarzam tak wiele danych, że czuję, jakby świat wokół mnie zwalniał. Moje synapsy przekazują sygnały tak gwałtownie, a mięśnie reagują tak szybko, jakby wszystko pracowało na innym biegu. Każda sekunda jest czymś osobnym.

Mierzona w normalny sposób, cała moja walka z Cat Zingano trwała 14 sekund.

Było to najszybsze poddanie w historii UFC i najszybsza wygrana w obronie tytułu.

Podskoczyłam w geście zwycięstwa. Cat pozostała skulona na macie.

Po raz pierwszy w życiu dostrzegłam osobę na dole. Na jej twarzy zobaczyłam rozczarowanie. Czuła, że wydarto jej serce z piersi i zmiażdżono je na jej oczach – tak samo było ze mną po przegranej na olimpiadzie.

Po raz pierwszy w mojej karierze uklękłam i objęłam moją rywalkę.

Współczułam jej. Kontuzja kolana. Samobójstwo kogoś, kogo kochasz. Przygotowywanie się do czegoś w nadziei, że rozwiąże to wszystkie twoje problemy i uśmierzy ból. Porażka.

Znam to z doświadczenia, bo przeżywałam ten sam szok. Przytłaczające odrętwienie. Niedowierzanie.

Czułam się dziwnie z tym współczuciem. Po każdej walce patrzę na osobę, która przegrała, widzę jej smutek, a potem myślę: „Ona próbowała zrobić to samo ze mną" i nie czuję się tak źle.

Miałam wrażenie, jakbym od urodzenia wiedziała, że to wszystko nie potoczy się korzystnie dla Cat. Ten pas nie był jej przeznaczony, tak samo jak mnie nie było przeznaczone olimpijskie złoto. Wiedziałam też jednak, że po najgorszych chwilach w moim życiu przychodzi to, co najlepsze. Przegrana. Złamane serce. Kontuzja. Zrozumiałam, że to wszystko musiało się wydarzyć, żebym była tu, gdzie jestem. Miałam nadzieję, że tak samo będzie w przypadku Cat.

NAJWAŻNIEJSZE TO WIEDZIEĆ, KIEDY ODEJŚĆ

Ludzie zawsze będą mówić o jeszcze jednym pojedynku: "Nie możesz odejść. Nie walczyłaś jeszcze z tą osobą". Zawsze będzie ktoś jeszcze. Niemożliwe, aby w dniu, kiedy postanowię zakończyć karierę, nikt nie myślał, że jestem tchórzem, bo nie podjęłam ostatniej walki.

Będę musiała po prostu znaleźć sposób, aby się z tym pogodzić i rozpoznać moment, kiedy powinnam odejść.

Po mojej wygranej z Cat poszłam na odbywającą się na zapleczu konferencję prasową i wszyscy chcieli wiedzieć, jaki będzie mój kolejny krok. Dominowałam od bardzo dawna i wiedziałam, że nikt nie pokona mnie w klatce. Żadna dziewczyna nie zobaczy nigdy w moich oczach strachu, kiedy spotkamy się wzrokiem w oktagonie przed walką. Nigdy nikogo się nie przestraszę.

Boję się tylko zakończenia kariery.

Wygrywanie uzależnia. Wywołany nim haj jest niepowtarzalny. Istnieje też duże ryzyko. Za każdym razem, gdy walczę, stawka jest wyższa. Za każdym razem, kiedy bronię pasa, dostaję swoją nową działkę. Nie można jednak wiecznie wygrywać.

Jak sobie poradzę, kiedy skończę ze sztukami walki, odejdę z MMA i nie będę już czuła tego haju?

Mama zawsze powtarza mi, że w dzieciństwie człowiek lubi rollercoastery, ale kiedy dorasta, zwyczajne karuzele zaczynają wydawać mu się fajniejsze. Pewnego dnia będę wolała odnosić zwycięstwa skromniejsze i mniej ryzykowne niż te olbrzymie, spektakularne. W pewnym momencie będę już po prostu za stara na niebezpieczne przejażdżki.

Zastanawiam się, co dalej. Bardzo się tym martwię. Boję się, żeby nie skończyć w takiej samej rozsypce jak po olimpiadzie w 2008 roku. Próbuję zidentyfikować wszystkie błędy, które wtedy popełniłam, żeby ich nie powtórzyć. Wtedy nie miałam nawet planu B. Dlatego tak bardzo zależy mi dzisiaj na tym, żeby mieć w zanadrzu inne rozwiązania, na przykład aktorstwo. Myślę teraz o planach B, C i D.

Martwię się też, że nie będę mogła trzymać się od tego z daleka. Zawsze będę wojowniczką, ale nie chcę stać się kimś, kto kończy karierę, a potem wraca, bo nie może sobie bez niej poradzić. Chcę, żeby moje odejście było, kurwa, definitywne.

Nie spodziewałam się, że moje życie potoczy się w taki sposób. Ścigając swoje marzenie, byłam spłukana. Martwiłam się, czy po opłaceniu kolejnego biletu parkingowego wystarczy mi na czynsz. Martwiłam się, że aby dojechać do mojej trzeciej pracy, muszę zatankować samochód. Kiedy w końcu dostałam się do Strikeforce, a potem do UFC, po raz pierwszy zaczęłam myśleć nie tylko o sobie. Stworzyłam sobie pracę, o jakiej marzyłam, i przypadkowo stworzyłam też coś dla innych kobiet.

Kiedy zaczęłam uprawiać MMA, nie zamierzałam zmieniać świata. Chciałam zmienić tylko swoje życie. Kiedy to się udało, zrozumiałam jednak, że chcę więcej. Wtedy zaczęłam myśleć o wywieraniu wpływu na to, co dzieje się wokół mnie.

Po tym jak zostałam mistrzynią, zrozumiałam, że istnieje coś więcej. Muszę myśleć, co da mi satysfakcję do końca życia i co będzie dla mnie podporą. Dziedzictwo jest ważniejsze od tytułu.

Myślę o Roysie Gracie, który był pierwszym mistrzem UFC. Po raz pierwszy w życiu pojawiłam się w Staples Center, żeby obejrzeć walkę UFC w Fox. Gracie wszedł na scenę i usiadł w pierwszym rzędzie, a kiedy omiatał wzrokiem to, co sam stworzył, w wyrazie satysfakcji na jego twarzy było coś wyjątkowego.

Wygrywanie uzależnia.
Wywołany nim haj jest niepowtarzalny

Tego właśnie pragnę.

Uprawianie sztuk walki zbiera swoje żniwo. Istnieje kres tego, do czego jesteśmy zdolni fizycznie. Są granice tego, co może znieść nasza psychika. Z nadzieją czekam na ten dzień, kiedy będę mogła oddać pas i pozwolić walczyć o niego dwóm innym dziewczynom. Nawet jeśli będę wiedziała, że mogłabym je pokonać i odebrać im mistrzostwo, pogodzę się z tym, że nadeszła ich kolej, aby przejąć pas i wszystko to, co sobą reprezentuje. Kiedy ten dzień nadejdzie, odpowiedzialność przestanie ciążyć wyłącznie na mnie. MMA kobiet będzie radziło sobie samo. Chcę być wtedy jak Royce Gracie i oglądać z poczuciem satysfakcji kolejne pokolenie zawodników. Chcę być taka jak ten koleś: siedzieć w pierwszym rzędzie i przedstawiać wszystkim swoje dzieciaki.

Ten dzień widnieje gdzieś na horyzoncie, ale jeszcze nie nadszedł. Nie wydaje mi się, by MMA kobiet było gotowe na moje odejście. Ja również nie jestem jeszcze na to gotowa.

Dziś wciąż żyję od ciosu do ciosu.

ZWYCIĘŻANIE

Walka się skończyła.

Atakuję do momentu, kiedy sędzia dotyka mnie, potrząsa mną albo mnie chwyta, dając w ten sposób znać, że wygrałam.

Czuję, kiedy moja rywalka wiotczeje, przytomna czy nieprzytomna. Każdy mięsień w jej ciele potwierdza porażkę. Nie wierzę, by przeciwniczka kiedykolwiek sądziła, że może mnie pokonać, ale na pewno ma na to nadzieję. Teraz pozostał jej tylko ból i próby zrozumienia, jak wszystko mogło tak szybko i tak źle się dla niej potoczyć.

Mrugam. Zawsze mrugam.

Doznanie to nie przypomina tak do końca wynurzania się spod wody, choć odgłosy z widowni są podobne. Nie jest to też wychodzenie z ciemnego pokoju, choć światła na hali zdają się dowodzić czegoś innego.

Przed chwilą miałeś klapki na oczach i zatyczki w uszach, a teraz nagle wszystko widzisz i słyszysz. To niesamowicie intensywne wrażenie.

Przepełnia mnie ulga. Potem radość. Trudno mi przetrawić to wszystko od razu.

Zrelaksowana i szczęśliwa, doskonale słyszę kibiców i widzę jaskrawe lampy, a reflektor oświetla mi twarz. Wszystkie moje mięśnie – jeszcze kilka sekund wcześniej pracujące i zaangażowane w walkę wręcz – rozluźniają się. Spływają na mnie wszelkie emocje, których wcześniej do siebie nie dopuszczałam, i w jednej chwili w głowie pojawia mi się bardzo wiele rzeczy.

Trudno jest się ocknąć i powrócić do rzeczywistości.

To powinna być moja chwila. To jest moja chwila. Nie wiem jednak, do jakiego stopnia jestem w niej wtedy obecna. To dla mnie najbardziej niewyraźne momenty.

Przede mną pojawia się mikrofon i otwieram usta, żeby coś powiedzieć. Trudno jest mi porozumieć się z otoczeniem. Słucham pytań. Otwieram usta w nadziei, że mój mózg za nimi nadąży. Doceniam moją rywalkę, dziękuję kibicom, zapewniam im małe *show* i próbuję zachowywać się trochę teatralnie. Nie mam pojęcia, jak to wszystko wypada, bo słowa, które wypadają mi z ust, wydają się chaotycznym bełkotem.

Mimo tylu walk, kiedy idę wśród tłumów przytulona do mojej rodziny i wchodzę z powrotem do tunelu, czuję zawsze to samo. To uczucie, że czegoś dokonałam. Uczucie spełnienia. Czuję się bezpieczna.

Przede wszystkim jednak nie opuszcza mnie niezaprzeczalna pewność, że w całej historii świata to ja jestem najlepsza w tym, co robię.

DZIĘKUJĘ...

Mamie, za wszystko, co zrobiła i czego nas nauczyła, a także za to, że pozwoliła nam wykorzystać w tej książce kilka swoich błyskotliwych powiedzonek. Jennifer, za to, że zawsze jest szczera. Julii, za to, że jest Julią. Dennisowi, za to, że wziął nas do siebie i dał nam odczuć, że to on najbardziej na tym skorzystał. Mojemu mężowi Ericowi, za to, że niesamowicie mnie wspiera i znosi razem z nami ten chaos. Evie, Emilii i Calum, to wy jesteście przyszłością. Edmondowi, mojemu *kyank**, mentorowi, partnerowi, nauczycielowi i przyjacielowi. Danie White'owi, Lorenzo Fertitcie i Frankowi Fertitcie, za podjęcie ryzyka. Mojemu agentowi Bradowi Slaterowi z William Morris Endeavor, za to, że zawsze we mnie wierzył. Marinie, która sprowadza mnie na ziemię. Jessamyn, za najlepsze uściski. Shaynie, która jest dla mnie tym, kim Vegeta dla Goku. Jessice Lee Colgan, którą zesłał mi Bóg. Mojemu zespołowi – Justinowi Floresowi, Martinowi Berberyanowi, Manny'emu Gamburyanowi, Gene LeBellowi, Renerowi i Ryronowi Gracie – za stanie w moim narożniku (dosłownie i w przenośni), Mike'owi Dolce i Ericowi Williamsowi.

Moim trenerom judo: Tony'emu Mojice, Blinky'emu Elizalde, Trace'owi Nishiyamie, Dużemu Jimowi Pedro i Israelowi Hernándezowi, oraz moim pierwszym trenerom MMA: Leo Frincu i Gokorowi Cziwiczjanowi.

Moim sparingpartnerom, wszystkim z GFC, Hayastan, SK Golden Boys, Lonsdale Boxing i Gracie Academy. Lillie McNulty i jej rodzinie. Wetzelowi Parkerowi, mojemu prawdziwemu przyjacielowi. Diannie Linden, mojej uzdrowicielce, doktorowi Thomasowi Knappowi, doktorowi Jake'owi Floresowi, Erinowi Malone z WME, naszemu niesamowitemu redaktorowi

---

* W języku ormiańskim określenie na bliskich członków rodziny.

Alexisowi Gargagliano, naszemu wydawcy Judith Regan i całemu zespołowi z Regan Arts oraz każdemu, kto na to zasługuje, a nie został tu wymieniony.

Moim fanom – wymiatacie.

I każdemu dupkowi, który swoją złością motywuje mnie do osiągania sukcesów.

O AUTORKACH

Ronda Rousey to niepokonana* mistrzyni UFC w wadze koguciej i olimpijska medalistka w judo. Przyczyniła się do utworzenia w UFC dywizji kobiet i zyskała renomę najbardziej dominującego zawodnika w historii tej dyscypliny. Do Hollywood wtargnęła z typowym dla siebie przytupem, zdobywając role w dużych filmach i emanując na planie tym samym zapałem, oddaniem i zdyscyplinowaniem, które uczyniły ją mistrzynią.

Maria Burns Ortiz to dziennikarka, która publikowała w wielu miejscach, między innymi w ESPN.com, FOX News Latino i Associated Press. Organizacja National Association of Hispanic Journalists przyznała jej tytuł Debiutującej Dziennikarki Roku. Maria Burns Ortiz jest siostrą Rondy Rousey. Mieszka z mężem i trójką niesamowitych dzieci.

---

* Już po ukazaniu się tej książki w Stanach Zjednoczonych Rousey przegrała swoją pierwszą walkę w karierze MMA – 14 listopada 2015 roku na gali UFC 193 znokautowała ją Holly Holm.

Bądź na bieżąco, śledź nas na:
- WydawnictwoSQN
- SQNPublishing
- wydawnictwosqn
- wydawnictwosqn
- WydawnictwoSQN
- www.wsqn.pl

Nasza księgarnia internetowa:
www.labotiga.pl